김태준의
조선소설사

김태준의 조선소설사

지은이 | 김태준
교주자 | 이주명

1판 1쇄 펴낸날 | 2017년 12월 11일

펴낸이 | 이주명
편집 | 문나영
인쇄 | 한영문화사
제본 | 한영제책사

펴낸곳 | 필맥
출판등록 | 제300-2003-63호
주소 | 서울시 서대문구 경기대로 58, 606호
홈페이지 | www.philmac.co.kr
전화 | 02-392-4491
팩스 | 02-392-4492

ISBN 978-89-97751-96-9 (93800)

* 잘못된 책은 바꿔드립니다.
* 값은 뒤표지에 있습니다.

이 도서의 국립중앙도서관 출판예정도서목록(CIP)은 서지정보유통지원시스템 홈페이지(http://seoji.nl.go.kr)와 국가자료공동목록시스템(http://www.nl.go.kr/kolisnet)에서 이용하실 수 있습니다. (CIP제어번호 : CIP2017030391)

김태준의 조선소설사

근대적 소설 개념에 입각해서 쓴 최초의 한국소설사

교정·주석 이주영

필맥

일러두기

1. 이 책은 1930년대에 국문학자 김태준(金台俊)이 지은 《조선소설사》를 되살린 것이다. 가급적 원문을 살려가며 현대어로 옮기되 오늘날의 독자가 뜻을 알기 어려운 표기나 표현은 알기 쉽도록 일부 수정하고 독자의 이해를 돕기 위한 주석을 달았다. 원저의 오류나 오식이 분명한 것은 바로잡았고, 외국어나 외래어는 지금의 표기법에 따라 표기했다. 일본 왕의 연호로 표기된 연도는 서기 연도로 바꾸었다.
2. 1939년 학예사(學藝社)에서 '조선문고(朝鮮文庫)'의 하나(6-2번)로 발간한 《(증보)조선소설사》를 저본(주석에서 '원저'로 지칭)으로 하고 《동아일보》 1930년 10월 31일자부터 1931년 2월 25일자까지 68회에 걸쳐 연재된 〈조선소설사〉와 1933년에 청진서관(淸進書館)에서 발간한 《조선소설사》를 대조본으로 하여 최소한으

로 적절하게 교정과 교열을 실시했다. 부록으로 실은 〈연안행〉의 저본(주석에서 '원문'으로 지칭)은 1946~47년에 발간된 《문학》 창간호~제3호에 연재된 같은 제목의 글이다.
3. 원저의 본문에서 한문 구절이 길게 인용된 부분은 주석으로 옮기고, 대신 우리말 번역을 본문의 해당 부분에 넣었다. 비교적 짧게 인용된 한문 구절이나 한시(漢詩)는 본문에 번역문을 싣고 병기했다.
4. 원저에 표시된 인용구문 출처에 오류가 많은데, 누가 봐도 오류임이 분명하거나 교주자(校註者)가 오류임을 확인한 것은 정정하고 필요한 경우 각주로 설명을 덧붙였다. 그 외에는 모두 원저의 출처 표시를 그대로 놔두었다.

서(序)를 대신하여

본서는 외우(畏友) 김태준(金台俊) 군의 노작인 동명(同名)의 서를 문고형으로 개판 중간(重刊)한 것이다.

그 책의 초판이 간행된 것이 1933년이고 그곳에 실린 김 군의 서문에 의하면 간행 시보다 앞서기 3년 전에 기필(起筆)된 것이라니 1931년경에 쓰인 책이다.

물론 저자인 김 군으로서 불만이 적지 아니한 줄도 잘 안다.

사실 본서의 중간을 여러 차례 이야기했음에 불구하고 김 군은 쉬이 승낙하려 하지 아니했다.

학문을 하는 사람이 자고로 소저(所著)에 대하여 느끼는 가혹한 책임을 모르는 바가 아니나 무리(無理)를 말하고 싶지는 아니한 것이 또한 나의 심정이었다.

그러나 이 책에 대하여는 나로서도 일가(一家)의 생각이 있었고, 나 역시 이러한 영역에서 제 학문적 희망을 이루어보겠다는 생각을 지녀왔던 만큼 오늘날까지 아직도 이 책이 가지고 있는 가치를 그대로 파묻어 두고 싶지 않았다.

이런 방면의 저서에 대하여 날이 갈수록 독자의 요망이 높아짐을 볼 때 내가 직접 출판의 직에 당(當)하고 있지 않다 하더라도 이 책을 그냥 절판된 채로 내버려두기는 너무 어려웠다.

그래서 초판 그대로라도 중간하여 많은 독자의 수요에 공(供)하고 싶었다.

더욱이 내가 직접 문고를 내는 직에 당하고 있는 만큼 초판보다 훨씬 염(廉)하게 독자들에게 이 책을 읽히고 싶은 충동을 금하기 어려웠던 것이다.

그래서 여러 가지로 권하던 끝에 이 책을 초판 그대로 낸다 해도 아직 한 권의 문학사나 문화사가 없는 조선에 있어 아직도 이 책이 줄 수 있는 역사적 지식을 이야기하여 군으로 하여금 중간의 결심을 하게 한 것이다.

그래서 원고를 받고 보니 초판과는 면목이 다를 만큼 각 항에 주필(朱筆)이 더해 있음을 알았다. 아마 그 보유(補遺)와 개정한 것을 모아서 구성을 새로이 한다면 어디에 내어놓아도 부끄럽지 아니할 책이 될 것을 그대로 판을 고치니 저자에게 여간 미안하지 않았다.

다음날 새 면목으로 이 책이 세상에 나올 것을 기대하고 무사(蕪辭)로써 서에 대신한다.

1939년 6월 13일, 임화(林和).

자서(自叙)[1]

돌아보건대 벌써 3년 전 조선의 것을 한번 보리라는 마음으로 육당 최남선 선생과 고 학우 김재철 형의 간독(懇篤)한 지도와 계발(啓發)을 받아서 본고를 초하였다. 그 후 본고의 연구태도와 모순·착오된 점이 하도 많아서 버리자니 계륵이라 전공(前功)이 가석(可惜)하다. 그래 염치없이 상재(上梓)는 하였으나 여러 군자의 교정(敎正)을 기다린다.

1933년, 저자.

---

[1] 1933년 청진서관(淸進書館)에서 발간한 《조선소설사》에만 실렸던 것.

필자의 머리말 [2]

'조선소설사'라고 하는 커다란 제목을 걸었으나 원래부터 소양이 천박한 필자는 만전을 기(期)코자 한 것도 아니요, 육당(六堂)의 특별한 지시(指示)와 노정(蘆汀)·비토(飛兎)[3] 제우(諸友)의 기독(奇篤)한 원조(援助)를 받아 빈약한 추리(推理)와 조루(粗陋)한 전단(專斷)을 유일한 도구로 삼고 다년의 숙회(宿懷)를 그려본 것이니, 허위와 착오로 속을 이루고 모순과 불완전으로 껍질을 씌워서 된바 사원맹한(詞苑盲漢)의 우초망담(偶草妄談)에 지나지 못한다. 하물며 추삽(醜澁)한 필치는 독자를 지리(支離)하게 할 뿐이므로 저의 양심에도 많이 가책을 받으면서 많은 동지의 편달과 수정을 받아 저의 천박한 연구를 일층 계발(啓發)코자 감히 이것을 강호(江湖)에 공표할 따름이다.

1930년, 저자.

---

[2] 〈동아일보〉에 연재될 때 그 1회분(1930년 10월 31일자)의 서두에 실렸던 것.

[3] '노정(蘆汀)'은 경성제국대학에서 조선문학을 전공한 김재철(金在喆), '비토(飛兎)'는 역시 경성제국대학에서 동양사학을 전공한 김종무(金鍾武)를 각각 가리킴.

차례

서를 대신하여 · 6
자서 · 8
필자의 머리말 · 9

제1편 서론 · 17

제1장 소설의 정의 · 18
제2장 조선소설의 제 문제 · 21
제3장 모든 유학자의 소설에 대한 공죄론 · 25
제4장 조선소설 개관 · 30

제2편 설화시대의 소설 · 35

제1장 조선소설의 기원 · 36

제2장 삼국설화와 잔존한 문헌 · 38

　　제3장 고려의 패관문학과 불교문예 · 48

제3편 전기소설과 한글 발생기 · 59

　　제1장 이조의 주자학과 소설계에 던진 영향 · 60

　　제2장 이조 초창기의 전기소설 · 63

　　　　제1절 전대계승의 패관문학 · 63

　　　　제2절 《골계전》과 《고금소총》 · 66

　　　　제3절 《전등신화》의 주석과 모방작 · 67

　　제3장 전기문학의 백미인 《금오신화》 · 74

　　　　제1절 《금오신화》의 작자 · 74

　　　　제2절 《금오신화》의 저술까지 · 76

　　　　제3절 《금오신화》의 고거 · 77

　　제4장 한글의 창제와 여명운동 · 81

　　　　제1절 훈민정음 창정의 문예사상 의미 · 81

　　　　제2절 《열녀전》의 번역 · 83

제4편 임진·병자 양란 사이에 발흥된 신문예 · 87

　　제1장 임진란 후에 배태된 신문학 · 88

제1절 임란 후의 신사조 · 88
　　　제2절 임란 당시에 수입된 중국소설 · 89
　　　제3절 임란 후에 성행한 군기·군담 · 91
　　　제4절 선·인 양대간에 발흥한 소설문학 · 93
　　제2장 《화사》와 그 시대 · 96
　　　제1절 《화사》의 체재 · 96
　　　제2절 《화사》체 소설의 원류 · 97
　　　제3절 작자 임제와 그의 의경 · 98
　　　제4절 《화사》의 문학적 가치 · 102
　　제3장 《홍길동전》과 허균의 예술 · 106
　　　제1절 《홍길동전》의 경개 · 106
　　　제2절 작자 허균의 일생 · 107
　　　제3절 《홍길동전》을 통하여 본 허균의 사상 · 110
　　　제4절 허균의 문예안 · 115
　　　제5절 《홍길동전》의 특유한 가치 · 117
　　　제6절 《전우치전》·《서화담전》의 작자는 누구? · 118
　　제4장 명대 소설의 수입 · 121

제5편 일반화한 연문학의 난숙기 · 133

　　제1장 숙종조를 중심으로 한 황금시대의 문예 · 134

제1절 숙종시대의 연문학 · 134

제2절 《박씨부인전》의 문학적 가치 · 136

제3절 배출한 명장과 그 작품 · 140

제4절 당시에 애독된 군담류 · 143

제2장 소설가로 본 서포 김만중 · 147

제1절 김만중의 일생(1637~1692) · 147

제2절 《구운몽》·《남정기》의 저작까지 · 148

제3절 서포·북헌의 국민문학적 견해 · 152

제4절 명작 《구운몽》의 고구 · 156

제5절 《구운몽》의 번안, '몽'자류의 유행 · 161

제6절 《남정기》 소고 · 164

제3장 동화·전설의 소설화 · 166

제1절 장끼전(《웅치전》) · 167

제2절 《콩쥐팥쥐》 · 169

제3절 《서동지전》(일명 《서용전》·《서옹전》·《서옥설》) · 172

제4절 《두껍전》(일명 《섬동지전》·《섬처사전》) · 173

제5절 《별주부전》(《토끼전》)(일명 《토의 간》·《토생원전》·《토끼타령》·《토별산수록》) · 175

제6절 《흥부전》(일명 《놀부전》·《연의 각》) · 179

제7절 《삼설기》 · 182

제8절 《적성의전》(일명 《적성의》)·《육미당기》와 그의 번안 · 187

제9절 《심청전》의 연구 · 190

제10절 《금독전》·《와사옥안》·《응앵송안》 · 202

제6편 근대소설 일반 · 203

제1장 영정시대의 소설 · 204

제1절 영정시대 개관 · 204

제2절 실사구시의 학풍과 소설의 유행 · 206

제3절 번역·번안과 창작 · 210

제2장 중국문학의 일 방계로 본 한자소설 · 213

제3장 《삼한습유》 · 221

제4장 대문호 박지원(연암)과 그의 작품 · 222

제1절 위인 박지원의 출생과 생애(1737~1805) · 222

제2절 연암의 저술 · 226

제3절 연암소설 제편 · 229

제5장 《장화홍련전》과 기타 공안류 · 239

제1절 《장화홍련전》 · 239

제2절 기타 계모형의 소설 · 245

제3절 공안류 · 248

제6장 걸작 《춘향전》의 출현 · 251

제1절 머리말 · 251

제2절 작자·연대 고증에 관한 몇 마디 · 255

　　　제3절 춘향전의 시대성(1) · 262

　　　제4절 춘향전의 시대성(2) · 266

　　　제5절 《춘향전》에 보여주는 사상 · 268

　　　제6절 《춘향전》의 문학사적 의의 · 272

　제7장 《춘향전》 이후의 염정소설 · 276

　　　제1절 《숙향전》의 경개와 잡고 · 276

　　　제2절 《숙영낭자전》(일명 《재생연》) · 280

　　　제3절 《백학선전》 개평 · 282

　　　제4절 《양산백전》 · 284

　　　제5절 《옥단춘전》 · 286

　제8장 전대 계승의 문학 · 289

　　　제1절 《소운전》(《월봉기》)과 《옥소전》의 유행 · 289

　　　제2절 기타 작품과 계승되어오는 작품 · 294

제7편 신문예운동 40년간의 소설관 · 299

　제1장 서론 · 300

　제2장 계몽운동시대의 문학 · 307

　　　제1절 개화운동과 새로운 문예 · 307

　　　제2절 문학운동의 선구 이인직 씨의 소설 · 311

제3절 신소설과 구소설 · 315
　제3장 발아기(1911~1919)의 소설 · 318
　　　제1절 신소설의 작가들 · 318
　　　제2절 발아기를 독담하는 소설가 이춘원(1892~) · 322
　　　제3절 기미 전후에 격변한 문예사조 · 325
　제4장 신흥문학의 발전 · 328
　　　제1절 기미 후의 제가 · 328
　　　제2절 신경향파의 대두와 서해·팔봉·회월 제씨 · 334
　　　제3절 민촌 이후 · 337
　제5장 결론 · 340

부록: 연안행 · 343

　교주자의 후기 · 423

제1편

서론

제1장 소설의 정의

 소설이라는 문자는 예전이나 지금이나 일정한 범위와 정의가 없이 가장 문원(文苑)에 쓰게 되었다. 중국에 있어서는 반고(班固)가 지은 《한서(漢書)》에 "소설자류(小說者流)는……가담항설(街談巷說)과 도청도설(道聽塗說)로써 지은 것이라"고 하였더니 《사고전서(四庫全書)》를 분류할 적에는 그처럼 단순히 생각지 아니하고 상당한 범위를 정하였다. 즉
 1. 잡사(雜事)를 서술한 것
 2. 이문(異聞)을 기록한 것
 3. 쇄설(瑣屑)을 철집(綴輯)한 것
 등이다. 그러므로 이 명칭은 패설(稗說)·해학(諧謔)·야담(野談)·수필(隨筆) 등의 부분적 혹은 총칭적 대명사였다. 그러나 허망한 괴담(怪談)과 소박한 수필에서 한 걸음 나가서 문예의 중심이 점점 사람의 생활을 묘사하는 데로 옮겨오고 작가도 의식적으로 그와 같은 소설을 쓸 시절에 이르러 소설이라는 명칭이 가진 개념에도 변동을 주어 연의(演義)와 전기류(傳記類)의 창작에도 그 명칭을 쓸 뿐 아니라 도리어 연의와 전기

가 소설이라는 개념이 가진 중추가 되었다.

이것은 동양과 서양을 구별할 필요도 없이 동일하므로 서양에서도 처음에는 《통물어(桶物語)》[4]와 같은 단편적 기록에서 출발하여 대부분은 공상을 기록하여 자기의 이상관(理想觀)을 나타낸 것이니 로맨스(Romance)라고 이것을 부르더니 점점 사실적(寫實的), 현실적(現實的)으로 자기의 얻은 바 사실을 그대로 솔직하게 그리게 되었으니 이것을 '노벨(novel)'이라고 하였다. 그러나 노벨의 정의는 그처럼 간단히 된 것이 아니고 학자와 문인의 사이에 많은 의론이 있다. 이에는 다만 미국 문인 롱(Long) 씨[5]의 정의를 빌려서 적확한 개념을 정할까 한다.

"정말 소설이라는 것은 평범한 인간생활의 실화를 고조(高調)한 정서로써 말하되 창작적 흥미를 파란과 모험에 향치 아니하고 진실한 자연에 근거를 둔 담화적(談話的) 저술이다."

라고 하였으니 소설의 주뇌(主腦)는 환작(幻作)한 기담(奇談)과 권징류(勸懲類)가 아니요, 사회생활의 풍속과 세태와 인정의 기미를 진실히 서술함에 있어서 예전 《사고전서》의 분류와는 개념이 판이하여졌다. 그러니까 문제가 생긴다.

---

4 영국 작가 조너선 스위프트(Jonathan Swift, 1667~1745)의 《A Tale of a Tub》를 가리킨다.
5 원저의 '영국 문인 롱(Long) 씨'를 '미국 문인 롱(Long) 씨'로 수정함. '롱(Long) 씨'는 William Joseph Long(1866~1952)을 가리킨 것으로 보인다. 이어서 한 문장으로 인용되는 노벨의 정의는 롱의 저서 《영문학(English Literature)》의 당시 일본어 번역서에서 가져온 것으로 추정된다.

조선에는 소설이 없었다고! 왜? 조선에는 아무것도 인정세태를 묘사한 저작이 없었으므로! 나는 이에 대답코자 한다. 정말 기미운동(己未運動) 이후로 문학혁명이 일기 전까지는 롱 씨가 정의한 노벨은 한 권도 없었음으로써이다. 그러나 많은 패설·해학·야담·수필도 있고 그 소위 로맨스와 스토리와 픽션은 내가 이에 예증치 아니하여도 많이 존재하였고 또 존재하는 것을 알 것이다. 다시 말하면 예전 사람들이 의미하는 소설은 헤아릴 수 없이 많다.

나는 예전 사람들의 율(律)하던 소설의 정의로써 예전 소설을 고찰하고 소설이 발달하여온 경로를 분명히 하고자 한다. 소설이라는 명칭이 시대를 따라서 개념에 차가 있다는 것이다. 따라서 이에 더하여 말하고자 하는 것은 중국에서도 한대(漢代)의 설화에서 당대(唐代)의 전기(傳奇), 송조(宋朝)의 원사(諢詞)가 되었다가 원(元)·명(明) 이후에야 상당한 체재와 내용을 가진 소설이 생긴 것과 같이, 대륙문명의 영향을 받아온 조선소설의 발달도 이에 추수(追隨)하는 바가 있으며 소설의 명칭도 '이야기책', '전기'라는 칭호로써 흔히 유행된다. '이야기책'이라는 칭호는 상당히 오랜 것으로서 한글을 '언역(諺譯)', '속언(俗諺)', '언문(諺文)'이라고 함과 같이 한문책에 대한 언문책이라는 것이며, '전기'라는 것은 조선소설의 대부분이 일개 주인공의 실전(實傳) 같은 체재에 있으므로 '전기(傳記)'라는 문자로써 통칭하는 것이 아닌가 한다. 일본에서도 강호(江戶)시대의 초엽에 가명초지(假名草紙, 가나조시)라는 명칭이 유행한 것은 이와 호일대(好一對)라고 볼 수 있다.

제2장 조선소설의 제 문제

이와 같이 자유스럽지 못한 경로를 밟아온 조선소설은 척토(瘠土)에 자라난 풀뿌리와 같이 완전한 발육을 하기도 어려울 뿐 아니라 대풍(大風) 같이 불어오는 중국대륙의 고도문명을 무비판으로 수입하는 동시에 그의 문예를 모방하며 그의 생활을 동경하게 하는 형세를 지어 조선문예의 기형적 진보를 이루고 이에 따라서 모든 문제를 만들었다. 즉

1. 조선소설이 중국을 무대로 한 것

우리는 여항간(閭巷間)에 전하는 '이야기책'을 읽을 적에 벽두(劈頭)에 "화설(話說) 대명연간(大明年間)에 남경(南京) 땅에 한 명환(名宦)이 있으니……"라고 쓴 것이 그 태반이나 되는 것을 본다. 이것은 중국의 소설이라도 배경을 서역(西域)에서 취한 예가 있고 더구나 일본소설의 배경이 명치(明治) 이전까지는 많이 중국에서 취재(取材)한 것이라든지 셰익스피어의 작품이 대륙에서 많이 재료를 취한 것이라든지 모두 동일한 예로서 지명과 인명만은 이국(異國)에서 가차(假借)할지라도 작가 감정

의 발로인 동시에 전 국민의 사회생활을 묘사한 것이므로 소위 민족문학이라는 가치에 변동을 주는 것은 아니다. 그리고 조선에서 특히 무대를 중국에서 빌린 것은 여러 가지 이유가 있으니

중국문화의 도취에 빠져 맹목적으로 그 문명을 찬미하며 중토(中土)에 대한 이상향적 동경을 가져서 한학 수양이 풍섬(豊贍)한 당시의 작가는 명(明)·청(淸) 이후에 발흥하는 남중국 문명의 영향을 직접으로 받고 더욱 민간에 유행되는 명·청 단편소설집인 《금고기관(今古奇觀)》·《전등신화(剪燈新話)》 등에는 "대명(大明) 성화연간(成化年間)에", "지정연간(至正年間)에" 하고 화두(話頭)에 쓴 것이 많으며, 또 이와 같은 소설을 탐독한 작가들은 필연코 그를 모방하여 자기가 동경하며 이상화한 인물과 지명을 그대로 기록하지 아니하면 말지 아니하였다.

독자들은 중국의 인문과 지리에 익지 못한 고로 배경과 인물의 배포(配布)에 있어서 조선에서 예를 취함에 비하여 좀 소조(疎粗)한 곳이 있을지라도 부자연하며 착오(錯誤)하는 느낌이 적으므로 인함이다.

독자들은 조선 이야기라는 것보다 지나(支那)의 것이라면 이국풍속인 만큼 흥미와 주의를 끌 것이므로 독자의 호기심을 이용함일 것이다.

궁중생활과 귀족횡포의 진상과 그에 대한 풍자를 하기 위하여 정면으로 그대로 쓸 수가 없으므로 중국의 궁정과 귀족을 차용한 것이니 백거이(白居易)가 당(唐) 명황(明皇)을 풍자한 〈장한가(長恨歌)〉의 벽두에 '한황중색사경국(漢皇重色思傾國)'[6]이라고 쓴 의사(意思)와 동일하며 김만중(金萬重)이 지은 《사씨남정기(謝氏南征記)》는 정(正)히 이것을 대표

하는 작품이다.

2. 명대 소설의 연장이랄까?

중국에서는 왕국유(王國維) 씨의 말과 같이 "일 시대에 일 문학이 있다"라고 주장한 한(漢)의 산문, 당(唐)의 시, 송(宋)의 사(詞), 원(元)의 희곡, 명(明)의 소설 등이 각각 그 시대를 대표하는 특색이 있다. 그리하여 《삼국연의》·《서유기》·《금병매》 같은 웅편(雄篇)으로부터 《삼언이박(三言二拍)》·《태상감응편(太上感應篇)》 같은 단편에 이르기까지 전혀 명대의 작품이다. 각종의 연의(演義)─《동서한(東西漢)》·《설가장(薛家將)》·《열국지(列國志)》─ 같은 것도 모두 명말(明末)에 몹시 유행하던 것이다. 인제 조선의 소설계에 눈을 던져보면 《옥단춘전》·《춘향전》·《흥부전》·《심청전》 등과 같이 순조선색을 띤 걸작도 없지 아니하나 조선소설의 대다수를 점령하고 있는 중국을 무대로 한 소설 중에는 명대 소설의 번역이거나, 혹은 조금 변개(變改)한 것이거나, 그렇지 아니하면 순수한 모방이므로 작자의 창작의식을 보여주지 않는 것이 많다. 《소운전》·《설인귀전》은 순수한 번역이요, 《추풍감별곡》·《창선감의록》은 변개한 작품이요, 기타 《구운몽》·《옥루몽》 같은 몽자류(夢字類)도 명말을 풍미하던 소설형(小說型)에서 많이 뛰어나지 못한 것이다. 이렇게 보아오면 명대 소설의 연장이요 방계인 듯도 하지마는 명대 소설과는 인연이 멀고 내용에 나아가

---

6 '한나라 황제가 여색을 중시하여 나라를 기울게 할 만큼 뛰어난 미인을 그리네.'

서도 조선적 정조(情調)의 다소(多少)에 관찰의 주안을 둘 적에는 반드시 그렇지 아니하다는 생각을 수긍시킬 수가 있다.

제3장 모든 유학자의 소설에 대한 공죄론(功罪論)

현대에 이르러서는 소설이라면 모든 문예의 중심지위가 되고 심장이 되고 정화(精華)가 되었지만 소설의 발생 당시에는 고금동서를 논할 것 없이 그저 갖은 모욕과 질시를 더하여 문단의 일우(一隅)에 가까이 두기를 허(許)치 않았다. 더구나 동양에서는 중국 부인의 전족과 같이 오랫동안 자유스러운 문원(文苑)에 해방치 아니하였고 서양에서도 고대 문화(文華)의 연총(淵叢)이라고 하는 프랑스 한림원에서 오히려 소설은 무지한 농민의 완롱물(玩弄物)이라 하여 돌아보지도 아니하였다고 한다. 러시아의 대작가 이반 투르게네프가 명작을 연출하여 성명(盛名)을 문단에 보낼 적에 그의 자모(慈母)가 "그런 저작에는 절필하라"고 수차씩이나 그 아들에게 절원(切願)하였다는 것도 유명한 에피소드다. 중국의 학자들도 김성탄(金聖嘆)과 이입옹(李笠翁)이 나기 전까지는 소설의 문단상(文壇上)에 대한 지위를 밝혀주지 아니하고 다만 박해와 냉소를 함부로 하였다. 자하(子夏)[7]의 "소도(小道)도 볼 것이 있으나 치원공니(致遠恐泥)[8]하므로 군자는 하지 않는다"라는 말에 체종

(體從)하여 전기소설 같은 것은 사군자(士君子)가 접근할 것이 아니었다. 조선의 예의전집(禮儀全集)이라고도 할 만한 이덕무(李德懋)의《사소절(士小節)》에는

"연의소설은 간악함을 꾀하고 음란함을 가르치니 눈길을 주어서는 안 된다. 자제에게 절대로 금지하여 이것을 보지 못하게 하라. 어떤 사람은 남에게 자세하게 이야기해주어 이것을 읽도록 권유하니 슬프다. 사람의 무식함이 어찌하여 여기에 이르렀는가."⁹

그 후에 모든 학자들의 연의소설에 대한 악평이 구구히 일었으나《수호전》과《삼국지》가 가장 중상(中傷)을 당하였다. 이에 열기(列記)하여 보면

"명말 소설의 성행 또한 한 국변(國變)이니……족히 이로써 천하풍속을 어지럽게 할지라."(《소재집(疎齋集)》)

"수호전의 작가는 반드시 음적(陰賊)¹⁰의 마음이 있었는지?"(《사설(僿設)》)

"연사(演史)가 근본 아희문자(兒戲文字)와 같으나 유서(類書)에 채입(採入)하면 문장의 사(士) 알지 못하고 혼용한다. 연사가 나서 정사(正史)

---

7 원저의 '공구(孔丘)'는 오류임이 분명하여 '자하(子夏)'로 바로잡음.
8 무엇인가에 깊이 들어가다 보면 거기에 빠지게 됨을 저어함.
9 "演義小說, 作奸誨淫, 不可接目, 切禁子弟, 勿使看之, 或有對人, 娓娓誦說, 勸人讀之者, 惜乎, 人之無識, 胡至於此乎."
10 은밀하게 나쁜 짓을 함.

가 골란(汨亂)하며 남녀의 일도 음매(淫媒)한 것이 많다."(《택당잡저(澤堂雜著)》)

"《금병매(金瓶梅)》·《육포단(肉蒲團)》 같은 것은 회음(誨淫)의 술(術)일 뿐이다."(《도곡집(陶谷集)》)

"《서상기(西廂記)》……《금병매》·《홍루몽》 등 소설은 불가사(不可使) 신학소년(新學少年) 율기군자(律己君子) 독야(讀也)[11]."(《송남잡지(松南雜識)》)

이로 보면 소설은

1. 풍기를 문란케 한다는 것
2. 사실(史實)을 혼란(混亂)하며 과시(科試) 기타 작문에 혼용케 하는 것

등의 수점(數點)에 귀결한다. 그러나 전연 소설을 사갈시한 것은 아니니

"잡가소설(雜家小說)은 족히 이로써 파휴지수(破閑止睡)[12]가 된다 하며……."(《택당집》)

"잡가소설은 간간히 남녀풍요(男女風謠)를 섞어서 오히려 가히 관채(觀採)할 것이 있다."(《택당잡저》)

"《수신기(搜神記)》 같은 것은……사가(史家)의 궐유(闕遺)를 보(補)하

---

11 새롭게 학문을 하는 소년과 자신을 규율하는 군자로 하여금 읽게 해서는 안 된다.
12 무료함을 없애주고 졸음을 쫓음.

며 사장(詞場)¹³의 채철(採掇)을 갖추게¹⁴ 한다."(《운양만록(雲陽漫錄)》)

이와 같이 소설의 이익도 인정하였으나 대체로 보아 소설은 인간생활에 해독을 끼친 것이라고 독시(毒視)한 것은 사실이며, 소설을 미워하는 심리는 반드시 작가와 비평가까지 미워하여 《수호전》 작자는 삼대(三代) 농아(聾啞)됨이 마땅하다는 전설에 우단(右袒)하며 《소재집》·《택당집》, 이덕무(李德懋)의 《별재집(別裁集)》에는 김성탄이가 재승덕박(才勝德薄)하여 죽었다고 비소(鼻笑)하여 있다.

이같이 유도(儒徒)들은 악착한 보수주의적 전통적 관념을 부둥켜 가지고 모든 것을 유가삼척(儒家三尺)으로 비판해서 조금이라도 자기의 척도와 다른 점이 있으면 곡직(曲直)을 물론하고 철퇴를 가하여 문예적 창작이라는 것은 맹아할 수도 없었다.

이리하여 학자는 소설가에 대하여는 독특하고 어리석은 '원도(原道)' 류의 필법으로 통봉(痛棒)을 가하므로 소설이 진보는커녕 퇴보를 하려는 상태에 있으며, 이것이 조선소설 형식이 일정하여 있는 커다란 원인이라고 볼 수가 있다. 또 문예의 창작을 저지한 원인이라고도 볼지나, 이런 분역(雰域)에도 한 사람씩 현명한 사람이 나면 좀 더 냉정히 인생을 비판하고 반성하는 동시에 가슴에서 뛰어나오는 막을 수 없는 감정

---

13 '사장(詞場)'은 '문단(文壇)'과 같은 뜻임.
14 원저의 '갖게'를 '갖추게'로 수정함.

과 착상을 소각하여버리기도 가석(可惜)할 때에는 자기의 지위를 돌아보아 창작의 형식으로 표현하기를 기피하며 패설·소설자류가 되기를 수치로 여겨 익명으로 발표한 것은 조선과 중국 문학의 발전과정에 볼 수 있던 중대사고라고 할 수 있다. 다시 말하면 유국(儒國)인 조선과 중국에서는 소설 발전이 극난한 난관을 돌파하면서 암암리에 조금씩 신장되었다는 말이다. 그러나 진리성(眞理性)이란 땅속에 묻힌 야광주(夜光珠)와 같이 영구히 매몰할 수도 없이 갖은 모멸과 박해 속에서, 더욱 남 같지 못한 사회의 이면에서 점점 자란 것이 소설, 특히 조선소설의 발달상이라고 한다.

제4장 조선소설 개관

세계의 사원(詞苑)에 눈을 던져보면 구주에 있어서 3대 극시인(劇詩人)이 그 아니 거룩한가? 중국에 있어서 사대기서(四大奇書)가 그 아니 놀라운가? 눈을 조선에 굴려볼 적에 단테도 없고 셰익스피어도 괴테도 없었으며 《삼국지》·《수호전》·《서유기》·《홍루몽》 같은 대웅편(大雄篇)도 없었다. 유업(儒業) 이외에는 모조리 학대하던 과거의 조선에 있어서 문예의 맹아를 촉진할 조건과 기회를 조금도 허여치 아니하므로 소설 이외의 다른 부문에 있어서는 상당히 찬란한 예술적 기능을 발휘하면서도 다만 연문학(軟文學)의 경역에서는 아무것도 자랑할 만한 작품을 내지 못하고 말았다. 그러나 조선문학에 대하여 기대하는 수준을 내리고 준엄한 비판적 태도를 버리고 자세히 탐색하여본다면 《홍길동전》·《춘향전》을 필두로 하고 《심청전》·《흥부전》 등 미처 헤아릴 수 없이 많다. 가상(街上)에서 "싸구려, 싸구려" 하는 책이 오늘 같이 자국의 것을 돌아보지 않는 시대에는 그가 가지고 있는 십분의 가치를 일반사람에게 알리지 못하였다. 엄격한 유교의 가정과 허망한 도선(道禪)의 동산에서 자라난 소설인 만큼 그 근본사상은 봉건적 충효대절(忠孝大節)과 더욱 편협하고 고루한 동양 원산(原産)의 윤리를 고조(高調)함에 있어서는 청교도와 같은 소극적·비보편적 주장으로서 숙명적 견해에 귀착하고 말았다. 그러나 이것은 고대사회의 기록인 소설로서는 면치 못할 것이니 과도히 책(責)할 필요도 없으며 강잉(强仍)하여 결점을 선택한다면 그 체재인 인물과 배경이 천편일률로 고정하여 있는 것이니 각 소설이 형식상 공통성을 가진 것이 반드시 악하다고 말할 수도 없으나 이것은 취미가 단순하여 독자로 하여금 열 권 책을 읽기 전에 권염(倦厭)을 느끼게 하는 것이니 소설문예의 목적에 적합한 것이라고 할 수가 없다.

　좌우간 우리는 이에 조선에도 상당한 소설이 존재한 것을 알았다. 소설의 일면으로서의 사상·감정은 원시인도 가진 것이나 역사적으로 보더라도 망연하나마 삼국시대 이전에 벌써 향가·민요·설화·신도(神道)가 문학적으로 맹아한 기원을 찾을 수가 있고 삼국시대는 정(正)히 구주의 르네상스와 중국의 춘추전국 시대와 흡사하여 사상은 분방하고 변론은 자유스럽고 병마는 공총(倥傯)한데 그동안에 벌써 원시설화로부터 상당한 민담을 가지게 되고, 화랑제(花郞制)의 설정과 함께 모든 풍류기담(風流奇談)과 군담(軍談)이 발생하게 되고, 고신도(古神道)의 사상적 전개와 의식적(儀式的) 발달과 함께 축사문학(祝詞文學)의 진보를 보는 동시에 재래의 신화문학(神話文學)도 순박한 경역(境域)을 벗어나서 풍염(豊艶)하고 섬교(纖巧)한 데로 나아가 일단(一段)의 비약을 하려 하는 즈음에 조선 고유의 문학과 사상보다는 절대적으로 우월한 중국·인도의 문명이

국경을 깨트려버리고 틈입(闖入)하여 그의 위력과 독부(毒斧)가 미치는 곳마다 참혹한 도태(淘汰)를 더하였다. 그리하여 삼국 말엽으로부터 뿌리박은 외래사상과 한문학은 국민생활의 거의 전면을 지배하게 되었고, 고유한 사상은 위축하고 몰락하였다.

　한문학이 전성(全盛)할 동안에 여조(麗朝)가 기복(起伏)하고 주자학이 전성할 동안에 이조(李朝)를 송영(送迎)하였으니 이는 중국의 당말 시대와도 방불하여 만일 여조 사람들로 하여금 소설에 힘을 썼더라면 당인이 지은 전기(傳奇)―염려(艶麗)한 문예―쯤은 용이할 것이었으나 극단으로 유불(儒佛)을 숭배하는 당시인에게는 그만한 여가도 없었겠지마는 여말까지는 삼국유사와 일철(一轍)로 패관설화(稗官說話)식의 문예, 예컨대 《파한집》·《보한집》이외에 아무것도 문헌적으로 보여주는 것이 없다. 이조에 들어서는 서거정(徐居正)의 《골계전(滑稽傳)》이 전기문학의 선구가 되었다. 그러나 이보다 좀 전에 세종 28년에 제정된 훈민정음이 소설사 내지 문학사상에 가장 큰 공적을 끼쳤다. 진정한 의미의 조선소설 내지 문학은 훈민정음의 제정 이후에 기원을 두었다는 것이다. 또 정음문학(正音文學)은 종래의 한문학이 귀족적임에 대치하여 문학에 주려 있는 평민에게 절대한 환영을 받아 일사천리로 촌리에 보급되었다. 문학의 평민화와 동시에 그 요구에 의하여 외국소설의 번역과 모방이 연출(連出)하고 임진과 병자의 양란을 지내어 자각적 정신이 발흥하는 국민에게 명·청 문화의 정수를 흡취시켜 포화상태에 이르렀으니 선조 이후에 일어난 장편 정음소설이 이에 이르러 난숙한 황금시대를 이루었다. 그리고 청조의 학풍이 수입되어 각 방면에 다시 새로운 활로를 열어준 것은 영조로부터 정종조에 이르러 현저하니 실로 오늘날까지 유행하는 소설의 대부분은 숙종으로부터 정종까지의 사이에 된 듯하며, 순조 이후는 다만 전철을 밟아 유전(遺傳)할 따름이었다가 서구문화의 동점(東漸)과 함께 갑오경장의 날을 보내게 되며, 태극을 상징한 깃발이 반도에 비침에 모든 문학의 혁명을 보게 되어 현금에 이르렀다. 그러나 이 사이에 피치 못할 현상은 정음문학과 한문학의 대립 상태였고, 전자는 항상 후자의 견제를 받은 관계로 그다지 진보하지 못하고 도리어 후자에 있어서 역량이 많고 가장 광망(光芒)을 많이 가진 작품을 보게 하였다. 더욱이 조선이 아니고 볼 수 없는 일은 김만중이가 정음으로 지은 《구운몽》과 《남정기》를 김춘택(金春澤)이가 한문으로 번역하여 한취(漢臭)가 몽롱한 상류계급에 보낸 것이니, 원래 사군자는 정음문학을 일고(一顧)도 아니하며 일반인은 한자를 해(解)치 못하므로 한문학을 돌아보지 못하여 양간(兩間)에 생긴 개천개는 매양 계속되어 있었다. 그러므로 조선의 한문소설을 중국문학의 일 방계로 본다면 별문제려니와 조선의 국민문예와 그에 포함되는 소설을 논(論)코자 함에, 하물며 특권계급의 손에서 사랑을 받던 한문소설의 고찰만이 나의 주안(主眼)이 아니거든, 정음의 제정과 정음문학의 난숙기인 세종·숙종의 시대를 대서특필하지 아니할 수 없다. 갑오경장 이후 구미문화의 대량수입과 함께 문예운동이 융성해서 이래 수십 년 동안 소설 창작이 매우 흥성하게 된 것은 우리네의 목전에 보고 있는 일인지라 대략 사적(史的)으로 기술하여둔다.

제2편

설화시대의 소설

제1장 조선소설의 기원

조선소설의 남상(濫觴)―내가 이 문제에 해답을 주기 전에 먼저 우리는 여러 가지 전제를 결정치 않으면 안 되겠다. 이 소설은 문자로 표현한 인간생활의 진상이라고 할진대, 다시 나아가 생활의 조건과 상태를 전통적으로 어느 사이까지 동일하게 하여온 국민적 문학의 존재를 인정한다 할진대, 그 문자는 반드시 그 나라의 고유한 문자로 기록된 것이 아니면 그 나라의 국민문학이 아니라는 귀결에 낙착하게 된다. 이와 같이 보면 조선소설은 조선의 문자 한글이 발생한 이조 세종 이후에 연원할 것이다. 그러나 조선에서는 특수한 현상이라고 할 만큼 세종 이전에도 수천 년 동안이나 민중의 사상·감정을 기록하였고, 때로는 귀족적인 문인의 손으로 중국인의 필치와 조금도 다름없이 자유스럽게 의사를 발표한 자―예컨대 최치원(崔致遠)·이제현(李齊賢)·이색(李穡) 등―도 있었으며, 한자는 거의 고(古) 동양열국의 공통 문자처럼 행용(行用)하게 되어 문학사상에 뺄 수 없는 영향을 주었으니 조선소설은 중국소설과 병행하여 그 연원을 세종 이전의 고대에 소구(遡求)하지 않으면 안 되겠다. 하물며 문학적 표현은 소설의 형식이요 육체이며, 문학적 정서는 소설의 내용이요 핵심이다. 따라서 소설의 내용을 음미하는 나는 멀리 상고(上古)의 문헌에 소구코자 하는 동시에 사상·감정과 언어·문자가 문예의 양면을 이룬 이상 소설의 근본적 기원은 조선 인문의 사적 기원과 때를 한가지로 한다고 할 것이다.

그런데 조선문학의 부문을 설화, 가요, 소설, 희곡, 한문학(제2의적(第二義的))의 5자에 나누어볼 적에 한문학은 삼국시대에 비로소 수입되었다고 하여도 가하며, 가요의 상승적(上乘的) 부분인 시조·별곡·아악도 고려 이후에 연원하고, 희극(戲劇)에 있어도 가면극·인형극의 발생이 삼국·고려 이후의 일에 속하고, 가요의 일부분인 향가는 삼국 때에 한자로 기록되어 '삼대목(三代目)'이라 칭하였고, 소설만은 아직도 자취가 없었으나 그의 선구를 이룬 설화만은 민담(民譚)·원화(諢話)·전설로서 원시시대부터 전하여온 것은 오늘날 미개한 만인(蠻人)들 사이에 보는 바와도 같다.

그러나 이와 같은 설화(說話)는 장구한 시일에 자연도태를 당해서 흩어지기가 쉽기 때문에 우리는 기록을 초월한 고대의 신령설화(神靈說話)까지를 일일이 엿보기 어렵지마는 문헌이 점점 완비하여오는 삼국·고려 이후에 이르러 비로소 고대설화의 편린이라도 볼 수 있고 또 구비(口碑)로 전하는 미언(謎諺)도 설화의 잔해로서 존재한 것이다.

제2장 삼국설화와 잔존한 문헌

망연히 삼국설화라고 표제(表題)한 것은 단순한 정치사적 구분이 아니요 편의상 유사 이후로 신라통일시대까지를 포함한 연대에 생긴 설화까지를 말한 것이다. 조선의 문화가 그의 문학적 충동과 예술적 발로에 있어서 상당히 조숙한 결실을 이루었음을[15] 문헌과 민속 위에서 증명할 수 있으니, 《삼국사기》와 《삼국유사》와 《균여전》에 나타난 가요문학을 보든지 혹은 중국의 문헌에도 많이 조선이 고속(古俗)을 기록하여 말하되 "가음(歌吟)을 좋아하여 종일 그치지 아니한다"라고 하였으나 이 같은 습성은 일반문학의 향상을 촉진하는 데 가장 좋은 유인을 만들었다고 할 수 있다. 그러나 조선에도 예전부터 고유한 신앙이 있어 모든 문화가 그것을 기축으로 하고 발전되었지만 조선소설의 맹아도 실로 이러한 전원(田園)에서 자라난 것이다.

소위 '신'을 제(祭)하는 고대인의 감정의 발로에 어린 문학의 맹아가

---
15 원저에는 없는 '이루었음을'을 추가함.

보이나니 신라의 도솔가(兜率歌)·향가(鄕歌)와 같은 순 '축사(祝詞)'식은 물론이거니와 신화·전설 혹은 그 연장인 소설(小說)·전기(傳奇) 등도 대개 제단 근처에서 성육(成育)한 것이다. 이 같은 보조를 밟아가지고 진전한 것이 조선문학의 원시상이었으나 문학형식의 발달과 분화가 현저하지 아니하여 설화와 소설의 경계선이 분명치 아니하고, 차라리 '소설 즉 설화'의 관(觀)이 있는 것 같이 보인다. 따라서 설화의 조선문학사상(朝鮮文學史上)에 점한 지위도 상당히 중대하며 그의 재료도 상당히 풍부하나 다만 유감되는 것은 연대가 너무 오래서 신화와 전통이 많이 인멸되고 말아서 여조인의 기록인 《삼국유사》와 《삼국사기》로서 겨우 그 상고로부터 전하던 설화의 일반(一斑)을 알 수가 있을 뿐 아니라, 삼국시대에도 상당히 저작이 많아서 그중에도

　김대문(金大問) 저 《계림잡편(鷄林雜編)》·《화랑세기》

　최치원 저 《신라수이전(新羅殊異傳)》

같은 것은 순전히 당시에 유행하던 설화와 소설의 집록(集錄)인 듯하며, 그 책자는 전하지 아니하나 그 명칭으로 보아 《계림잡편》은 소악(蘇鶚)의 《두양잡편(杜陽雜編)》을 연상케 하며 《신라수이전》은 대조(戴祚)의 《견이전(甄異傳)》, 조충지(祖冲之)의 《술이기(述異記)》, 유경숙(劉敬叔)의 《이원(異苑)》, 동방삭(東方朔)의 작이라고 전하는 《신이전(神異傳)》 같은 것을 연상케 한다.

　그리고 《잡편》·《수이전》에 나타나는 설화는 후대의 작품인 《삼국사기》·《삼국유사》·《해동고승전》·《동국통감》 등에도 많이 인용되었으나

이와 같은 상태로 당시의 설화와 소설집이 완전한 일서(一書)로 된 것은 없다고 하여도 과언은 아니며, 다만 그 단간(斷簡)과 영편(零篇)이 《사기》와 《유사》, 기타 후세의 문헌에 등록되어 정(正)히 동해유주(東海遺珠)를 보는 것 같다. 중국에서도 《한서예문지(漢書藝文志)》에 나타나는 소설서목십오가(小說書目十五家)의 작품이 1380편이라 하여 중국소설의 남상이라고 하나 지금까지 전하는 것은 아무것도 없다. 더구나 김대문과 최치원은 모두 당 유학생이었고 김·최가 본 당나라야말로 중국문명의 가장 찬란하고 한민족(漢民族)의 가장 광휘 있고 강렬 있는 감정생활을 할 적이며, 당대의 염정전기(艶情傳奇)는 당인 생활의 반영인 만큼 당시(唐詩)와 함께 공전절후의 걸작일 것이며, 나당(羅唐) 양국을 대표하던 문호 김대문과 최치원의 눈에 비친 신라 고유의 풍부한 전설이 모두 사원(詞苑)에 좋은 자료 아님이 없다. 알지 못케라, 이 《잡편》과 《수이전》의 내용은 고대 조선인의 소박한 환상과 신이괴기(神異怪奇)한 전설이었을 것이며 따라서 고대전설집이던 것이 분명하다.

하물며 당시의 자유호탕한 사조와 초매질실(草昧質實)한 분역(雰域)에 있어서 한자의 괴뢰가 되지 아니하고 도불(道佛)의 구속을 과히 받지 아니한 위대한 문호의 손으로 자유스럽게 괴력난신(怪力亂神)을 말하며 도청도설(道聽塗說)을 기록하여 향토의 전설을 총집하여 당시의 당토(唐土)에 극성(極盛)한 소설에 대치코자 하였음에야 그의 진가는 말치 않아도 크며 인제는 전(傳)치 못할망정 조선소설의 연총(淵叢)이었던 것을 알 수 있다.

삼국의 문화(文華)가 점점 발전함을 따라 각각 흠정(欽定)한 국사를 가지게 되었으니

고구려: 《신집(新集)》 5권, 태학박사 이문진(李文眞) 찬(撰)

백제: 《서기(書記)》, 박사 고흥(高興) 찬

신라: 《국사(國史)》, 대아찬 거칠부(居柒夫) 등 찬

등이 그것이다. 이와 같은 사서는 여조의 중엽에 이르러 벌써 모두 인멸된 듯하나 여조에 산정(刪定)된 《삼국사기》와 《삼국유사》는 유일한 고대의 현존 문헌으로서 모두 이것을 근본사료로 삼고 혹은 필삭(筆削)을 더하며 혹은 윤색을 더한 것이니 《사기》와 《유사》는 실로 고대의 풍부한 전설과 신화의 편영(片影)을 보여주는 유일한 보전(寶典)이다.

《삼국사기》

작자 김부식(金富軾)은 고려 인종 때의 문호요 명신이요 묘청의 난을 토평한 원훈이었다. 스스로 한학가로 자처하여 필단(筆端)에 몹시 한취(漢臭)를 보이며 중국의 정사를 모방하여 국고(國故)의 원형을 변개(變改)하며 한인(漢人)의 풍습을 숭상하여 모든 것을 한식(漢式)으로 평정(評定)하여 다만 후인의 눈에 번지르하게 보이고저 한 것이 고사(古史)의 누(累)가 되고 국민문학에 죄를 짓게 되었다. 다시 말하면 《사기》는 인종 23년에 김부식이 찬진(撰進)한 것으로서 그의 유가의 견지로써 괴란(怪亂)하다면 말삭(抹削)하고 비야(鄙野)하다면 변환(變換)하기를 서슴지 않고 자구(字句)의 편(便)을 위하여 첨삭을 임의로 하며 호오(好惡)의 정

(情)을 인(因)하여 취사(取捨)를 예사로 하여 사실(史實)에 충(忠)하려 하는 것보다 차라리 주관(主觀)에 구(拘)하려 하였기 때문에 《삼국사기》에서 국민문학의 연원을 규지(窺知)코자 함은 실로 불가능에 속할 것이나 《사기》를 떠나서 삼국의 일을 계고(稽考)할 아무것도 없는 이상 부득이한 사정이다.

이와 같이 유가(儒家)의 안목으로 엄정하게 선취(選取)한 《사기》에도 모래 속에 황금립(黃金粒)이 반짝이는 셈으로 건조(乾燥)한 가운데도 풍윤(豊潤)한 설화가 간간이 끼여 있다. 용감한 삼국 무사담과 질박한 삼국 연애담은 오늘까지 독자로 하여금 깊은 흥미를 자아내게 한다. 사기에 있어서 가장 설화의 핵심을 이루고 있는 것은

권45: 밀우(密友), 유유(紐由), 귀산(貴山), 온달(溫達)

권47: 해론(奚論), 소나(素那), 취도(驟徒), 눌최(訥催), 관창(官昌), 김흠운(金歆運), 열기(裂起), 비령자(丕寧子), 죽죽(竹竹), 필부(匹夫), 계백(階伯)

권48: 향덕(向德), 물계자(勿稽子), 백결(百結), 검군(劍君), 김생(金生), 솔거(率居), 지은(知恩), 설씨(薛氏), 도미(都彌)

이것은 모두 당시에 유행하는 소설적 인물이거나 혹은 그 자료가 얼마큼 있는 사실(事實)을 토대로 하고 좀 더 소설화시킨 듯하다. 그중에도 '권45'와 '권47'에 나타난 인물은 모두 당세의 무사로서 대부분 전사한 사람이니 태산(泰山) 같은 존의(尊義)와 홍모(鴻毛) 같은 경사(輕死)는 가장 흠모의 적(的)이며, 약병단창(弱兵短槍)으로 앉아서 죽

기를 기다리는 것보다 백척간두에 다시 일보를 나아가 끝까지 싸우다가 죽는 것이 실로 삼국 무사의 기개였다. 시육(屍肉)을 먹으며 요수(尿水)를 마시면서 최후의 일병(一兵)이 되도록 싸운 찬덕(讚德)의 죽음! 아버지의 전사함을 보고 만병천마(萬兵千馬)의 육탄혈우(肉彈血雨) 속에 분연출진(奮然出陣)하여 돌아오지 아니한 유아(幼兒) 거진(擧眞)의 용맹! 어느 것이 당대 화랑(花郎, 무사)의 전통적 정신 아님이 없다. 〈도미전(都彌傳)〉은 여자의 정결(貞潔)을 고조(高調)한 것으로서 교훈적 의미를 많이 가지고 〈온달전(溫達傳)〉은 연애(戀愛)에 공명(功名)을 쌍수(雙繡) 놓은 것으로서 희곡적(戲曲的) 색채를 무르녹게 띠었다. 전자는 편호(編戶)의 소부(小婦)로되 제왕의 유혹에 마음을 흔들지 아니하고 시종(始終)을 한결같이 나아가 그 남편 도미(都彌)와 사생(死生)을 한가지로 한 곳에 정결(貞潔)의 극치를 표시한 것이며, 후자는 일국의 공주로서 금전옥루(金殿玉樓)에 부귀영화를 일조(一朝)에 헌신짝 버리듯 하고 오직 자기가 동경하는 연인을 찾으려고 장안성(長安城) 달 아래와 낙랑구(樂浪丘) 꽃 사이로 헤매다가 자구(自求)하여서 걸인 온달(溫達)의 아내가 됨에 이르러 연애의 진미(眞美)를 발휘하였다. 도미 처(妻)의 정결과 온달 부(婦)의 연애가 요컨대 계급관계를 초월하여 존재한 것은 양자 사이에 일치됨을 보겠다. 그러나 도미 처는 너무나 정결에 철저하니만치 비록 형산백옥(荊山白玉)의 미(美)는 있지마는 고목한아(古木寒鴉)의 단조한 느낌이 없음이 아닌즉 소설로서는 도저히 염절기쾌(艷絶奇快)한 주인공인 온달 부에게 미치지 못한다. 온달과 평강공주[16]의 사랑은 실로 동양에 있어서 장경(長卿)과 탁문군(卓文君)의 사랑과 함께 드물게 보는 초속적(超俗的) 연애이다. 모든 인위적 구속을 벗어나 오직 순진한 성애(聖愛)에서만 살려고 하였으므로 그 주위의 환경까지도 정화(淨化)하지 아니하면 말지 아니하였다. 즉 정치(政治)의 대세를 무대의 배경으로 삼고 공주의 연애와 온달의 공명(功名)을 경위(經緯)로 삼아 아름답게 짜낸 것이다.

《삼국유사》
고려 충렬왕 초년에 승 일연(一然)이 운문사에서 소흥(消興)할 적에 저술한 것이다. 일연은 초명(初名)은 견명(見明)이요 속성(俗姓)은 김씨이니 고종(高宗) 때의 고승이요 보각국존(普覺國尊)이라고 책봉되었다. 《유사》의 저술은 국존으로서는 도리어 일여업(一餘業)이요 일한사(一閑事)였지만 오늘 와서는 이 불용의(不用意)한 찬술(撰述)이 도리어 대사의 출세대업(出世大業)을 짓게 되었다. 세인은 그 기록이 황탄(荒誕)함을 비난하지만 황탄기괴(荒誕奇怪) 그것이 고기(古記)의 원형을 그대로 철습(掇拾)한 것이라고 말할 것인즉 고대의 일사기문(逸事奇聞)을 충실히 보여주는 자료라고 말할 동시에 학계에 기여할 가치가 가장 크다고 할 것이다. 이를테면 후인(後人)이 탄괴(誕怪)하다고 할 것이 원시신앙과 고관념(古觀念)의 필연상(必然相)임을 생각하면 《삼국유사》의 하는 바가 탄

---
16 원저의 '평양공주'를 '평강공주'로 바로잡음.

괴할수록 신화적 신문(信文)이요 전설적 원형(原形)임을 드러내는 것이다. 《유사》의 학적 범위는 더구나 광범하여 조선 고대의 문적(文籍)으로서 신전(神典), 예지(禮誌), 신통지(神統志), 전설집(傳說集), 민속지(民俗誌), 사회지(社會誌), 시가집(詩歌集), 불교사(佛敎史), 기타 고대의 성씨(姓氏), 지방기원(地方起原), 고어휘(古語彙)로도 볼 수 있다. 그중에 신화와 소설의 가치를 규정코자 하면 기이(紀異), 흥법(興法), 감통(感通), 효선(孝善)의 제 부문에 가장 걸작을 보며 그의 종류에 있어서는 건국신화, 결혼신화, 애국설화, 호소전설(湖沼傳說), 인과설화(因果說話), 효선미담(孝善美譚) 등을 볼 수 있다. 그리하여 동방신화집(東邦神話集)인 동시에 민간설화집이라고도 볼 수 있는 것이다.

그러므로 중국의 《수신기(搜神記)》, 《산해경(山海經)》, 《박물지(博物志)》 같은 것과 공통한 점도 많으며 사적(史的) 체재(體裁)와 필자의 태도에 있어서는 일본의 《고사기(古事紀)》, 《일본서기(日本書紀)》와 흡사하다.

그런데 가장 소설화한 '로맨스'의 현저한 예로서 '태종 춘추공'과 '백제 무왕'의 결혼담을 든다.

태종 춘추공

태종(太宗) 왕 김춘추(金春秋)는 진골 출신 김용춘과 천명공주[17]의 아드

---
17 원저의 '문무왕'을 '진골 출신 김용춘과 천명공주'로 바로잡음.

님이었다. 유신공(庾信公)이 두 누이가 있으니 장(長)은 보희(寶姬)요 차(次)는 문희(文姬)라. 어느 밤 보희가 꿈에 서악(西岳)에 올라 오줌을 누니 그 오줌이 굽이굽이 흘러서 장안에 가득히 찼다. 이튿날 문희에게 몽사(夢事)를 말하니 총명한 문희는 그 꿈을 사자고 하면서 보희에게 비단 치마를 주었다. 그 다음 십여 일 후에 유신공이 춘추공과 함께 공을 차다가 그릇 춘추공의 옷고름을 밟아 떨어치고 유신공의 집에 들어가서 달아달라고 하였다. 유신은 춘추공을 객실에 들이고 문희더러 옷을 호게 하였더니 자미(滋味) 본 춘추공은 그 후 자주 왕래하여 문희는 아이를 배게 되었다. 유신은 아비 없는 아이를 배었다고 문희를 책하며 남산에서 불살라 죽이고자 하였다. 때마침 선덕왕(善德王)이 남산에 유행(遊幸)하다가 불더미 위에 놓은 계집을 보고 좌우(左右)더러 물으니 곁에 있던 춘추공의 낯빛이 돌변하였다. 어느덧 그 '로맨스'를 알아낸 선덕왕은 춘추공과 문희의 혼례를 명하였다.

무왕

일찍이 무왕(武王)이 어릴 적에 그 어머니가 감저 장사를 하였으므로 서동(薯童)이라고 이름하였다. 그가 아이 적에 신라의 선화(善花) 공주가 염미(艶美)함을 애모하여 스스로 승려로 변장하고 신라 서울에 들어가서 한 노래를 지어서

　"선화 공주님은 남모르게 얼러두고 서동 서방님을 밤이면은 안고 간다."

아이들을 꾀어서 이 노래를 부르게 한 결과 공주는 일조(一朝)에 궁중에서 쫓겨나게 된바 서동은 이 기회를 타서 교묘하게도 근시(近侍)의 한 사람이 되어 공주와 서로 눈이 맞아 마침내 봄바람에 나비 모양으로 한 쌍을 지어 서동은 백제 왕이 되고 선화는 그 왕비가 되었다.

이 두 '로맨스'는 《사기》에 있는 도미 처와 온달 부와 같이 시속(時俗)을 초월한 사랑이며 가장 자유스러운 연애결혼으로서 세인의 구가(謳歌)를 받은 것이며, 괴환(怪幻)한 설화에서 일보를 나아가 질적으로 상당히 소설화한 것이라고 볼 수 있다.

제3장 고려의 패관문학과 불교문예

고려의 태조는 인민이 신조정(新朝廷)에 열복(悅服)케 하기 위하여 국초(國初)의 민심을 안정케 함으로써 상책을 삼으니 유일한 민간신앙인 불교에 돈독한 보호를 더하여 상류에 있는 승려의 마음을 수람(收攬)하여 민심을 안정코자 하였다. 태조도 서경학(西京學)을 열어서 상서교육(庠序敎育)을 장려치 아니한 것은 아니나 과거(科擧)와 국자감(國子監)[18]의 제도는 광종과 성종 때에 된 것이며 거기다가 우환이 끊이지 아니하여 고려의 전반(前半)은 볼 만한 문화적 유적이 아무것도 없다. 고려의 전반에 있어서는 지나(支那)의 모방과 문화제도의 창설에 급급하였으니 광종 9년 후주(後周) 쌍기(雙冀)의 건의에 의하여 진사(進士)·명경(明經) 2과를 행하여 선비를 취(取)하고 당학(唐學)의 제도를 완전히 채용하였으며 철두철미로 과거를 전상(專尙)한 결과 학문은 구경(九經), 문선(文選), 삼창(三倉)[19]: 이사(李斯) 창힐편(蒼頡篇), 양웅(揚雄) 훈찬편(訓纂篇),

---

18 원저의 '대학(大學)'을 '국자감(國子監)'으로 바로잡음.

가방(賈訪)[20] 방희편(滂喜篇))의 범위에 국한되고 문장은 한유(韓愈), 시는 이두(李杜)[21]를 배우기를 전주(專主)하여 사상과 취미가 단조한 경애(境涯)에 빠져버렸다.

이와 같이 사회의 이면은 불교가 지배하고 표면은 유학이 성행하며 문학은 시사(詩詞)만 숭상하며 외방(外方)으로 금(金)·원(元)의 변환(邊患)이 그치지 아니하고 내부에는 무사의 발호를 극(極)하여 문예의 원천은 고갈하여버리고 사상의 조류는 혼돈하고 말았다. 그러나 이때의 정신계·신앙계를 지배하는 것은 불교 그것이며, 이리하여 학자로서 승려의 비문(碑文)을 짓지 아니한 자 거의 없고 큰 문학적 작품은 없을망정 세계에 최고·최선한 경판이라고 전하는 대장경의 전각(鐫刻)이 벌써 현종·고종 때에 수차씩이나 시작하였으며, 고종 21년에는 '조령예문(詔令禮文)'[22]의 인쇄의 길이 열려 세계 활자의 효시를 이루었으며, 불공(佛供)의 기구로서의 고려자기는 도료의 신비와 수법의 정묘에 있어서 세계에 유가 없는 '고려소(高麗燒)'의 성가(聲價)를 오늘까지 전양(傳揚)하고 있다. 불교가 고려인의 정신생활의 전면(全面)을 지배하고 있는 이상에 불교예술의 쇠퇴는 용이치 아니하며 문종 때에 최충(崔冲)을 선구

---

19 원저의 '임삼창(林三倉)'을 '삼창(三倉)'으로 바로잡음.
20 원저의 '우방(雩訪)'을 '가방(賈訪)'으로 바로잡음.이백(李白)과 두보(杜甫).
21 이백(李白)과 두보(杜甫).
22 원저의 '조완예문(詔完禮文)'을 '조령예문(詔令禮文)'으로 수정함.

로 세운 유교의 진흥도 상류사회에 견고한 지위를 가졌으나 최씨 일족의 무사집권의 후로 문신의 수난기, 다시 말하면 문신이 정권을 잃고 야(野)에 자복(雌伏)하여 죽림칠현(竹林七賢)을 사모하며 한일(閑逸)히 세월을 보내던 시기도 있었으나, 안유(安裕)·이색(李穡)·정몽주(鄭夢周) 같은 유현(儒賢)이 송(宋)·원(元)의 유학을 고취함에 이르러 아연히 유교의 전성(全盛)을 보게 되며 부란(腐爛)하여온 불교에 대한 억압시설(抑壓施設)이 맹아하게까지 되었다. 이러한 상태로 문학은 시부(詩賦)를 한(限)하며 처음에는 육조(六朝)의 부화(浮華)를 배우다가 점점 당인(唐人)의 원숙한 시미(詩味)를 전주(專主)하게 되었다.

*

고려는 그의 475년이라는 장구한 역년(曆年)임에 비례하여 보면 신라예술의 계승을 제(除)한 모든 의미에서 문화적으로 암흑시대였다. 소설뿐만 아니라 모든 문학이나 혹은 문화적 사업에 있어서 특히 지칭할 만한 것이 없다. 하물며 고대인이 대안화(對岸火)와 같이 심상시(尋常視)하던 소설문학에 있어서야 다시 논할 여지가 있으랴? 원래 여인(麗人)의 문학적 저술이 고려의 전반(前半)에 있어서는 문화시설(文化施設)의 준비시대이므로, 후반(後半)에 있어서는[23] 주자학(朱子學)의 방성(方盛)하여짐으로 인하여 극히 적으며, 약간의 패관문학도 고려의 중엽에 있어서 고

---

[23] 원저에는 없으나 〈동아일보〉에 연재된 글에는 있었던 '문화시설(文化施設)의 준비시대(準備時代)이므로, 후반(後半)에 있어서는'을 추가함.

려문화의 황금기를 이루어 놓은 고종시대를 중심으로 하여 발단되었다. 고종조에 패관문학이 일어난 원인도 여러 가지로 볼 수 있으니

1. 송·원 문화의 수입됨을 좇아 송·원의 수필, 설화, 혹은 설화집과 같은 《태평광기(太平廣記)》·《열녀전(列女傳)》 등이 조고자(操觚者)에게 극히 유행됨으로써 그 영향을 받아 풍부한 국내의 자료를 필단(筆端)에 기하(記下)한 것
2. 신라에서 구비(口碑)로 전하는 전통적 설화를 기록하여두고자 한 의사(意思)에서 난 것
3. 정치적 권능을 잃은 문신들이 소견(消遣)과 설분(泄憤)의 자(資)로써 생각나는 대로 문담(文談)을 기술한 것

등이다. 인제 패관문학을 포함하였다고 볼 수 있는 서목(書目)을 연대순으로 기록하면

이규보(李奎報)의 《백운소설(白雲小說)》, 고종(高宗) 시(時) 찬(撰)

이인로(李仁老)의 《파한집(破閑集)》, 동(同)

최자(崔滋)의 《보한집(補閑集)》, 동

이제현(李齊賢)의 《역옹패설(櫟翁稗說)》, 충혜왕(忠惠王) 시 찬.

《백운소설》은 일종의 시화(詩話)와 문담(文談)이다. 아무 수식도 없는 시론(詩論)이요 시문에 관한 단편적 기사(記事)일 뿐이다.

《파한집》은 그 이름과 같이 문인소한(文人消閑)의 유희문자(遊戲文字)다. 대부분은 시화라고 할 수 있으나 간간이 섞여 있는 신라의 구속(舊俗)과 서경과 개경의 당시 풍물을 기록해서 독자로 하여금 삼매(三昧)의

경(境)에 인도케 한다.

《보한집》은 이인로보다 36세 연소한 후진이요 고종조의 문신인 최자(崔滋)가 당시의 권신 최우(崔瑀)의 촉명(囑命)에 의하여 《파한집》에 계속하여 지은 저술이다. 그러므로 《파한집》과 전후일철(前後一轍)한 체재와 필법일 것은 물론이다.

《역옹패설》 작자 이제현은 고려 일류의 문인이요 명신이니 충선왕 이후 6세(世)를 역사(歷事)하여 국가를 식미(式微)의 제(際)에 편안(偏安)케 하며 원에 잡혀간 충혜왕을 간관위급(間關危急)한 곳에서 구하여 온 공로가 실로 크다. 군소(群小)의 시기를 받아 조정에서 득지(得志)치 못한 이제현(익재(益齋))은 물러가 산수에 방랑하면서 뜻을 문묵(文墨)에 탁(託)하였다. 그것이 《역옹패설》이니 또한 고려시대에 생긴 잡사(雜事)이다.

*

삼국시대에 그토록 찬란한 불교가 여조까지는 의연히 계속되어 승려가 가장 유식계급(有識階級)에 처(處)하며 상류사회의 위(位)를 차지하게 되며 정아(靜雅)한 사원에서 안한(安閑)한 소일을 하면서 몽환적 이상의 경지를 탐구하며 자연과 인생에 대한 번뇌적(煩惱的) 관찰을 기록하며 혹은 《삼국유사》와 같이 신이(神異)한 기적을 기록하며 흥법(興法)의 필요를 역설하며 신주(神呪)와 감통력(感通力)을 말하며 승전(僧傳)을 기록할 적도 있었으나, 이 책은 역사적 저술인 만큼 그다지 상세히 묘사치 아니하며 소설화한 것도 적다. 그러나 변산(邊山) 월명암(月明

庵)에 전하는 〈부설거사전(浮雪居士傳)〉[24]은 승전으로서 상당한 소설적 체재를 가진 것이며, 기타 《붕학동지전(朋學同知傳)》·《보덕각씨전(普德閣氏傳)》이 있다고 하나 가장 많이 유행한 것은 《왕랑반혼전(王郎返魂傳)》일 듯하다.

《왕랑반혼전》의 경개(梗槪)

주인공 되는 왕사궤(王思机)는 길주(吉州) 사람으로 '부처'라고 하면 질색하는 불교부인자(佛敎否認者)였다. 일찍 그 아내 송씨(宋氏)를 잃고 고독한 생활을 보내더니 하루는 십 년 전에 죽은 송씨가 와서 "당신은 부처를 비방한 죄로 명부(冥府)의 미움을 받아서 내일 아침에는 천제(天帝)가 잡으려고 사자(使者)를 보내고자 하니 모름지기 불상을 배설(排設)하고 불경을 염독(念讀)하라" 권하고 갔다. 이튿날 아침에 과연 차사(差使)가 와서 왕랑(王郎)더러 가기를 최촉(催促)하여 잡아갔으나 왕랑은 그날 아침에 불경을 열심으로 읽고 있었다는 보고를 받은 염왕(閻王)은 기뻐서 그 죄를 용서하고 그 처와 함께 다시 인간(人間)에 보냈다. 죽은 지 몇 날 되지 아니한 왕랑은 현세로 돌아와서 의지할 육체가 있었으나 죽은 지 십 년이나 되어 육체가 남아있지 않은 아내(송씨)는 할 수 없이 월씨국(月氏國) 옹주의 육체에 붙어서 세상에 다시 환생하여 미진한 부부의 인연을 다시 이루고 이후부터 열심히 신불(信佛)하여 극락왕생하였

---

24 원저의 〈부운거사전(浮雲居士傳)〉을 〈부설거사전(浮雪居士傳)〉으로 바로잡음.

다는 것이다.

《왕랑반혼전》의 체재와 고거(考據)[25]

본서는 간단한 단본소설(單本小說)이요 혹은 불경 부록(附錄)에 붙어서 유전(流傳)함을 보나니 그가 고대소설에서 드물게 보는 언해체(諺解體)이며, 즉 한문언토(漢文諺吐)를 달아 한언병행(漢諺並行)의 체(體)이므로 그것이 된 지 상당히 오랜 듯하며, 더구나 건륭(乾隆) 18년(이조 영조 29년) 판의 《불설아미타(佛說阿彌陀)》의 부록으로 있는 것으로 보아서 그 창작연대가 적어도 영조 이전에 있을 것이며, 독단적이지마는 적어도 이조 중기에 유행하던 설화가 아닌가 한다. 이와 문합(吻合)되는 설화는 그 《불설아미타》에도 많지마는 중국의 시대에도 많이 유행되어 명승 담연(湛然)이 지은 《어아불(魚兒佛)》 4막극도 다 이와 같은 이야기라 하겠다. 대저 불교를 비방하다가 죽어서 다시 살아난 예는 상당히 많으며 그중에도 《태평광기》에 나타난 '비자옥(費子玉)'과 '왕숙(王璹)'의 사실은 가장 현저한 사실이며, 죽었던 사람의 영혼이 다른 사람의 몸에 붙어서 환생(幻生)한 예는 진(晋) 양호(羊祜)의 전설을 비롯하여 깊이 극동인심(極東人心)에 침륜(浸淪)한 사상이 되었다. 그리하여 이 수단은 동양소설에 있어서 흔히 쓰게 되었으니 《당태종전(唐太宗傳)》에 있는 이춘영

---

25 (원저의 권말 주석) 《왕랑반혼전》을 고려편(高麗篇)에서 논한 것은 망발이다. 후일의 수정을 약(約)한다.

(李春英)의 처가 왕랑의 처와 흡사한 예요,《전상평화삼국지(全相平話三國志)》에 나타나는

    한신(韓信)-조조(曹操), 팽월(彭越)-유비(劉備),

    영포(英布)-손권(孫權), 한(漢) 고조(高祖)-헌제(獻帝),

    여후(呂后)-복후(伏后), 괴통(蒯通)-제갈량(諸葛亮),

《속금병매(續金瓶梅)》에도《금병매(金瓶梅)》의 주인공을 다시 환도(換倒)한 위치에 바꾸어 환생시켰으니

    반금련(潘金蓮)-변인(汴人) 심금가(沈金哥), 서문경(西門慶)-걸인(乞人)으로.

  이와 같이 하여 대부분은 인과(因果)의 이(理)를 응용하여 전생의 원수를 갚거나 혹은 전생의 허물을 고치는 것으로써 주안(主眼)을 삼는 것이다.

  대개 사문(沙門)의 설법(說法)으로서 이처럼 유행한 것은 심히 많으니 이외에도 불교와 직접 관계가 있거나 혹은 관계가 있는 듯한 것은 상당히 많을 것이며 나의 안광에 비친 것만 하여도《금독전(金犢傳)》·《沈淸傳(심청전)》·《狄成義傳(적성의전)》 등이 모두 그것이며, 이 불교소설만은 비록 저작연대를 계고(稽考)할 아무 사적(史的) 증거는 없지마는 불교가 고려시대까지 융성하여왔으므로 불교문예가 이조(李朝)보다 더 흥왕(興旺)하였으리라는 것과 소설 내(內)에는 반드시 고려·신라 시절을 배경으로 하여 의외에 그 연원이 장구하다는 느낌을 주는 것이다. 다시 말하면 고대의 문헌이 전연 남아있지 않은 조선에서 비록 물적 증거는 없

을망정 이조 이전에 벌써 상당한 불교소설이 많이 한문이나 이두문으로 쓰여 유행하다가 한글이 제정된 후에 어느새 번역되어버린 듯하다. 《금독전》 일명 《금우태자전》(혹은 《금송아지전》)의 원형은 불전(佛典)에서 나온 것이 물론이지마는 내가 참고로 한 것은 《지행록(地行錄)》 제7지(地)다. 7지의 본문을 초역(抄譯)하면

예전에 여래(如來)가 파리국(波利國)에 나서 태자가 된 이야기. 왕이 세 부인 수승(殊勝)·정덕(淨德)·보만(普滿)을 두었는데, 여래가 제3부인 보만의 배 안에 있을 적에 왕은 몽사(夢事)의 불길함으로 인하여 청량산(淸凉山)에 피서(避暑)하며 재액을 면(免)코자 하였다. 그동안 보만이가 아이를 낳으면 자기의 총애를 잃어버리리라고 생각한 두 부인은 생파(生婆)를 시켜 보만이가 태자를 낳은 후에 털 벗긴 고양이 새끼로 바꾸어 금분(金盆)에 씻어서 왕께 보이기로 하였다. 생파는 그 부탁대로 하여 태자를 바꾸어가지고 '칼'과 '교승(絞繩)'과, 호랑(虎狼) 많은 산중에 여러 가지로 죽이려고 하였으나 죽지 아니하므로 강포(强暴)한 우구(牛廐)에 던졌더니 소가 삼켜버렸다. 왕은 고양이 새끼를 보고 노하여 보만을 가두었다. 그 소는 송아지를 낳으니 보통 송아지가 아니요 기적(奇蹟)이 많으며 그 송아지는 보만 부인을 구하려고 하는 것이었다. 이 일을 보고 배를 앓는 두 부인은 그 금(金)송아지의 심간(心肝)을 먹으면 약이 되겠다고 한다. 송아지는 도관(屠官)을 꾀어 다른 짐승의 심간을 드리게 하고 자기는 도망해서 한 신선 노인

을 만나서 고려국(高麗國) 성(城)에 이르렀다.

당시의 고려국 임금은 귀여운 딸 미묘공주(微妙公主)를 두고 사위(부마(駙馬))를 구하는 중이었다. 마침 공주는 누상(樓上)에서 수구(綉毬, 공)를 가지고 놀다가 떨어져 지나가던 송아지를 맞혔다. 우연한 기회에 공주와 송아지는 뜻이 맞았다. 부왕(父王)은 송아지를 자주 죽이고자 하나 많은 기적은 송아지를 보호한다. 공주는 부왕의 명도 듣지 않고 전세(前世)의 인연이라고 하여 궁문(宮門)을 떠나서 송아지를 좇아 심산황야(深山荒野)로 신생활(新生活)을 구하러 가다가 한 선인(仙人)을 만나서 그가 주는 선과(仙果)를 먹고 송아지는 그만 피모(被毛)와 두각(頭角)이 떨어지고 태자의 본신(本身)을 나타내게 되었다. 두 양주는 금륜왕국계(金輪王國界)에 이르러 그 후를 이어 왕이 되고 천하가 승평(昇平)할 적이다.

하루는 어머님 보만 부인이 옥에서 고생하는 생각을 하고 거마(車馬)를 정돈하여 파리국에 이르러 부왕께 뵈이고 보만 부인을 석방하고 간악한 두 부인과 생파들을 중벌하다가 모두 불화(佛化)하였다.

이 설화는 경문(經文) 그 자체가 벌써 소설적이므로 아무 윤필(潤筆)도 없이 번역되어 많이 읽혔다. 그 밖에도 본연경(本然經)의 번역된 부분은 많을 것이나 자료가 인멸하여 논급치 아니한다. 《심청전》·《적성의전》은 후편에서 논한다.

제3편

전기소설과 한글 발생기

제1장 이조의 주자학과 소설계에 던진 영향

이조 오백 년은 유교의 시대, 특히 주자학(朱子學)의 전성시대였다. 여말까지 백성의 신앙생활에 가장 견고한 지반과 중요한 요소를 이루고 있던 불교가 이조에 이르러서는 정도전(鄭道傳) 일파의 억불론(抑佛論)이 주의(奏議)대로 시행됨에 미쳐 승려를 팔천(八賤)에 넣어 대우하고 극단히 승사(僧寺)를 제한하여버렸으므로 불교의 세력은 졸지에 좌절되었고 그 후에도 세조(世祖) 같은 군주는 스스로 입도(入道)까지 하고자 하여 열심으로 승사(僧寺)를 보호하며 민간생활에 있어서도 신앙과 의식(儀式)에 절대한 잠세력(潛勢力)을 가지지 않은 것은 아니나 불교는 유교의 융성을 따라 역비(逆比)로 쇠멸(衰滅)하고 인제는 유학, 특히 주자학의 독점무대가 되었다. 이는 불교문예와 미술공예의 쇠퇴를 초래하고 그저 부패한 도덕률을 지켜 장자(長者)에게는 절대로 복종하라고 가르친 결과 용감스러운 자유적 정신은 흩어지고 다만 남은 것은 유교의 해독뿐이다.

극단으로 주자학을 숭봉(崇奉)하며 유교의 형식에 돌진(突進)한 결과

장삼대립(長衫大笠)과 아관박대(峩冠博帶)로 변하여버린 조선사람은 번문욕례(繁文縟禮)의 누(累)를 입어 점점 문약(文弱)하게 되었다. 청인(淸人)은 자주 연골가례(軟骨苛禮)라고 평하였으니 모화사대(慕華事大)와 퇴영자수(退嬰自守)가 조선사람의 제2의 천성을 만들었던 것은 아닌가? 입을 열면 "그것도 팔자라 어찌할 수 없다"라고 숙명론적 인생관을 가지게 되니 자연을 극복할 힘이 얼마나 소모하였는지 알 수 있다.

유교의 선물로서 성장한 봉건적 신분계급의 엄격한 대립은 가정에서 남녀의 불평등과 가장의 특권이 용인되고 사회에는 팔천(八賤), 상한(常漢), 중인(中人), 양반(兩班) 등의 구별이 생기고 다시 남귀북천(南貴北賤)의 지방색이 있어서 몽매(蒙昧)한 사회선(社會線) 하(下)에 불평은 비등하고 생산업에 종사치 아니함을 유일한 영귀(榮貴)로 아는 양반의 가렴주구(苛斂誅求)와 갖은 모욕은 극도에 달하였다.

공연히 거죽만 점잖고자 하는 가면을 쓴 가공자(假孔子)들이 논쟁하는 바는 예의(禮儀)뿐이요 음험한 배타심이 미치는 곳마다 사색(四色)의 당론(黨論)이 구구하였을 뿐이다. 이것은 지나에서도 유학이 가장 성(盛)했던 한(漢)·당(唐)·송(宋)·명(明)의 4조(朝)에 있어서 한당(漢黨)의 폐고(廢錮), 당의 우이(牛李), 송의 낙천위학(洛川僞學), 명의 동림당(東林黨) 등이 일어난 것과 같다.

그러므로 이 영역에서 자라난 문화는 아무 광채도 역량도 없어서 소천지(小天地)에 부르짖는 정와(井蛙)의 목소리를 듣는 것 같고, 음참(陰慘)한 달밤에 구름 속에 있는 달을 엿보는 것과도 같다. 물론 주자학의 엄격한 구속 하에서 남녀의 정사(情事)를 체재(體材)로 한 연애소설 같은 것은 사군자(士君子)가 몽상도 못할 것이므로 '한글'도 농민과 부녀 사이에나 보는 것으로 생각하여온 것이다. 세종 28년에 창제된 한글이 점점 지식층에까지 침입하여 문예(文藝)가 평민화하는 경향이 전개되어 우리말로 기록된 소설이 선조 이후에 시작하여 숙종 때에 가장 융성하여 많은 작품을 냈으나 대부분은 권징(勸懲)에 자(資)코자 한 목적소설(目的小說)이며 그렇지 아니하면 자기의 품위를 손(損)하는 것 같이 생각하여 일보 나아가 희작(戱作)의 가치를 유가(儒家)의 소천지에 천명치 못하고 혹은 천명하면서도 의론(議論)으로서 발표치 못하는 상태였다. 그리하여 모든 작품을 익명으로 내어 많이 방간(坊間)에 전독(傳讀)하게 되었다. '이야기책'은 한학자들이 손에 대지도 아니할 뿐더러 눈에도 걸지 아니하는 것으로, 약간 궁중에 읽힌 '이야기책' 이외에는 출판된 것도 없고 대부분은 서로 전사전독(傳寫傳讀)하여 일대(一代)의 시호(時好)를 만족시키고 있었다. 그러므로 중간에 번개(翻改)된 부분도 많으며 혹은 유실된 서책도 많으며 혹은 원고 그대로 있어서 널리 발표되지 못한 것도 많았다.

다만 최근에 이르러 구미문화(歐米文化)의 세례를 받아 출판의 편익과 소설문예의 해방됨으로 인하여 많이 출판된 것은 경하할 만한 사실이다.

제2장 이조 초창기의 전기소설(傳奇小說)

제1절 전대계승(前代繼承)의 패관문학

고려의 패관문학(稗官文學)은 유도(儒徒)들 사이에 유전(流傳)하여 이조의 중엽까지 문원(文苑)에 풍미하였다. 이조의 초창기에 있어서 가장 많이 읽힌 것은 《태평광기》인 듯하며, 응신(應神) 15년 8월에 백제 왕이 아직기(阿直岐)를 보내어 일본에 《산해경(山海經)》을 들인 사실(史實)이 있은 것으로 보아 삼국 때부터 《산해경》도 많이 읽힌 듯하며, 고려 선종 8년에는 송나라로부터 진(晋) 간보(干寶)가 찬술한 《수신기(搜神記)》 30권을 구입하였으며, 《고려사》에 송(宋) 관반(舘伴)이 구하는 서적 129부 속에 유향(劉向)의 《칠록(七錄)》 20권과 혜강(嵇康)의 《고사전(高士傳)》 3권이 기재되어있고, 진계유(陳繼儒)의 《태평청화(太平淸話)》에는

> 조선인은 책을 가장 좋아한다. 무릇 사신이 중국에 올 때 50명 이내로 오는데 오래된 책, 새로운 책, 패관소설로서 자기네 나라에 없는

것이 있으면 날마다 시중에 나가 각자 책을 베끼고 사람을 만나 두루
물어본다. 책값이 비싸도 아까워하지 않고 사 가지고 돌아가므로 그
들의 나라에 오히려 귀한 책이 소장되어 있다.[26]

라고 한 것을 보면 당시인의 연문예(軟文藝)에 대한 수양과 기호의 정
도를 짐작할 수 있다. 그러므로 여조로부터 전하여오는 패관문학의 유
풍(遺風)은 아직도 끊이지 아니하여 도리어 이조의 초창기에 있어서 패
관문학의 융성함을 본 것 같다. 태조에서 선조 때까지의 수필은 어숙권
(魚叔權)의《패관잡기(稗官雜記)》에 나타난 문구를 인용하여보면

우리나라에는 소설이 적다. …… 이조에 들어 인재(仁齋) 강희안(姜希
顔)의《양화소록(養花小錄)》, 사가(四佳) 서거정(徐居正)의《태평한화
(太平閑話)》·《필원잡기(筆苑雜記)》·《동인시화(東人詩話)》, 진산(晋山)
강희맹(姜希孟)의《촌담해이(村談解頤)》, 동봉(東峯) 김시습(金時習)
의《금오신화(金鰲新話)》, 청파((靑坡) 이육(李陸)의《청파극담(靑坡劇
談)》, 허백(虛白) 성현(成俔)의《용재총화(慵齊叢話)》, 추강(秋江) 남효
온(南孝溫)의《육신전(六臣傳)》·《추강냉어(秋江冷語)》, 매계(梅溪) 조
위(曹偉)의《매계총화(梅溪叢話)》, 교리(校理) 최부(崔溥)의《표해기(漂

---

[26] 朝鮮人最好書, 凡使臣入貢限五十人, 或舊典新書稗官小說, 在彼所缺者, 日出市中, 各寫書
目, 逢人偏問, 不惜重直購回, 故彼國反有異書藏本.

海記》, 해평(海平) 정미수(鄭眉壽)의 《한중계치(閑中啓齒)》, 충암((沖庵) 김정(金淨)의 《제주풍토기(濟州風土記)》, 적암(適庵) 조신(曺伸)의 《소문쇄록(謏聞瑣錄)》이 세상에 보급됐다.[27]

이에 포함된 소설의 범위는 매우 광범해서 일기(日記), 지리(地理), 시화(詩話), 실전(實傳) 등에 긍(亘)하여 경서(經書) 이외의 모든 수필문자(隨筆文字)를 지칭한 듯하다. 그중 《용재총화》는 그 문장과 설화에 있어서 내외(內外)가 구미(俱美)한 수필이다. 이 유풍(遺風)은 근세까지 계속되어 선조 이후에 가장 귀중한 설화총서가 많이 났으니 유몽인(柳夢寅)의 《어우야담(於于野譚)》, 이원명(李源命)의 《동야휘집(東野彙輯)》, 작자 미상한 《청구야담(靑邱野談)》·《청구소총(靑邱笑叢)》, 이희준(李羲準)의 《계서야담(溪西野談)》[28], 《아주잡록(鵝洲雜錄)》[29] 등이 그중 백미(白眉)라고 할 것이며 유서(類書)로는 이수광(李睟光)의 《지봉유설(芝峯類說)》, 이익(李瀷)의 《성호사설(星湖僿說)》 등이 가장 현저하다.

---

[27] 東國少小說……本朝姜仁齋希顏養花小錄, 徐四佳居正太平閑話筆苑雜記東人詩話, 姜晉山希孟村談解頤, 金東峯時習金鼇新話, 李靑坡陸劇談, 成虛白堂俔慵齋叢話, 南秋江孝溫六臣傳秋江冷語, 曺梅溪偉梅溪叢話, 崔校理溥漂海記, 鄭海平眉壽閑中啓齒, 金冲庵淨濟州風土記, 曺適庵伸謏聞鎖錄, 行于世.

[28] 계서(溪西)가 이희준의 형 이희평(李羲平)의 호라는 점에서 《계서야담》의 편저자는 이희준이 아니라 이희평이라는 설도 있다.

[29] 《아주잡록》의 편저자는 홍중인(洪重寅)이다.

제2절 《골계전》과 《고금소총》

《골계전(滑稽傳)》은 사가(四佳) 서거정이가 당시 골계자류(滑稽者流)의 일사(逸事)를 수집하여 기록한 것이며 《고금소총(古今笑叢)》은 송인(宋寅)의 저술이었다고 전하나 확실치 아니하다.

　내가 본 《고금소총》은 강진산(姜晋山)의 《촌담해이》 수 조(條)와 송취은(宋醉隱)의 《어면순(禦眠楯)》 십수 조와 성쌍천(成雙泉)의 《속어면순(續禦眠楯)》 십여 조로 된 것인데, 이는 조선 최초의 외담집(猥談集)이었다. 그런데 일본 전간공작(前間恭作, 마에마 교사쿠) 씨의 소장으로 있는 《고금소총》은 손진태(孫晋泰) 씨의 소개에 의하면 《어우야담》·《하담기문(荷潭記聞)》·《잠곡필담(潛谷筆談)》·《종남총지(終南叢志)》·《천예록(天倪錄)》 등에서 인출된 54조의 야담소설집이라고 한 것으로 보아 동명이서의 다른 책인 듯하다.

　이 부록으로 있었다는 《명엽지해(蓂葉志諧)》는 현묵자(玄默子) 홍만종(洪萬宗)의 찬으로서 76조로 된 외담집이니 《어면순》의 아류이다. 《어면순》은 명종 때 사람인 취은(醉隱) 송세림(宋世琳)이 신병(身病)으로써 그 향리인 전북 태인 지방에 은퇴하면서 그 부근의 외담을 모은 것이다. 쌍천(雙泉) 성여학(成汝學)이 그 속편을 지은 것으로 보든지 현종 때 정국당(鄭菊堂)이 지은 《천군연의(天君演義)》 서(序)와 기타 《견한잡록(遣閑雜錄)》 등서에 보더라도 당시에 많이 유행한 모양이며, 《송계만록(松溪漫錄)》에는 "송세림의 《어면순》은 근거 없는 허황된 말과 외설스러운 말이 그 안에 많이 섞여 있으니 모두 음란함을 가르친다. 호음(湖陰) 정사룡(鄭士龍)이 그 머리 부분에 서문을 쓴 것은 어찌하여 그런가"[30]라고 하였다. 이처럼 구속 많은 조선 학계의 도덕 경계망을 교묘히 돌파하고 당시의 사림에 비상히 탐독되었음을 알 것이다.

제3절 《전등신화》의 주석과 모방작

《전등신화(剪燈新話)》는 원래 명인(明人) 구우(瞿佑)가 당시 문예가 다시 고문(古文)에 복귀코자 하는 시대의 정신을 따라 시속(時俗)에 유행하는 백화소설(白話小說)을 배척하고 당인(唐人)이 지은 염정소설(艶情小說)을 사모하며 모방하여 간간 환괴(幻怪)한 말을 섞어서 남녀의 정사(情事)를 문언체(文言體)로 기술한 것으로 공전(空前)의 걸작이라고 할 만한 단편소설집이다. 그러므로 기세를 문단에 앙양하고 일사천리의 세로 사방에 전독(傳讀)되어 《전등여화(剪燈餘話)》·《요재지이(聊齋志異)》·《우초신지(虞初新志)》와 같은 그 모방작을 내는 등 전기소설(傳奇小說)의 창작에 절대한 영향을 주었다.

　《신화(新話)》가 조선에 들어온 연대는 고사하고 홍무(洪武) 11년 작자의 자서(自序)와 영락(永樂) 19년(세종 3년)의 발(跋)을 가진 《전등신화》

---

[30] "송세림(宋世琳)의 《어면순(禦眠楯)》은 부사설어(浮辭褻語)가 다혼어기중(多混於其中)하니 개회음(盖誨淫)이라 정호음상공(鄭湖陰相公)이 서지어기수(序之於其首)는 하야(何耶)아."

가 세종 17년에는 천재적 신동 동봉(東峯) 김시습(金時習)의 손으로 그의 모방작이라고 할 만한 《금오신화(金鰲新話)》를 낸 것은 《전등신화》가 얼마나 당시의 사림(士林)에게 인기를 끌고 있었는지 알 수 있다. 대저 《전등신화》가 조선에 환영받은 이유는 두 가지가 있으니

1. 소설의 진실한 목적으로서 소흥(消興)의 자(資)가 되며 인생에 위안을 줌으로써라,
2. 그 문장이 현란하므로 계림(鷄林)의 문원(文苑)에서 작문의 대본으로 삼은 것이니,

《오주연문(五洲衍文)》에

오늘날 여항(閭巷)의 무리가 오로지 익히는 것으로는 《전등신화》 한 책이 있는데 이것을 읽으면 이문(吏文)에 익숙해진다고 한다. 이것으로 도필(刀筆)의 익숙한 솜씨는 얻겠지만 의지와 기개는 그 안에 매이게 되니 가혹하게 질책한들 무엇 하겠는가. 이 책은 이미 사대부들이 달갑게 여기지 않는 것이 됐다.[31]

라고 하였다. 《경도잡지(京都雜志)》에도 이 같은 이야기가 쓰여 있으며 《지봉유설》에는 일보 나아가 그 내용에 대하여 논급하였으니

---

31 今閭巷輩所專習者, 有剪燈新話一書, 以爲讀此則嫺於吏文云, 斯爲刀筆之熟習, 志氣已梏於其中則何必苛責也, 此書旣爲士大夫不屑.

신화(新話) 중 《수궁경회록(水宮慶會錄)》은 《동파지림(東坡志林)》에 있는 것을 전취(專取)하고 《신양동기(申陽洞記)》는 《백원전(白猿傳)》을 전습(專襲)하여 조금 은괄(檃括)[32]을 더하였고 그 외에도 모방이 많으며 《전등여화(剪燈餘話)》 같은 것은 그 효빈(效顰)[33]이 더욱 심하다.

그런데 지봉(芝峯) 이수광(李睟光)보다도 선진(先進)인 임기(林芑)라는 이가 《전등신화》에 주석(註釋)하였다. 지금 시정(市井)에 유행하는 《전등신화》의 권두(卷頭)에는 "명(明) 구우(瞿佑) 저(著), 창주(滄洲) 정정(訂正), 수호자(垂胡子) 집석(集釋)"이라고 쓰여 있는데 이 창주라는 이는 윤춘년(尹春年)이요 수호자가 임기의 호(號)인 것은 이규경(李圭景)이가 그의 《오주연문(五洲衍文)》에 변증(辨證)하였나니[34]

《전등신화》 2권은 …… 명종조의 판서 윤춘년과 이문학관(吏文學官) 임기가 주석했다. 창주라 함은 곧 윤춘년이다. 임기는 턱 밑에 혹이 있었기에 스스로 호를 수호자(垂胡子)라고 했다.[35] 《순암집(順菴集)》

---

32 고쳐서 바로잡음.

33 흉내 냄.

34 "이규경(李圭景)이가 그의 《오주연문(五洲衍文)》에 변증(辨證)하였나니"는 원저에서는 누락됐지만, 《동아일보》에 연재된 글에서 가져와 넣었다.

35 剪燈新話二卷 …… 明宗朝判書尹春年及吏文學官林芑註, 所謂滄洲即春年也, 芑頷下有垂肉故自號垂胡子.

권13)

상세히 살피건대 임기(林芑)의 이름은 필(苾)이라고도 한다. 초주청(草奏廳)에 백의(白衣)로 종사했고 호(號)를 수호자라고 했으며,《송계만록(松溪漫錄)》에 이르기를 "나의 벗 임기는 많은 책을 읽었고 글을 잘 지었으며 더욱이 시에 능하였다" 하였다. 이공(李公) 휘지(徽之)가 일찍이 영남 사람에게 듣기로 "임기의 아버지 아무개는 직학(直學) 이개(李塏)의 친구였다. 이개가 육신(六臣)의 화를 당했을 때 딸 하나만 있었는데 임기의 아버지에게 부탁했더니 그가 받아 길러 첩으로 삼아 임기를 낳았다. 임기는 문장에 능해서 여러 차례 사신을 따라 명나라 서울에 갔고 나라에 지어 올린 글로 일품의 품계를 받았으나 일찍 죽었다"라고 하였다.

임기의 아버지가 육신인 직학 이개와 친구였다면 단종조에 살았을 것이고 그때 딸을 낳아 임기의 아버지에게 부탁했다면 가령 임기의 아버지가 그때 어린 나이였다고 해도 선조 초기에 이르러서는 이미 100세가 넘었을 것이다. 비록 50여 년 전에 임기를 낳았다고 해도 임기는 선조조 중엽에 이미 육칠십 세가 넘었을 것이니 임기의 죽음이 어찌 이르다고 할 수 있겠는가? 영남 사람이 이공 휘지에게 전한 말은 오류인 듯하므로 아울러 언급해둔다.《개령읍지(開寧邑志)》를 자세히 살피건대 "임기는 군수 재광(霽光)의 아들인데 백의로 종사하면서 여섯 번 명나라 서울에 갔으며 가선대부(嘉善大夫)로 증질(增秩)

되어 광국공신(光國功臣) 일등(一等)에 녹훈(錄勳)되었다. 임금이 어필로 써서 내려 이르기를 '임기의 자손은 대대로 천역(賤役)을 하지 말라' 하였는데 유실됐다. 임진왜란 때 그의 아들 우춘(遇春)은 그 아내와 함께 왜적을 꾸짖다가 순절했는데 선조조에 이 사실이 아뢰어져 정려문(旌閭門)이 세워졌다."[36](《오주연문》)

임기는 이문학관(吏文學官) 중에서 가장 뛰어났다.[37](《오산설림(五山說林)》)

임기는 여섯 번 명나라 서울에 갔는데 《전등신화》를 가지고 왔다. 선조조의 임진왜란 때 왜적에게 죽임을 당하였다. 그의 아들 우춘(遇春)은 정유재란 때 포로가 되었으며 그의 처 홍씨도 함께 죽었다.[38](《이향견문록(里鄕見聞錄)》

....
36 按林芑, 一作苡, 官草奏廳白衣從事, 號垂胡子, 松溪漫錄, 博洽群書, 善屬文, 尤長於詩, 李公徽之嘗聞于嶺南人云, 林芑父某, 李直學塏友也, 塏被六臣之禍, 只有一女, 托於芑之父, 受而養之爲妾, 生芑, 能文章, 屢隨使之京, 以製進別奏, 資一品, 早世, 林芑父, 與六臣李直學塏友, 則在於端廟朝, 其時生女, 故托於芑父, 則假如其父, 其時爲數歲, 至宣廟初服, 則年已過百許載矣, 雖五十餘年前生芑, 芑於宣廟中葉, 已過六七十矣, 芑之沒, 何稱早世耶, 嶺人之傳李公徽之語, 似是謬也, 竝及之, 按開寧邑誌, 林芑, 郡守霽光子, 拜白衣從事, 六度赴京, 增秩嘉善, 錄光國功臣一等券, 御筆書賜曰, 林芑子孫, 世世勿爲賤役, 而遺失, 壬辰之亂, 其子遇春與其妻同叱倭賊殉節, 宣廟朝事聞旌閭.
37 林芑者, 吏文學官之雄也.
38 芑六度赴京, 帶剪燈新話而來, 宣廟壬辰, 死於賊, 子遇春丁酉亂被虜, 及其妻洪氏同死.

이로써 수호자 임기라는 이가 원래부터 연문학(軟文學)과 이관문학(吏官文學)에 수양이 깊은 재자(才子)로서 여섯 번이나 연경(燕京)에 왕래하면서 저 명초(明初)의 예원(藝苑)을 풍미하던 《전등신화》를 스스로 가지고 와서 주석을 더하였다. 이리하여 방간(坊間)에[39] 탐독되는 동시에 지귀(紙貴)의 예(譽)가 있던 《전등신화》는 명나라에서도 모방작이 있었을 뿐 아니라 동서일규(東西一揆)로 조선에서도 《금오신화》의 창작을 보게 되었으니 《전등신화》의 고대 문예에 기여한 공적도 결코 적은 것은 아니라 할 것이다.

일본에서는 천문(天文) 연간에 비로소 《전등신화》의 일부가 번역되어 《기이잡담집(奇異雜談集)》이라는 명칭 하에 유행되었으니(수곡부도(水谷不倒) 씨의 《열전체소설사(列傳體小說史)》에 의함), 천문은 이조 명종 때에 당(當)한즉 《금오신화》가 아무리 김동봉(金東峯)의 만년 작품이라고 간주할지라도 《전등신화》의 번안인 《기이잡담집》은 조선의 《전등》 번안인 《금오신화》보다 육칠십 년 이후의 사실이다. 그리고 조선보다 연문학이 비교적 순조(順調)로 발달하여온 일본에 있어서도 천문 연간의 《기이잡담집》과 《당음비사(棠陰比事)》에서 출발하였다. 《전등》은 덕천(德川) 초기에 다수(多數)한 모방작을 내었으니 《은리(隱里)》를 비롯하여 《목단등롱(牧丹燈籠)》·《어가비자(御伽婢子)》·《전탕신화(錢湯新話)》·

---

39 '주석을 더하여 방간에'를 '주석을 더하였다. 이리하여 방간에'로 수정함.

《선두심화(船頭深話)》[40] 등이 그것이며 기타 일본 괴담(怪談)의 선구가 되었은즉 조선과 일본의 소설사 상에 인(印)한 《전등》의 공적이 그 아니 크지 아니한가?

---

40 원저의 《목단등기(牧丹燈記)》를 《목단등롱(牧丹燈籠)》으로, 《전탕신화(餞湯新話)》를 《전탕신화(錢湯新話)》로, 《선두신화(船頭新話)》를 《선두심화(船頭深話)》로 각각 바로잡음.

제3장 전기문학(傳奇文學)의 백미인 《금오신화》

제1절 《금오신화》의 작자

작자 김시습(金時習)은 난 지 다섯 살에 신동(神童)의 칭예(稱譽)로써 승정원에 불러들여져 황룡(黃龍)·벽해(碧海)의 구(句)로 세종의 총애를 입고[41] 삼각산(三角山)에 들어가서 주야로 글을 읽어 장차 세용(世用)을 기약하였더니, 세조가 단종을 해하고 찬립(簒立)하였다는 말을 듣고 홀연히 통곡하면서 서책을 불사르고 유복(儒服)을 찢어버리고 금강산에 들어가서 중이 되어 호를 설잠(雪岑)이라고 하였다.

자주 강릉·양양 등지에 취하여 놀새 양양수(襄陽守) 유자한(柳自漢)이 속(俗)에 돌아가 가업(家業)을 회복하기를 극권(極勸)하니 시습이 글을 지

---

[41] 세종이 다섯 살짜리 신동 김시습을 불러 놓고 도승지를 시켜 "어린아이의 학문이 푸른 소나무 끝에서 백학이 춤을 추는 것 같구나(童子之學 白鶴舞青松之末)"라는 시구를 읊고 대구를 짓도록 하니 김시습이 곧바로 "성왕이 덕이 푸른 바다에서 황룡이 나는 듯합니다(聖王之德 黃龍飜碧海之中)"라고 응답했다는 일화를 가리킴.

어 사례하되 "낙백거세(落魄居世)와 소요송생(逍遙送生) 중에 어느 것이 좋으냐"고 반문하였다. 김수온(金守溫)이 태학(太學) 선비를 시험하는 제목에 '맹자현양혜왕(孟子見梁惠王)'이라는 글제를 냈더니 어떤 학생이 남모르게 김시습에게 차작(借作)하여 가지고 왔다. 그 논지는 대개 맹자 같은 성인이 양혜왕 같은 참왕(僭王)을 보았을 리가 없다고 하였으므로 수온이 글을 보다가 필(畢)치 못하고 시습이가 경산(京山) 어느 절(寺(사))에 있느냐고 물었다 한다(《해동명신록(海東名臣錄)》·《해동잡록(海東雜錄)》).

수락산(水落山) 폭포수 밑에서 나뭇잎에 글을 지어서는 물결에 던지고 한 닢을 띄우고 한 번씩 곡하니 곡하는 소리가 산곡(山谷)에 가득 차고 곡소리 가운데 때때로 세종이라고 부르짖음을 들었다고 한다(《미수기언(眉叟記言)》). 만년에 가장 금오산(金鰲山)을 사랑하여 이에 은거하면서 "풍류기화(風流奇話)를 자세히 찾아보노라"[42](《동경잡기(東京雜記)》 고적조(古蹟條))하였으니 이것이 《금오신화(金鰲新話)》일 것이다. 금오산은 경주의 남산이니 당(唐) 고운(顧雲)이 최고운(崔孤雲)에게 준 시에 "금빛 자라는 머리 위에 높디높은 산을 이고 있구나"[43]라고 한 것이 그것이다. 일찍이 매월당(梅月堂)이라고 별호(別號)를 지은 것도 금오(金鰲) 매월(梅月)을 사랑함으로써였다. 성종 계축(癸丑)에 홍산(鴻山) 무량사(無量寺)에서 몰(歿)했는데 그의 저서로는 시 만여 편(《사우명행록

---

42 "風流奇話細搜尋."
43 "金鰲頭戴山高高."

(師友名行錄)》),《사방지(四方志)》일천육백 편,《기산기지(紀山紀地)》[44] 이백 편(《기언(記言)》)과《유금오록(遊金鰲錄)》·《관동일록(關東日錄)》 (《열조시집(列朝詩集)》) 등이 있었다고 하나 도무지 전(傳)치 아니하고 《매월당집(梅月堂集)》 17권 9책이 잔존할 따름이다.

제2절 《금오신화》의 저술까지

"동봉(東峯) 김시습이 의외의 세변(世變)에 오중(五中)의 격탕(激盪)함을 스스로 진정치 못하고 신세(身世)를 아울러 물외(物外)에 포척(抛擲)하고 단공열루(短笻熱淚)로 팔극(八極)에 방랑할새 곡부진(哭不盡) 소부제(笑不除)하던 궁철(窮徹)의 애민(哀悶)을 그대로 동경(東京) 금오산 속에 끌고 가서 구수신한(舊愁新恨)과 만강울읍(滿腔鬱悒)을 독필모지(禿筆毛紙)[45]의 끝에 서기상망(庶幾喪忘)코자 한 것이 일편(一篇) 신화(新話)의 성립원인(成立原因)이다."(《금오신화해제(金鰲新話解題)》) 그러나《신화》는 전본(傳本)이 매우 희소하여 조선에서 거의 일서(逸書)가 되었으며, 요행히 변방 일본에 건너가 또한 사백 년 동안이나 등본(謄本)대로 유전(流傳)하다가 명치 17년 동경에서 삼도중주(三島中洲)·의전백천(依田百川) 제씨(諸氏)의 손으로 출판되었으며《전등신화》보다도 질로써 우

---

44 원저의 《기산기수(紀山紀水)》를 《기산기지(紀山紀地)》로 바로잡음.
45 몽당붓과 보푼 종이.

승(優勝)한 작품이라고 서평(序評)하여 있다. 원본 권수가 미상하며, 권미(卷尾)에 '서갑집후(書甲集後)'라 하여 일시(一詩)가 씌어 있는 것으로 보면 갑집(甲集)에 대한 을집(乙集), 병집(丙集) 등이 있는 모양이며 현존의 5편이 차서(此書)의 전모가 아님을 알겠다. 일찍이 저서를 석실(石室)에 두고 "후세에 반드시 나를 알아주는 사람이 있을 것"[46]이라고 하면서 풍류가화(風流佳話)를 채집(採集)하여 감흥과 포부를 우(寓)한 것이 《금오신화》 작자의 의도였다.

제3절 《금오신화》의 고거(考據)

《금오신화》가 《전등》을 모방하였다 함은 그 체재와 내용이 혹사(酷似)함으로써 말함이니 만일 《금오신화》의 일편(一篇)을 《전등》에 넣어도 얼른 골라내지 못할 듯한지라, 더구나 현존 5편이 《전등신화》 내의 8편과 기맥(氣脈)이 서로 통하는 듯하다.

《금오신화》	《전등신화》
〈만복사저포기(萬福寺樗蒲記)〉	〈등목취유취경원기(滕穆醉遊聚景園記)〉
	〈부귀발적사지(富貴發跡司志)〉
〈이생규장전(李生窺墻傳)〉	〈위당기우기(渭塘奇遇記)〉

---

46 "後世必有知我者矣."

〈취유부벽정기(醉遊浮碧亭記)〉   〈감호야범기(鑑湖夜泛記)〉
〈남염부주지(南炎浮州志)〉   〈영호생명몽록(令狐生冥夢錄)〉
                              〈태허사법전(太虛司法傳)〉
〈용궁부연록(龍宮赴宴錄)〉   〈수궁경회록(水宮慶會錄)〉
                              〈용당영회록(龍堂靈會錄)〉

그러나 《금오신화》에서 취할 점은 그것이 한자로 표현되었을망정 조선에 배경을 두고 조선의 인물과 풍속을 그대로 묘사한 점에 있어서 본서의 성가가 더욱 높고 매월당의 그 쇄락(灑落)한 의사(意思)가 다른 부유(腐儒)와 동일(同日)에 논할 수 없다는 것이다.

(1) 〈만복사저포기〉: 남원(南原)에 양생(梁生)이 있었는데, 만복사의 동쪽 방에 거처했다.
(2) 〈이생규장전〉: 송도(松都)에 이생(李生)이 있었는데, 낙타교(駱駝橋)의 옆에 거처했다.
(3) 〈취유부벽정기〉: 송경(松京)[47]에 부자 홍생(洪生)이 있었는데, 기성(箕城)[48]에 가서 실을 사왔다.
(4) 〈남염부주지〉: 경주(慶州)에 박생(朴生)이 있었는데, 부처를 믿지

---
47 개성(開城).
48 평양(平壤).

않았다.

(5) 〈용궁부연록〉: 송도(松都)에 천마산(天磨山)이 있는데, 여기에 글을 잘하는 한생이란 사람이 있었다.[49]

(1)은 노총각이 불전(佛前)에 소(訴)하여 가우(佳偶)를 얻는 이야기이니 유정화(有情化)와 무정화(無情化),

(2)는 득의(得意)치 못한 태학생(太學生)이 유랑하여 이연(異緣)을 얻는 것이니 풍류재자(風流才子)와 최가낭(崔家娘),

(3)은 부상(富商)이 폐허에서 죽은 지 오랜 기녀(箕女)와 진환(盡歡)한 이야기요,

(4)는 신불(信佛)치 않던 서생이 몽중(夢中)에 지옥 염부주(炎浮州)에 갔다가 와서 우주를 달관한 이야기이니 그 지옥문답이야말로 천재(千載) 하에 오히려 사람을 격절감탄(擊節感嘆)케 한다.

(5)는 한 문사(文士)가 용궁에 가본 이야기이다.

그런데

---

49 (1) 萬福寺樗蒲記: 南原有梁生, 居萬福寺之東房.
　(2) 李生窺墻傳: 松都有李生, 居駱駝橋之側.
　(3) 醉遊浮碧亭記: 松京有富室洪生, 貿絲于箕城.
　(4) 南炎浮州志: 慶州有朴生, 不信神佛.
　(5) 龍宮赴宴錄: 松都有天磨山, 有韓生者能文.

(1)은 미언묘사(美言妙辭)와 여정일태(麗情逸態)가 독자를 황홀케 하며,

(2)는 소위 낙이불음(樂而不淫)하고 애이불상(哀而不傷)한 것이며,

(4)는 염왕(閻王)의 설교에 빙자(憑藉)하고 성명(性命)의 이치를 말하여 철리적(哲理的) 온오(薀奧)에 상당히 탁월한 봉망(鋒鋩)을 계시(啓示)하였으며,

(5)는 그의 해박한 지식과 준발(俊拔)한 재기(才氣)를 볼 수 있으며, 또 이를 통하여 문(文)은 구(歐)·소(蘇)와 방불하고 시(詩)는 이(李)·두(杜)와 같고 암묵(暗默)히 충분(忠憤)한 필치를 보이고 있다.

그러면 그야말로 "조선 조고계(操觚界)의 천황(天荒)을 파(破)하고 전기문학(傳奇文學)의 백화두(百花頭)를 지어서 이조 초기에 있어서 하마 적막할 뻔한 예원(藝苑)에 초독(超獨)한 청염(淸艶)을 발뵈인 자(者)", 《금오신화》아니고 무엇이랴?〈취유부벽정기〉처럼 "평양은 고조선의 수도였다"[50] 하고 기두(起頭)하여 기씨지녀(箕氏之女)가 마침내 동명신인(東明神人)에게 구제되어 선려(仙侶)에 호참(護參)하게 됨과 같이 가장 명백한 향토색을 발휘하고 자주적 정신을 보인 소설이 있다면《금오신화》아니고 무엇이랴? 그 글을 보고 그 사람의 진경(眞境)을 엿볼 수 있다면 당시에 생육신(生六臣)의 제일인(第一人)으로 꼽던 김시습이 작자 자신의 본의는 아니나마 이조 초기의 일류 소설가였다고 볼 수 있다.

---

50 "平壤, 古朝鮮國也."

제4장 한글의 창제와 여명운동(黎明運動)

제1절 훈민정음 창정의 문예사상 의미

문예(文藝)라는 것은 어떠한 설화적 소재를 예술적으로 문자상 표현을 한 것이니 표현 이전에 문예가 성립하지 못함과 같이 표현에 사용하는 문학적 규약이 없이는, 더구나 국민의 사상·감정을 표현하는 유일한 도구인 국어를 떠나서는 도저히 국민문학(國民文學)이니 향토예술(鄕土藝術)이니 하는 것이 완성할 수 없다. 그러므로 정말 조선문학은 한글 창정(創定) 후로부터 출발하였다고 함이 가하다. 성삼문·신숙주 제현이 세종의 명을 받아 동양열국의 문자를 참고하고 각국의 음운을 비교하여 장구한 시일을 허비하면서 세종 28년에 반포하였으니 학습하기 용이한 것과 기술하기 편리하기가 세계에 유(類)가 적으며, 세종의 칙문(勅文)에도 "사람마다 쉽게 익혀 날로 씀에 편안하게 하고자 할 따름"[51]이라

---

51 "欲使人人易習, 便於日用耳."

고 하였으니 문맹퇴치의 성지(聖旨)가 우악(優渥)함을 알 수 있다. 배우기 쉽고 쓰기 편리하고 모든 사물을 형용치 못할 것이 없는 '한글'이 단박에 전국의 문맹(文盲)에 영합(迎合)될 것은 당연하다. 이처럼 모든 특장만을 가진 한글은 일사천리의 세(勢)로 전 국민에게 풍미하고야 마는 운명을 가졌으니 처음에는 토(吐)·석의(釋義)·구결(口訣)·언해(諺解)에 사용하다가 점점 번역과 창작에 이용하게 되었다. 그런데《세종실록》의 그 10년에 "임금께서 변계량(卞季良)에게 말씀하시기를 '예전에 태종께서 권근(權近)에게 명하여 오경(五經) 토(吐)를 짓게 하였는데' 운운(云云)"[52] 하고, 그 주(註)에 "무릇 책을 읽을 때 우리말로 구를 나누어 읽는데 사람들은 이것을 일러 토(吐)라고 한다"[53]고 하였으며, 석의도 세종 당시부터 한글을 이용하다가 퇴계(退溪)에 이르러 완성된 듯하며, 구결도 율곡(栗谷)의《심경(心經)》구결과《근사(近思)》구결, 퇴계의 구결에 이르러는 한글로써 이용하였다. 언해도 세종 16년에 훈민정음 반포하기 전에 벌써《삼강행실(三綱行實)》을 언해하였고, 세종 27년에《용비어천가(龍飛御天歌)》를 출판할 적에 또한 한언병용체(漢諺並用體)로 고쳐 써버리고, 그 후 사서(四書)와《동자습(童子習)》이 모두 방언(方言)을 써서 그 뜻을 해석하였다. 세조조에도 한글로써《초학자회(初學字會)》를 주석하며《법화경(法華經)》·《금강경(金剛經)》을 번역하며《능엄경(楞嚴

---

52 "上語季良曰, 昔太宗命權近, 著五經吐云云."

53 "凡讀書, 以諺語節句讀者, 俗謂之吐."

經)》·《영가집(永嘉集)》 등을 언해하였으며, 성종조에 두시(杜詩)와 《명황계감(明皇誡鑑)》 같은 것도 언해하였다. 그러나 아직까지 번역으로서는 사서와 《금강경》에 한하였다. 그리고 여조 이래로 이두로 쓰인 시조, 별곡(안축(安軸)의 〈관동별곡〉·〈죽계별곡〉, 권근의 〈상대별곡〉, 변계량의 〈화산별곡〉 등)도 인제는 한글을 섞어 쓰게 되었다. 수많은 작가의 시조는 그만두고 주세붕(周世鵬)의 〈도동곡(道東曲)〉·〈육현가(六賢歌)〉, 김구(金絿)의 〈화전별곡(花田別曲)〉, 윤선도(尹善道)의 〈고산제곡(孤山諸曲)〉, 이이(李珥)의 〈구곡가(九曲歌)〉, 이황(李滉)의 〈어부가(漁父歌)〉·〈환산별곡(還山別曲)〉, 정철(鄭澈)의 〈관동별곡(關東別曲)〉·〈성산별곡(星山別曲)〉, 백광홍(白光弘)의 〈관서별곡(關西別曲)〉 등 가요(歌謠)의 길에도 넓게 쓰게 되고, 또 《열녀전(列女傳)》을 번역하여 이것이 조선 문예운동에 가장 공헌하였다.

제2절 《열녀전》의 번역

번역은 창작의 전제(前提)이다. 자기네의 나라보다 고도(高度)되는 문화를 수입하여 널리 지식을 세계에 구하여 잘 소화시켜서 충분히 자기의 고유한 지식과 혼합하며 고유한 사상과 조화하여 능히 다시 출람(出藍)의 미(美)가 있는 작품을 산출한다. 그런데 외국문화를 흡수하는 일 방법으로서 번역이 시작되어 이조 성종 때까지에 사림(士林)에 넓게 애독되는 서면(書面)은 대개 번역되었다. 중종 38년에는 《열녀전》이 번역되

었으니

가정(嘉靖) 계묘년에 중종께서 유향(劉向)의 《열녀전》을 내어놓고 예조(禮曹)에 명하여 한글로 번역하라고 하셨다. 예조는 신정(申珽)·유항(柳沆)이 번역하고 유이손(柳耳孫)이 글자를 쓰도록 계청(啓請)하였다. …… 이상좌(李上佐)에게는 고개지(顧愷之)의 옛 그림을 대략 본떠서 다시 그리도록 명하였다.54 (《패관잡기(稗官雜記)》 권4)

대저 《열녀전》은 중국의 유명한 여류(女流)의 전기(傳記)를 소설적으로 기록한 단편집으로서 조선에서 일찍 애독되었다가 다시 이조에 이르러 문예의 평민화와 한글 사용의 보급됨을 따라 《열녀전》 번역의 사업이 열렸다.

《열녀전》이 조선에 들어오기는 이조 태종 4년(명 영락(永樂) 2년)이다. 《대명회전(大明會典)》에는 "영락 연간에 조선 국왕에게 《열녀전》을 하사하였다"55라고 하였고, 《청장관전서(青莊舘全書)》에는 "중국 책으로서 본조(本朝)에 들어온 것으로 태종 4년에 《열녀전》이 있다"고 하였다. 그런데 중국에서는 《열녀전》이 수상본(繡像本)의 효시였다고 한즉

---

54 嘉靖癸卯, 中廟出劉向列女傳, 令禮曹飜以諺文, 禮曹啓請申珽柳沆飜譯, 柳耳孫寫字……令李上佐, 略倣顧愷之古圖而更畵之.

55 "永樂間, 賜朝鮮國王列女傳."

(《서림청화(書林淸話)》 권8) 아마 조선에서도 《열녀전》이 삽화본(插畵本)의 비조(鼻祖)가 될 듯하다. 오늘날 여항(閭巷)에 유전(流傳)하는 유향(劉向)의 한문 《열녀전》 64편은 조선문 《열녀전》과 공통되는 것이 30여 편 있을 따름이다.

중종께서 번역한 것은 전(傳)치 아니하고 오늘날의 조선문 《열녀전》은 근세에 새로이 번역한 것이 아닌가? 일본에서도 북촌계음(北村季吟)이가 명력(明曆)(조선 효종 때) 만치(萬治)(현종 때) 연간에 《열녀전》을 번역하였다고 하니 조선보다 약 일백삼사십 년가량 뒤져서 번역되었다. 북촌(北村) 씨가 번역한 《열녀전》은 모의(母儀), 현명(賢明), 인지(仁智), 정순(貞順), 절의(節義), 변통(辯通), 얼폐(孼嬖), 속열녀전(續列女傳) 등 8권(64편)이므로 조선에서 보는 한문 《열녀전》과 일치되는 책인 듯하다. 하여간 《열녀전》의 번역은 조선 소설번역 사업에 선편(先鞭)을 착수(着手)시킨 것이며 선조 이후의 창작계에 지대한 영향을 준 것이요, 《중경지(中京志)》와 같은 책을 보면 《열녀전》을 역독(譯讀)한 부녀(婦女)들이 상당히 많았다.

제4편

임진·병자 양란 사이에 발흥된 신문예

제1장 임란 후에 배태된 신문예

제1절 임란 후의 신사조

반도의 산하에서 7년이란 기다란 간과(干戈)의 풍진(風塵)을 지내니 전 사회는 물질적으로, 경제적으로 대파탄을 초래하며 성풍혈우(腥風血雨)에 산야가 황량하여 눈 뜨고 차마 보지 못할 비극이 그대로 인생의 자(姿)로서 그때의 인심에 누각(鏤刻)되어 현세에 대한 무상관(無常觀)과 내세흔구(來世欣求)를 역설하는 신사조가 생기고 그가 점점 첨단화(尖端化)하여가던 일방에 다시 인조 때에 병자호란을 받아 돋아나던 싹은 부서지고 다시 회복하기 어려운 치명상을 받아서 현실을 떠난 이상의 세계를 동경하게 되었다.

그러나 임란은 이조 선조 때이므로 퇴계(退溪)·율곡(栗谷)의 유학과 오산(五山)·간이(簡易)의 문장이 모두 이때요 유림(儒林)이 진진(振振)하기는 천고(千古)에 유시(類時)가 적으므로 흔히 목릉성세(穆陵盛世)라고 찬미한다. 그러나 유교가 진흥할수록 인간의 '리버티'를 억속(抑束)하며 정의(情意)와 본능을 무시하게 되며 무엇이든지 한토(漢土)의 그것과 다름이 없게 하려고 힘쓰던 고습(痼習)으로 인하여 소위 '목릉성세'와 같은 한문학(漢文學) 융성의 시대도 반드시 조선문예의 융성기는 아니라고 말할 수 있으며 소설사상(小說史上)에도 특히 주의를 야기(惹起)할 것이 없는 것은 당연한 사실이다.

다만 시대의 진운을 따라 외래사조의 자극을 받아서 조선인 고유한 사상을 좀 더 간편한 어조와 자유스러운 수법으로써 표현코자 하는 마음이 폭발하며 거기다가 임진란의 대창이(大瘡痍)를 받은 후로는 과거에 대한 반성과 미래에 대한 자활적 요구가 맹렬하여 부패한 도덕과 타락한 사회에 그저 무조건으로 복종하기를 염기(厭忌)하며 정서(情緖)를 몰각(沒却)하는 이지주의(理智主義)에 반대하여 과거에 대하여는 절대적으로 반항코자 하였다. 반항과 이상향의 추구가 임란 후 봉건적 '피라미드'의 붕괴에 따라서 생긴 사상이었다. 그리하여 소설은 유가(儒家)의 반역이었던 고대의 관념이 흩어지고 한글에 눈을 뜬 대중의 지식적 요구에 의하여 문예는 더욱 일반에 보급되고 문운(文運)은 새로이 발흥하게 되었다.

제2절 임란 당시에 수입된 중국소설

임란 후의 신문운(新文運)에 또 한 가지 큰 기여를 한 것은 중국소설이다. 임란은 바로 명 신종(神宗) 때여서 가정(嘉靖)·만력(萬曆)의 문화전성기였으므로 중국의 저작이 산출되는 차제(次第)로 수입하는 피아(彼我)의 교통으로써 당시에 맹아코자 하는 조선소설이 직접·간접으로 그 영향을 받을 것은 물론이다. 더욱 조선에 가장 널리 애독된 《삼국연의》가 또한 임란 전후에 들어왔으니 《성호사설유선(星湖僿說類選)》에

선조조 때에 임금이 교령을 내렸는데 "장비(張飛)가 한번 소리치니 만군(萬軍)이 달려간다"는 말이 있었다. 고봉(高峯) 기대승(奇大升)이 진언하기를 "《삼국연의》가 나온 지 오래되지 않아 신은 아직 이것을 보지 못했는데, 나중에 붕배(朋輩)들에게 들으니 망탄(妄誕)한 것이 매우 많다고 합니다" 운운했다. 아마도 이 책이 처음 나오자 임금께서 우연히 이것을 언급하신 것인데, 고봉이 임금께 올린 말은 실로 핵심을 찌른 것이라고 하겠다.[56]

라고 하였다. 《어우야담(於于野譚)》에는

올해 봄에 중국에서 새로 나온 책이 칠십 종이며, 그중에 제목이 《종리호로(鍾離葫蘆)》라는 소설이 있는데, 서호(西湖)에서 유래한 것으로

---

56 宣廟之世, 上教有張飛一聲走萬軍之語, 奇高峯大升進曰, 三國衍義出來未久, 臣未之見, 後因朋輩間聞之, 甚多妄誕云云, 盖此書始出而上偶及之, 高峯之啓, 眞得體矣.

서 음란하고 외설스러워 차마 보고 들을 수 없다.[57]

라고 한 것을 보아도 당시에 얼마나 소설에 대한 기벽(嗜癖)이 풍상(風尙)되었는지 알 수 있다. "황신(黃愼)이가 하룻밤 등하(燈下)에 《삼국지》를 다 읽다"(〈본장(本狀)〉)라 하였다.

제3절 임란 후에 성행한 군기한 군기(軍記)·군담(軍談)

임란이야말로 조선에 대하여는 청천에 벽력이었다. 참혹하기 말할 수 없는 급난(急難)을 만나서 상하 일치로 전장에 나가서 의(義)를 여(勵)하고 공(功)을 경(競)하여 용장(勇壯)한 기풍이 나서 소천지(小天地)에 풍미하여 애국적 의분과 충용의 전적(戰跡)을 경(經)으로 하고 풍부한 자주독립의 정신을 위(緯)로 하여 시적(詩的)으로 직출(織出)한 군담이 자못 많으니 유성룡(柳成龍)의 《징비록(懲毖錄)》, 석남붕(釋南鵬)의 《분충서난록(奮忠紓難錄)》, 황신(黃愼)의 《일본왕환록(日本往還錄)》, 김양기(金良器)의 《소위포창의록(少爲浦倡義錄)》, 이만추(李萬秋)의 《당산의열록(唐山義烈錄)》, 정탁(鄭琢)의 《용만문견록(龍灣聞見錄)》, 기타 작자 미상한 《창의록(倡義錄)》과 《임진록(壬辰錄)》 등의 서사적 서정시가 있으며 모두 조선류(朝鮮流)의 절의(節義)를 고창하고 이상적 무용(武勇)을 현발

---

57 今年春, 中原新刊書七十, 小說目曰, 鍾離葫蘆, 自西湖所來, 淫褻不忍覩聞.

(顯發)하였으나, 이 풍습은 오래 계속되어 인조의 병자란을 지낸 후에도 《병자호남창의록(丙子湖南倡義錄)》,《정묘양호거의록(丁卯兩湖擧義錄)》, 《서정록(西征錄)》,《강도일기(江都日記)》,《남정일기(南征日記)》,《무신창의사실(戊申倡義事實)》,《영양사난창의록(永陽四難倡義錄)》,《삼학사전(三學士傳)》,《임경업전(林慶業傳)》 등을 산출하였다.

이와 같이 전란을 지낸 후 우후(雨後)의 죽순 모양으로 군담이 일어나는 중에 가장 걸작이랄 것은《임진록》이다.

《임진록》은 순전한 한글로써 기존(旣存)한 역사에 다소 영웅적 과장을 가해서 공상을 윤식(潤飾)한 작품이다. — 도처에 주첩(奏捷)하는 조선군의 충용(忠勇)과 조중봉(趙重峰)·이충무(李忠武)의 지식(知識)과 서산대사(西山大師)(휴정(休靜))·사명당(泗溟堂)(송운(松雲))의 도술(道術) 같은 것을 말함이다.

이것은《은봉야사별록(隱峯野史別錄)》과 기타 제종(諸種)의 한문본《임진록》과 판이하여 본국(本國)의 단점은 쓰지 아니하고 자국에 듣기 좋은 부분만 과장하여 쓴 것으로 조선 유일한 군담이라고 하여도 과언이 아니다. 세종조에 이순지(李純之)가 지은 바《서정록(西征錄)》과도 같지만 당시에 비로소 수입된《삼국연의》의 영향을 가장 많이 받은 작품이다. 임진의 군담은 이후 가장 조선의 조고계(操觚界)에 자료로 제공되어 전란 속에 용렬(勇烈)하게 활약하던 호걸, 예컨대 이충무(李忠武)·서산(西山)·송운(松雲)·조중봉(趙重峯)·김덕령(金德齡)·김경서(金景瑞) 등의 행장(行狀)이 문집(文集)과 전기(傳記) 속에 중요한 기록이었고, 그런

중에도 '천강홍의장군(天降紅衣將軍)'이라는 영웅적 칭호로써 통하던 곽재우(郭再祐)를 다룬《곽재우전》이 제일 애독되었다. 곽재우는 경상도 현풍(玄風) 사람으로 조남명(曹南冥)에게 성리학을 받고 힘써 도략(韜略)을 연구하여 임진년에 스스로 홍의를 입고 가재(家財)를 헤쳐 장사(壯士)를 모아 기술(奇術)로써 적병을 부신 분이니(《호수실기(湖叟實記)》·《연려실기술(燃藜室記述)》) 그 절륜한 용력(勇力)과 초매(超邁)한 재지(才智)가 많이 후인의 흠모를 받은 것이었음을 추측할 수 있다.

제4절 선(宣)·인(仁) 양대간(兩代間)에 발흥한 소설문학

한편으로 군담이 성행하는 동시에 수필소설로《청강잡저(清江雜著)》·《황극편(皇極篇)》·《회니문답(懷尼問答)》 등과 개인전기로서《강도몽유록(江都夢遊錄)》·《김각간실기(金角干實記)》·《계순전(桂旬傳)》·《유연전(柳淵傳)》·《운영전(雲英傳)》·《홍백화전(紅白花傳)》 등과 사회소설로서《홍길동전(洪吉童傳)》·《전우치전(田禹治傳)》·《서화담전(徐花潭傳)》 등과 낭만적 저작인《화사(花史)》 등이 선조에서 인조까지의 사이에 대부분은 한문으로 기록되었으니, 그중에도 저작연대가 가장 적확(的確)한 것은《유연전》인데 이는 선조 정미(丁未)에 백사(白沙) 이항복(李恒福)이 대구 사족(士族) 유연(柳淵)이 형을 죽였다는 무옥(誣獄)으로써 원사(冤死)한 이야기를 서술한 것이다. 기타 이제신(李濟臣)의《청강잡저》(선조조), 임제(林悌)(1549~1587)의《화사》(선조조), 허균(許筠)

(1569~1618)(광해조)의 《홍길동전》 등은 작자의 생세(生世)로써 그 저작연대를 어느 정도까지 규정할 수 있으며 《운영전》은 그 내용이 선조조의 기사(記事)인 것과 《홍백화》는 설화 내용이 조선 이야기책의 남본(藍本)이 된 듯하게 생각되며 《최치원전》·《회산군전(檜山君傳)》도 확실히 승작(勝作)이다.

《최치원전》은 일칭(一稱) 《최충전(崔忠傳·崔沖傳)》으로도 와전(訛傳)하니 고운(孤雲)이 중국에 도항할 때에 일어난 해상기적(海上奇蹟)을 씀이요,

《회산군전》은 궁중에 깊게 거(居)한 시녀(侍女)를 그의 인척 또는 궁중에 출입하는 무녀 등의 매개로 통간(通奸)하던 모험연애의 '로맨스'요,

《운영전》은 일명 《수성궁몽유록(壽聖宮夢遊錄)》이라고 칭하여 청파사인(靑坡士人) 유영(柳泳)이 선조 34년 봄철에 세종의 셋째 아들로 호탕한 생애를 보내다가 세조의 찬립(簒立) 후 억울하게 비명에 주살된 풍류공자(風流公子)인 안평대군 이용(李瑢)의 구거(舊居) 수성궁에서 놀다가 취몽간(醉夢間)에 안평의 궁녀 운영(雲英)과 운영의 애인이던 김진사(金進士)를 만났다고 빙자하고 그 참절(慘切)한 정사(情事)와 한노(悍奴)의 보과(報果)를 서술한 비극적 작품이다.

《홍백화전》에서 계동영(桂東榮)과 순경화(順京華)는 명나라 서울 낙양에서 자라난 죽마고우였다. 계가(桂家)의 영식(令息) '일지(一知)'와 순가(順家)의 애녀(愛女) '직소(織素)'의 약혼이 결정되고 오래지 못하여 계

동영은 죽어버리고 순경화는 구죄(救罪)의 은혜를 준 여승상(呂丞相)의 아들 여생(呂生)에게 직소와의 결혼을 허락하였다. 사랑하는 남편 계일지를 밤낮으로 그리고 있던 순소저(順小姐)는 남복(男服)을 입고 집을 떠나서 천리방랑에 끝없는 길을 가다가 설모(薛某)의 집에 의탁하여 설가(薛家)의 소저와 백년가연을 맺고 과거에 응하겠다고 속이고 설부(薛府)를 떠나 황경(皇京)에 올라 당시에 장원으로 급제한 계일지와 뜻밖에 해후하고 자기의 지우(知友)이던 황녀(皇女)에게 이 사정(私情)을 토(吐)하여 여생은 공주에게 취(娶)하게 하고 순·설 양저(兩姐)가 형제와 같이 계공자(桂公子)를 섬겨 부귀영화 팔십 년을 누리고 나가던 이야기이다.(김동진(金東縉) 씨 역본(譯本)에 의함)[58]

그런데 이들은 《백호화담(白湖花談)》 속에 유취(類聚)되어 있는바 백호(白湖)가 누구인지 알 수 없고 체재와 내용이 정돈되어 있으며 순·설 양저가 계공자를 함께 섬긴 설화는 일부다처주의를 표현한 것으로 동양식 윤리—봉건적 유습이 공공연히 승인되어 마침내 고대 조선 문예사조의 일대 요소를 이루었다.

---

[58] '桂東榮'은 '桂冬榮', '順京華'는 '筍景華', '一知'는 '一枝'라고 각각 다르게 쓰인 한문 판본도 있다.

제2장 《화사》와 그 시대

제1절 《화사》의 체재

《화사(花史)》는 분량도 상당히 많은 단행본(單行本)이며 전부 화훼(花卉)로써 국가(國家)·군신(君臣)의 제도를 만들고 혹은 고대의 지명·인명에 화훼에 관한 글자가 있으면 모두 모아서 중국 역대 사략(史略)의 체재에 의빙(依憑)하여 정치(政治)의 방법을 보이고 간간이 사신(史臣)의 단안(斷案)을 붙였으니 이른바 사가(史家)의 필법이다. 그러므로 그 설화의 대통(大統)을 통하여 작자의 경륜을 알 수 있으며 '사신왈운운(史臣曰云云)'이란 곳을 통해서 작자의 당세 정치에 대한 비판 경향과 독특한 정치적 이상(理想)을 엿볼 수가 있다. 예(例) ―

도(陶): 도(陶)의 열왕(烈王)은 성은 매(梅), 이름은 화(華), 자는 선춘(先春)인데 나부(羅浮) 사람이다. …… 가평(嘉平) 원년 겨울 12월에 연말 제사를 지냈다. 자편(赭鞭)이라는 붉은 채찍으로 초목을 쳐서 그 속성을 알아냈다. 가평(嘉平)으로 연호를 정했는데, 가평 2년에 계(桂)를 받아들여 비(妃)로 삼았다. 사신(史臣)이 말하기를…….[59]

동도(東陶): 영왕(英王)은 이름은 악(萼)이며, 고공(古公) 사(楂)의 셋째 아들이다. 종실(宗室) 남창위(南昌尉) 매복(梅福)이 상소하여 이르기를…….[60]

하(夏): 하(夏) 문왕(文王)은 성은 도(姚), 이름은 황(黃)이고, 항주(杭州) 사람이다. 감로(甘露)……3년에 해당(海棠)을 장사(長沙)에 유배하였다. 일찍이 동도(東陶) 시절에 무릉(武陵)의 도(桃)는 나라의 큰 벌족이 되었다. …… 사신(史臣)이 말하기를…….[61]

제2절 《화사》체 소설의 원류

《화사(花史)》라는 명칭을 볼 적에 명인(明人) 원석공(袁石公) 병중존(瓶仲尊)이 지은 《화사(花史)》를 연상케 하지마는 체재와 내용이 판이하므

---

59 陶, 陶烈王, 姓梅名華, 字先春, 羅浮人也……嘉平元年冬十二月, 作蜡祭, 以赭鞭, 鞭草木, 建元嘉平, 嘉平二年, 納桂爲妃, 史臣曰…….

60 東陶, 英王名萼, 古公楂第三子也, 宗室南昌尉梅福, 上疏曰…….

61 夏, 夏文王, 姓姚名黃……杭州人……甘露……三年流海棠於長沙, 初東陶之世, 武陵之桃, 爲國大閥……史臣曰…….

로 아무 관계도 없는 듯하며, 작자가 《화사》를 초(草) 잡은 동기는 시사(時事)에 느낀 바를 서술코자 한 욕구와 설총(薛聰)의 《화왕계(花王戒)》에서 '힌트'를 얻었는지 모른다.

이와 같이 동식물 기타 물품을 의인화하여 쓴 가전적(假傳的) 필법은 저 한유(韓愈)의 《모영전(毛穎傳)》을 비롯하여 송·원·명·청의 문장대가들이 흔히 습용(襲用)한 바이지만 조선에 있어서도 임춘(林椿)의 《국순전(麴醇傳)》, 이규보(李奎報)의 《국선생전(麴先生傳)》, 임춘(林椿)의 《공방전(孔方傳)》, 이곡(李穀)의 《죽부인전(竹夫人傳)》, 이첨(李詹)의 《저생전(楮生傳)》 등과 같이 오래 유전(流傳)하여온 수법이다. 인제 《화사》도 도(陶)·당(唐)·하(夏)·동도(東陶) 등의 일부분씩을 나누어놓고 볼 적에는 체재가 상기(上記)한 가전류(假傳類)와 다름이 없으나, 종래의 가전적 수법에서 백보를 나아가 개인의 의인화한 전기체(傳奇體)에서 다시 복패(複稗)로 장편(長篇)에까지 연인(延引)하여 영종(逞縱)한 기사환상(奇思幻想)을 화훼에 의(擬)하여 정치흥망을 논한 것은 본서 특유의 가치(價値)라고 아니할 수 없으니 다시 말하면 가전체 소설의 집대성이라고 하겠다.

제3절 작자 임제[62]와 그의 의경(意境)

이조에서 천재적 시인을 말하는 이는 먼저 읍취헌(挹翠軒)과 임백호(林白湖)에 손을 꼽는다. 읍취헌 박은(朴誾)은 26세, 백호는 38세라는 단기

(短期)를 일생으로 하고 요절하였으나 신골(神骨)이 영롱(玲瓏)하고 식견(識見)이 영철(瑩澈)하며 기품이 고결하고 재학(才學)이 숙성(夙成)하였으니, 백호는 시(詩)를 일찍 속리산에 숨어있는 성대곡(成大谷)에게 배워 날로 수천 언(言)을 무난히 기억하였다 한다. 고결하고도 감상적인 시인 백호는 타락한 사회와 혼탁한 조정에서 더러운 당쟁의 와파(渦波) 속에 몸을 던져서 공리(功利)를 취하기보다는 산수에 방랑해서 강개(慷慨)한 시사(時事)를 잊어버리고 싶었다. 남은 광한루로 북은 부벽루로 시주(詩酒)의 사이에 침면(沈湎)하여 로맨틱한 재자문장(才子文章)의 명성을 휘날릴 적에 송도삼절의 하나로 당대의 걸기(傑妓)라고 하던 황진이의 무덤 앞에 통곡하였다. 심물재(沈勿齋)의 《기인기사록(奇人奇事錄)》에는

모란봉 하 부벽루 곁에 교염(嬌艶)한 얼굴과 시부(詩賦)의 재능이 당시 교방(敎坊)에 제일이 된다는 명기(名妓) 일지매(一枝梅)가 있어서 전국을 들어도 눈에 맞는 남성이 없고 또 아름다운 인연 없음을 한하고 있었다. 밝은 달 신선한 바람에 고요히 혼자 마루에 앉아 수심에

---

62 (원저의 권말 주석)《화사(花史)》를 임제(林悌)의 작(作)이라고 한 것 역시 확증이 없는데 근일 똑같은 본(本)《화사》에 숙종 41년(1702) 임오(壬午) 남성중(南聖重)이가 '여작화사(余作花史)'라고 발(跋)을 붙이고 숙종 44년 을유(乙酉) 김양보(金良輔)가 그 친구 성중의 작 화사를 위하여 지은 발을 붙인 것을 이병기(李秉岐) 씨 장본(藏本)《화사》에서 발견하였다. 아마 숙종 임오 남성중의 작으로 봄이 적당할 것이다. 남성중은 자(字)는 중용(仲容)이니 호곡(壺谷) 용익(龍翼)의 아들이요 숙종 37년 조태억(趙泰億)을 따라 일본에 사(使)한 일도 있다.

싸여 있을 적에 어물상(魚物商)으로 변장하고 달밤에 그 정원(庭園)에 뛰어든 백호는 일지매가 읊는 글귀마다 화답하고 시희(詩戱)로써 일지매를 경동(驚動)시켜 드디어 양연(良緣)을 맺었다.

라는 연애담도 실려 있다. 성우계(成牛溪)와 이백사(李白沙)는 매양 그를 등용치 못함을 한하였다. 그는 청절(淸絶)한 시구(詩句)로써 항상 당대 사원(詞苑)의 기숙(耆宿)을 놀라게 하였으니, 이조 일류의 문호로 꼽는 상촌(象村) 신흠(申欽)도 일찍이 말하되

흠(欽)이 매양 백사공(白沙公)과 더불어 백호(白湖)를 논함에 흉중에 응체(凝滯)가 없이 신루(蜃樓)가 가공(架空)한 듯한 기남(奇男)이라 논하였고, 시(詩)는 삼사(三舍)를 피하여야 하겠고, 건고등단(建鼓登壇)하며 압주하맹(狎主夏盟)하기는 백호 그 사람밖에 없다.(《임백호집(林白湖集)》 서(序))

라고 하였다. 그뿐 아니라 그가 처음 성우계에게 뵈일 적에 우계는 그에게 어느 가문의 자제냐고 물을 적에 그는 서슴지 않고 "무명(無名)한 평민의 자제입니다"라고 솔직하게 대답하여 우계를 감복시켰다. 그는 항상 희언(戱言)하되

내가 중국의 육조(六朝) 적에 났더라면 윤체천자(輪遞天子)라도 될 것

을…….

이라고 하여 세인(世人)을 분반(噴飯)시켰다. 그는 임종 시에도 여러 아들을 바라보고 소리쳐 말하되

사해제국(四海諸國)이 제자(帝者)를 칭하지 않은 자가 없거늘 홀로 우리나라만이 끝내 그렇게 하지 못했는데, 이처럼 비루한 나라에 태어났으니 그 죽음을 어찌 애석하게 여기겠느냐.[63] (《성호사설유선(星湖僿說類選)》)

라고 하면서 곡하지 말라고 하였다. 또 그는 승마패검(乘馬佩劍)을 좋아하여 일찍이 북평사(北評事)에서 서평사(書評事)로 옮길 적에 일부러 범필(犯蹕)하고 《수성지(愁城誌)》를 지었다(《택당집》). 《수성지》는 후대에 지은 《천군연의(天君衍義)》와 《심사(心史)》와 동일한 체재를 가진 단편이니 우원(迂遠)한 비유로 자기의 불우(不遇)를 탄식한 것이다. 또 그는 추강(秋江) 남효온(南孝溫)의 인격을 사모하여 추강을 모델로 하고 《원생몽유록(元生夢遊錄)》을 지어 추강의 경우를 깊이 슬퍼하였다. 방간(坊間)에 김립(金笠)의 작(作)으로 와전하는 〈화전시(花煎詩)〉 "솥뚜껑에 돌을 괴어 시냇가에 걸어 놓고 흰 가루 맑은 기름으로 진달래를 지져

---

63 四海諸國, 未有不稱帝者, 獨我邦, 終古不能, 生於若此陋邦, 其死何足惜.

내니······"⁶⁴도 백호의 작이다(《남추강집(南秋江集)》부록〈약파만록(藥坡漫綠)〉). 그러므로 그는 기우(氣宇)가 쇄락(灑落)하고 다정다한(多情多恨)한 반면에 그와 정반대되는 기질을 가진 듯하니 방광(放曠)하고 활달한 천품(天稟)이 그것이다. 그래서 광객(狂客) 같기도 하고 또 끝없는 애국사상가 같기도 하고 호협(豪俠)하고 순결한 시인 같기도 하여 여러 기품이 잘 조화된 만유신(萬有神)의 권화(勸化)이다. 백호란 누구냐?–임제(林悌)의 호이다.

제4절 《화사》의 문학적 가치

백호(白湖)는 그와 같이 기개가 있는 남아였으므로 그의 편언척구(片言隻句)도 경세종(警世鍾) 아님이 없으니 그의 '사신왈운운(史臣曰云云)'이라는 문구만을 모아놓고 볼지라도 가히 당세 정치의 비판 전체라고 말할 수 있으며, 《화사》의 홍백당(紅白黨) 단안(斷案)에는

> 사신(史臣)이 이르기를 홍(紅)·백(白)의 무리를 짓는 폐해가 당(唐)의 우(牛)·이(李)와 송(宋)의 천(川)·낙(洛)과 다를 게 없는데, 김대위(金帶圍)가 능히 성심으로 화합케 하여 조정으로 하여금 편안하게 하였으니 참으로 재상의 그릇이라 할 만하다. ······ 또한 이르기를 당 문

---

64 "鼎冠撑石小溪邊, 白粉靑油煮杜鵑······"

종(文宗)이 일찍이 말하기를 "하북(河北)의 도적을 제거하기는 쉽지만 조정의 붕당을 제거하기는 어렵다"고 하였는데, 역사를 읽다가 여기에 이르러서는 책을 덮고 탄식하지 않은 적이 없었다. 당파의 화가 반역의 난보다 심하다고 하면 옳겠지만, 당파를 깨뜨리는 것이 도적을 제압하는 것보다 어렵다고 한다면 어찌 그것을 옳다고 하겠는가.[65]

라고 한 것으로 보아 그가 얼마나 당시의 색론(色論)에 응징(膺懲)하며 당화(黨禍)에 분격(憤激)한 바가 있었는지 알 수 있다. 그러므로 《화사》는 선조시대 사상의 반영으로 된 것이다. 그리고 그의 또 한 가지의 특징은 가전(假傳)·환상(幻想)으로써 전편(全篇)을 이룬 것이니, 중국의 《봉선연의(封禪演義)》와 《개벽연의(開闢演義)》라든지 일본의 《조안노궁(朝顔露宮)》과 《이견팔견전(里見八犬傳)》이 모두 우의적(寓意的) 환상(幻想)으로써 된 것이 아님이 아니나 역사적 체재에 다분히 낭만적 색채를 띠고 있는 《화사》는 소설의 정계(正系)를 떠나서 볼 적에 임란 이전의 유일한 장편(長篇)이요, 또 당시의 문단에 가장 이채(異彩)를 낸 것이라고 하겠다.

---

[65] 史臣曰, 紅白黨比之弊, 無異於唐之牛李, 宋之川洛, 而金帶圍, 能誠心保合, 使朝著之間, 晏然, 眞所謂宰相器也……又曰唐文宗嘗曰, 去河北賊易, 去朝廷朋黨難, 讀史至此, 未嘗掩卷歎也, 謂之黨禍酷於逆亂則可, 謂之破黨難於制賊, 豈其可也.

임백호는 재능이 있고 협기도 있는 사람이었다. 글을 쓰는 것이 호방하고 글의 취지가 농려(濃麗)하여 두목(杜牧)과 비슷하였으며, 석주(石洲) 권필(權韠)은 그에 미치지 못하였다. 석주는 비록 풍모(風貌)는 있으나 비약(卑弱)하여 떨치지 못했다. 대체로 두 사람은 각자 시를 짓는 법을 터득하여 그들의 시가 당시(唐詩)와 유사했으나 같지는 아니하였고, 족히 읊조릴 만했다. 더러 글에 흠결이 있는 것은 즐겨 독서를 하지 않은 탓이었다.[66] 《쇄론(瑣編)》)

동명(東溟) 정두경(鄭斗卿)은 약관에 이미 문장을 이루었다. 동명은 일찍이 백사(白沙) 이항복(李恒福)을 대면하여 여쭙기를 "세상에서는 임백호의 문장이 고문(古文)에 가깝다고 하지만 제가 보기에는 대수롭지 않습니다"라고 하였다. 백사가 놀라서 탄식하며 이렇게 말하였다. "어린 사람이 어찌 이런 말을 하는가. 자네의 문장은 규모가 크지만 아직 경지에 이르지 못했거늘 어찌 망령되게 선배를 논하는가. 내가 젊어서 북평사(北評事) 임공(林公)을 찾아뵈었을 때에 임공은 마침 병이 위독하여 다섯 명의 여종으로 하여금 곁에서 간호하게 하면서 머리를 떨구고 눈을 감고 있었고 숨이 끊길 듯하였네. 나는 말을 꺼낼 여유를 찾지 못해 고별의 말을 하고 일어나서 가려고 했네. 임공이 간

---

66 林白湖才子而有俠氣者也, 句法豪放, 詞旨濃麗似少杜, 權石洲不及也, 石洲雖有風貌, 卑弱不振, 盖兩人自有偏得於詩道, 似唐非唐, 足可諷玩, 時有玷缺者, 不肯讀書故也.

신히 작은 목소리를 낼 수 있어서 나지막이 말씀하시기를 '이별의 말을 아니 할 수 없으나 내가 글자를 쓸 수 없으니 그대가 붓을 잡게' 하시더니 입으로 이런 구절을 말해주셨네. '원수대(元帥臺) 앞 바다가 하늘과 맞닿았는데 나도 일찍이 글과 칼을 가지고 변방에서 취했네. 음산(陰山)에는 팔월에도 항상 눈이 내려서 바람에 날려 춤추듯이 마당에 떨어졌지.' 받아쓰기를 마치고 겨우 대문에 이르렀을 때 이미 초혼(招魂)하는 목소리가 들려왔다네. 죽어가면서 입으로 읊은 시가 이와 같이 굳세거늘 자네가 어찌 임공을 업신여길 수 있단 말인가." 이에 정공(鄭公)은 감탄하며 무릎을 꿇고 이렇게 말하였다. "평생 이로써 스스로 경계하고 후생(後生)에게도 경계하면서 선배의 글을 망령되게 논하지 않겠습니다."[67] 《《하담파적록(荷擔破寂錄)》》

---

67 東溟弱冠, 已成文章, 嘗對白沙問曰, 世以林白湖文章爲逼古, 而小子所見尋常矣, 相國驚嘆曰, 少年何爲此語, 君之文章, 地步雖大而尙不解門戶, 何敢妄論先輩, 余少也, 謁北評事林公, 林公方病瘧, 使五女奴左右扶護, 垂頭閉目, 氣息奄奄, 余不暇出言, 告別欲起去, 林公僅能微語, 聲不出口曰, 不可無別語, 而吾不能書, 子其把筆, 口呼曰, 元帥臺海接天, 曾將書劍醉戎氈, 陰山八月恒飛雪, 吐逐長風落舞筵, 書畢詞出, 纔及大門, 已出招魂聲, 幾死口號之詩, 尙健如此, 君可侮之乎, 鄭公咄舌屈膝, 平生以此自警, 且戒後生, 勿妄論先輩之文.

제3장 《홍길동전》과 허균의 예술

제1절 《홍길동전》의 경개(梗概)

세종 시절이었다. 동대문 안악에 사는 홍정승(洪政丞)이 일찍이 인형(仁衡)과 길동(吉童)이란 두 아들을 두었다. 작은아들 길동은 시비(侍婢) 춘섬(春纖)의 소생이므로 첩의 아들이라는 죄 없는 명목으로 갖은 구박과 학대를 받아오다가 마지막에는 모든 가족의 미움을 받아 여러 번 죽을 변을 당하였다. 총명한 길동은 유학, 병서—모르는 것이 없이 통달하였으나 집에서는 형을 형이라고 부르지 못하고 아버지를 아버지라고 부르지 못하여 적국(敵國) 같은 가정을 하루바삐 뛰어나서 표연히 사방에 표박(漂泊)하게 되었다. 적굴에 들어서 적(賊)의 괴수(魁首)가 되고 혹은 활빈당(活貧黨)을 조직하여 팔도 수령의 불의(不義)의 재물을 빼앗아 빈민을 구제하니 군적(群賊)도 그 의기에 감복한다. 국왕은 팔도에 영을 내려 잡으려고 하였으나 호풍환우(呼風喚雨)의 술(術)이 있는 길동을 인간범기(人間凡技)로서는 도저히 잡을 수가 없어서 병판(兵判)을 주기로 하고 길동을 설복(說伏)하였다. 길동은 그 후 고국을 떠나 남경(南京)을 향하다가 망탕산(芒碭山) 요괴를 퇴치하고 율도국(䃴島國) 왕이 되어 이상(理想)의 나라를 건설하였다.

제2절 작자 허균의 일생

전하는 말에 허균(許筠)이가 《수호전》을 백독(百讀)하고서 《홍길동전》을 지었다고 한다. "허균이 《홍길동전》을 짓고 《수호전》에 빗대었다"[68](《택당잡저(澤堂雜著)》·《송천필담(松泉筆談)》)라는 문구로써 《홍길동전》의 저자가 허균임을 알았다. 그러나 이 허균이란 이는 광해 10년 8월 24일 '반역'이라는 무서운 죄명을 쓰고 4인의 동지와 함께 책형(磔刑)에 처하였다. 이곳에서 작자의 일생을 말하고자 함에 먼저 당시의 사회사정과 작자의 취형(就刑)한 이유를 자백(自白)하지 않으면 안 되겠는 것은 필자로서 매우 괴로운 일이다. 임란 후 양반의 토색과 토지의 겸병은 심하여지고 국가의 수입은 반감되어 정부의 권력은 해이하고 민중의 생활은 도탄에 빠졌는데 어느 것이 식자(識者)의 한심(寒心)할 바 아니었으랴. 이와 같이 불순불평(不純不平)한 풍진(風塵) 속에 당시 조선의 제일 명문인 허씨—서화담의 고족(高足)으로서 도학의 종(宗)이 되던 초당(草堂) 허엽(許燁)의 제3자(第三子)로 태어난 이가 허균이다. 두 형 성(筬)과 봉

---

68 "許筠, 作洪吉童傳, 以擬水滸."

(筠)과 일매(一妹) 난설헌(蘭雪軒)이 모두 동방한시(東方漢詩)의 교초(翹楚)가 되므로 명(明) 상서(尙書) 전목재(錢牧齋)도

> 허균은 그의 형 성(筬)·봉(篈)과 더불어 문장으로 동해(東海)에 이름을 떨쳤다. …… 경번(景樊)[69]은 그의 누이이다.[70] (《열조시집(列朝詩集)》)

라고 하고, 이정기(李廷機)도

> 조선에서는 허씨 집안이 가장 뛰어났다.[71] (《허균집》 서(序))

라고 찬탄할 만큼 그의 시적 정서와 천부의 재질이 선천적 혈통으로부터 전하여온 것이었다.

  그는 열두 살에 부친을 여의고 자모(慈母)의 손 밑에서 그 호탕하고 자유스러운 정서에 아무 구속을 받지 않고 자라났다. 시(詩)로서는 이조삼당(李朝三唐)의 일인(一人)으로 굴지(屈指)하나 서얼이기 때문에 당로(當路)에 버림을 받던 손곡(蓀谷) 이달(李達)이란 이에게 시를 배우며 《수호전》과 같은 '데카당' 문예를 탐독하는 동시에 조선의 흑선풍(黑旋

---

69 허난설헌의 자(字).
70 許筠, 與其兄筬篈, 以文鳴東海……景樊其妹也.
71 東藩, 許氏一門, 尤擅其長.

風)이라고 할 만한 임꺽정의 난에 대한 항담(巷談)이 자주 이타(耳朶)를 치면서 들려올 적에 적어도 학문적 태도와 시인적 감정을 가진 사람이야 그 사회의 결함을 반성하여보지 아니할까? 그리하여 그 사회의 악습과 추태를 벗어나서 살고자 하면 스스로 무지한 방인(傍人)의 조롱을 받게 되나니, 허균을 칭하여 기괴광패(奇怪狂悖)한 무리라고 말하는 자도 또한 하늘을 향하여 침 뱉기 하는 자가 아닌가 한다. 남보다 다른 방향으로 급진(急進)하다가 동류(同類)의 비난을 받게 된 허균은 도저히 그 길로 자기의 이상을 실현하기 어려운 줄 알고 만년에 대북(大北)에 가담하여 구(舊) 사회제도에 대하여 갖은 반항을 더하고자 하였다. 균의 외손 이필진(李必進)은 《균집(筠集)》에 발(跋)하되

> 그가 대북에 참가한 것은 본심에서가 아니었으며, 다만 간흉(奸凶)의 술수에 빠져서 형세가 호랑이 등에 앉은 것 같더니 마침내는 도리어 간흉의 꺼림을 당하여 헤아리지 못한 화를 입게 된 것이다.[72]

라고 말하여 균이 대북에 참가한 것을 변해(辯解)하였지마는, 당쟁 중에는 성현(聖賢)이 없다는 말과 같이 균을 반대한 이가 옳다고 누가 능히 단언할까?

그는 양산박 백팔인의 기병을 시인하였다. 홍길동의 활빈당과 율도

---

[72] 其參大北, 非其本心, 特墮於奸凶之術中, 勢成騎虎, 而畢竟反見忌於奸凶, 被不測之大禍也.

국 건설에 자기의 포부를 보여주었다. 그는 마침내 혁명운동의 중도에 넘어지고 말았다. 균의 저서는 균이 취형(就刑)하는 전날에 외손(外孫)의 집에 가져다가 둔 고로 지금까지 사본(寫本)으로 전하였으니 《백월거사집(白月居士集)》·《간죽집(看竹集)》·《성소부부고(惺所覆瓿藁)》의 제칭(諸稱)이 있으며, 《식소록(識小錄)》·《시부(詩賦)》·《성수시화(惺叟詩話)》(일명 《학산초담(鶴山樵談)》)·《한정록(閑情錄)》·《도문대작(屠門大嚼)》 등의 여러 부문에 나뉘어 있으며, 《잡동산이(雜同散異)》에는 허균이가 남원(南原) 황참봉(黃參奉)의 집에 있어서 《교산소설(喬山小說)》을 지었다고 하였으나 인제는 산질(散帙)하여 볼 수가 없다.

제3절 《홍길동전》을 통하여 본 허균의 사상

허균의 평소 행동에 대해서는 반대파가 쓴 야승(野乘)과 수필에 많이 실려 있으니

> 허균이란 자는 초당(草堂) 허엽(許曄)의 아들로 행실이 괴패(怪悖)하여 상중에 기생을 희롱하고 참선을 하며 부처를 섬겼으니, 보고 듣는 사람들을 놀라게 하는 행동이 한 번에 그치지 않고 아주 많았다.[73]
> (《일사기문(逸史記聞)》)

---

[73] 許筠者, 草堂許曄之子, 行又怪悖, 居喪狎妓, 參禪拜佛, 有駭瞻聽者, 不一而足.

허균은 만년에 대북(大北)에 투신하여 김개(金闓)와 신광업(辛光業)을 복심(腹心)으로 삼았고, 하인준(河仁俊) 등과 같은 인물이 거기에 많이 몰려들어 열 명씩 백 명씩 무리를 이루었다.[74] (《일사기문》)

허균은 젊어서 참기(讖記)를 지었는데 모두 흉참(兇慘)한 말이었다. 문장은 일시(一時)를 독보(獨步)했지만, 경박하고 행함이 없어서 사론(士論)에서 버림을 받고 하급관리에 머물렀다. 광해 때 정치가 어지러운 가운데 이이첨(李爾瞻)에게 아부하여 서캐와 이처럼 궁궐에 달라붙어 일약 참찬(參贊)에 올랐으며, 마침내 끝없는 욕심을 냈다.[75] (《하담록(荷潭錄)》)

무오(戊午) 연간에 오랑캐의 난리가 처음 일어나고 천하(天下)에 군사가 움직일 때에 우리나라는 건주(建州)와 가까우므로 인심이 어수선했다. 허균은 급변(急邊)을 알리는 글을 거짓으로 작성하고 …… 매일 밤 사람을 시켜 산에 올라 성 안의 사람들은 피난해야 연못 속 물고기의 재앙을 피할 수 있을 것이라고 외치게 했다.[76] (《하담록》)

---

74 筠, 晚年, 投身大北, 以金闓辛光業爲腹心, 如河仁俊……等, 輻湊其門, 十百爲群.
75 筠, 早年, 作讖記, 皆兇慘之語, 文章獨步一時, 而輕薄無行, 見棄於士論, 沈滯下僚, 光海政亂時, 附會爾瞻, 蟻虱宮禁, 驟躋參贊, 遂生不饜之心.
76 戊午年間, 虜警初作, 天下兵動, 我國逼近建州, 人心洶懼, 筠詐作告急邊書……每夜使人登山呼曰, 城中人能出避, 則可免池魚之殃. 원저의 이 구절 인용에 누락과 혼선이 있어 수정하여 인용했다.

허균과 김제남(金悌男)은 통모(通謀)하여 천도(遷都)를 해야 한다는 의론을 주장하고 참서(讖書)의 본문에 없는 말을 첨가해 넣기도 했는데, 이를테면 '일한(一漢), 2하(二河), 3강(三江), 4해(四海)'가 그것이다. 하(河)는 교하(交河)를 가리킨다. 일국의 사람들로 하여금 소요를 일으키고 난리를 생각하게 한 뒤에 그것을 도모하고자 한 것이다.[77] (《청야만집(靑野謾輯)》)

허균은 천지간의 한 괴물이다. …… 허균이 일생에 한 일은 만악(萬惡)을 다 갖추고 있는데 사람의 도리를 어지럽히고 행실을 더럽혀서 인륜에 어긋났다. 요사함을 일으키고 참언을 짓는 것이 그의 장기였는데, 이는 이 나라 사람이 모두 다 아는 바였다.[78] (《명륜록(明倫錄)》)

이에 보면 거상압기(居喪押妓)와 참선배불(參禪拜佛)은 허위한 의식(儀式)과 모호한 도덕을 탈각코자 함이요, 복심(腹心)을 합하여 당(黨)을 지으며 흥요조참(興妖造讖)하며 사작고급(詐作告急)한 것은 민심을 교란시켜 혁명운동을 이루고저 함이요, 침체하료(沈滯下僚)는 그가 스스로

---

[77] 筠與悌男, 通謀而主遷都之議, 讖書本文所無之語, 添入曰, 一漢二河三江四海, 河者, 交河之謂也, 使一國之人, 騷擾思亂而後, 仍以圖之云.

[78] 許筠, 天地間一怪物也……況筠一生所爲, 萬惡俱備, 亂常瀆行, 無復人理, 興妖造讖, 乃其長技, 此則國人之所共知也.

평민적 태도로써 대중의 지도자가 되어 대중을 위하여 싸우고자 함이니 귀족, 부호, 자칭 양반들은 모두 허균의 적이었고, 목표는 대중옹호와 사회혁명이었다. 《홍길동전》이 우리에게 보여주는 것도

(1) 계급타파, 특히 서적차별(庶嫡差別)의 폐지를 고조(高調)한 것,

(2) 향토거벌(鄕土巨閥)과 토호와 귀족을 질시(疾視)하며 지방수령의 불의지재(不義之財)를 몰수하여 빈민을 구제한 것,

(3) 중국 율도국(硉島國)에 들어가서 왕이 된 것 등이다.

그중에 (1)과 (2)는 균 자신이 날마다 체험하고 있던 것이었다. 대저 서류(庶流) 정도전(鄭道傳)의 난에 징(懲)한 태종은 서선(徐選)의 상소를 가납(嘉納)하여 서류에게는 일체 인재등용의 길을 끊어버렸더니 연산조에 유자광(柳子光)의 난을 다시 보시게 되어 그 후 영구히 서류를 폐고(廢錮)하였다. 그 후 선조도 어비(御批)를 내려서 문자상으로는 해방을 선언하였으나 실제에 들어서는 더욱 잔학한 모멸을 더할 뿐이요 서류(庶流) 등용의 길은 열리지 아니하니 박응서(朴應犀) 등이 연명으로 상소하여 관로(官路)를 열어달라고 빌었으나 허(許)치 아니함으로써 분개하여 굴을 여강(驪江)에 짓고 일실(一室)에 동거하여 양식을 저적(貯積)하여 타일(他日) 피병(避兵)의 자(資)에 쓰고자 하며 혹은 죽림칠현(竹林七賢)이라고 하고 혹은 도원결의(桃園結義)라고 하여 동지를 합하여 왕래교유하면서 허균·이재영(李再榮)·이사호(李士浩) 같이 이에 동정하여주는 이는 이에 가담케 하였다(《일사기문(逸史記聞)》·《연려실기술(燃藜室記述)》). 당시 소양강(昭陽江) 상(上)의 죽림칠현은

박응서(朴應犀): 사암(思菴)의 서자(庶子)

서양갑(徐羊甲): 목사(牧師) 익(益)의 서자

심우영(沈友英): 전(銓)의 서자, 균의 처삼촌

이경준(李耕俊): 병사(兵使) 제신(濟臣)의 서자

박치인(朴致仁): 유량(有良)의 서자

박치의(朴致義): 충간(忠侃)의 서자

김경손(金慶孫): 사계(沙溪)의 서제(庶弟)

등이다. 이들은 광해 신해(辛亥)에 염상(鹽商)을 해주(海州)에서 경영하며, 그 후 부호 이승숭(李承崇)의 집을 표략(剽掠)하며, 영남에 가서 은상(銀商)을 쳐 죽이고 은 육칠백 량을 빼앗으며, 병량(兵糧)을 준비하고 회뢰(賄賂)로써 조정에 있는 문무관(文武官)을 매수하여 장차 임금을 들어버리려고 하였다(《광해일기(光海日記)》). 대체(大體) 이 행적은 《홍길동전》과 틀림이 없으며, 이로 보아 《홍전》은 허균·서양갑 등의 자서전이요 홍길동은 균의 이상적 인물일 것이다. 사람이 능히 작품으로써 그 작가를 율(律)할 수 있다면 허균은 감상적(感傷的) 문인이요 호사자(好事者)인 동시에 불의를 보면 의분에 넘치는 감격성(感激性) 깊은 지사(志士)요 목적을 위해서 수단을 가리지 않는 무뢰한이다. 활빈당의 투사요 서민을 위하여 만장(萬丈)의 기염(氣焰)을 토하였다. 남양(南陽) 홍씨의 족보에 홍일동(洪逸童)의 제(弟)가 길동(吉童)으로 적혀 있고 연대도 상당(相當)하나 그 이상 더 고찰할 수 없다.

제4절 허균의 문예안(文藝眼)

균은 일찍이 《국조시산(國朝詩刪)》을 편(編)하여 정도전 이하 권필(權韠)까지의 시를 선집(選輯)하였다.

이택당(李澤堂)은 매양 자제(子弟)를 데리고 "허균이 지시(知詩)라"라고 하였으며(《택당잡저》), 김서포(金西浦)도 "균의 재정(才情)이 과인(過人)한 곳이 있어서 궁사절구(宮詞絕句)·죽서루부(竹西樓賦) 같은 편(篇)은 석주(石洲)·동악(東岳)이라도 미치지 못하리라"《서포만필》하며, 명인(明人) 이정기(李廷機)는 평하되 "그 문(文)은 우여완량(紆餘婉亮)하여 엄주(弇州)[79]의 만경(晚境) 같고 그 시(詩)는 창달섬려(鬯達贍麗)하여 화천(華泉)[80]의 청치(淸致)가 있다"라고 하였다. 대저 그의 시는 '정(情)' 일자(一字)로 시종하였으며 그의 《성수시화(惺叟詩話)》를 보면 그가 시에 대해서는 투철한 감식안이 있었으나, 그는 조정귀현(朝廷貴顯)의 시보다 산림은일(山林隱逸)의 시를 좋아하며 양반의 시보다 서얼의 시를 사랑하였나니 양대박(梁大樸)·조신(曺伸)·이손곡(李蓀谷)의 시집에 서(序)하며 손곡의 불우(不遇)에 동정하여 그 전(傳)을 짓고 동인(東人)의 시를 선(選)함에 정도전의 시로 으뜸을 삼고 심우영(沈友英)의 시를 가입시켰다는 것은 유명한 말이다. 허균은 시뿐 아니라 소설·희곡 같은 연문예

---

79 중국 명대의 문장가 왕세정(王世貞)의 호.
80 중국 명대의 재사 변공(邊貢)의 호.

(軟文藝)에도 가장 조예가 깊으니 그가 《서유록발(西游錄跋)》[81]을 지어 말하되

> 내가 희가(戲家)의 설(說) 수십 종을 얻었는데 삼국(三國)·수당(隋唐)을 제외하면 양한(兩漢)은 앞뒤가 맞지 아니하고, 제위(齊魏)는 졸(拙)하고, 오대잔당(五代殘唐)은 조솔(粗率)하고, 북송(北宋)은 소략하고, 수호(水滸)는 간사한 속임수에 기교를 부렸다.[82]

라고 하였으니 이것이 조선사람으로서 중국소설을 비평한 시초자(始初者)인 동시에 유일한 것이다. 조선문예의 요람기에 나서 시로서는 고구(古句)를 답습하는 폐풍을 제(除)하고 신론(新論)을 열며 시와 소설의 비평계에 독보(獨步)하던 허단보(許端甫, 균)[83]의 《홍길동전》을 지은 것이 어찌 우연일까? 허균보다 약 40년 뒤져서 난 중국의 대비평가 김성탄(金聖嘆)과 말로(末路)를 같이한 것은 무슨 묵계라도 있는 듯한 기적(奇蹟)인 동시에 만일 균으로 하여금 중국에 났더라면 어찌 되었을까?

---

81 원저의 《서유기발(西遊記跋)》을 《서유록발(西游錄跋)》로 바로잡음.

82 余得戲家說數十種, 除三國隋唐外, 兩漢齟, 齊魏拙, 五代殘唐率, 北宋略, 水滸則姦騙機巧. 여기서 '삼국'은 《삼국지연의(三國志演義)》, '수당'은 《수당지전(隋唐志傳)》, '양한'은 《양한지(兩漢志)》, '제위'는 《제위지(齊魏志)》, '오대잔당'은 《잔당오대지연의(殘唐五代志演義)》, '북송'은 《송태조용호풍운회(宋太祖龍虎風雲會)》, '수호'는 《수호전(水滸傳)》을 각각 가리킴.

83 '단보(端甫)'는 허균의 자(字).

그러나 균은 《홍길동전》 한 책으로써 조선 고대의 문단에 가장 위인(偉人)이었다는 찬사를 받음이 마땅하겠다.

제5절 《홍길동전》의 특유한 가치

《홍길동전》은 허균과 같이 박식한 사람의 손에 되었으므로 조선 최초의 소설다운 소설이면서도 가장 고전(古典)에 의한 부분이 많다. 활빈당(活貧黨) 일단(一段)과 기타 영웅적 기사(記事)가 《수호전》의 송강(宋江)과 흑선풍(黑旋風)을 함께 마시는 듯하며, 병(瓶) 속에서 가루가 되어도 오히려 살아있었다는 것은 《서유기(西遊記)》 제75회와 문합(吻合)하고, 망탕산(芒碭山) 요괴굴은 《전등신화》의 '신양동기(申陽洞記)'와 《술이기(述異記)》의 '서국(鼠國)'에서 모방한 것인 듯하다. 《송천필담(松泉筆譚)》에는

> 허균은 또 《홍길동전》을 지어 《수호전》에 비겼는데, 그 무리 서양갑(徐羊甲)·심우영(沈友英) 등이 몸소 그 행동을 실천하니 한 마을이 박살이 났다.[84]

라고 한 것은 가장 이유 있는 말이다. 홍길동이라는 실제 인물이 있

---
84 筠又作洪吉同傳, 以擬水滸, 其徒徐羊甲沈友英等, 躬蹈其行, 一村虀粉.

없는지는 모르나 전 조선 각지에 길동의 생지(生地)와 주소(住所)라고 전하는 곳이 많은 것은 무엇을 예증함인가? 이성호(李星湖)의 《사설》에도 "옛날부터 서도(西道)에는 큰 도둑이 많고 그중에 홍길동이 있었는데, 세대가 멀어서 어떻게 되었는지 알 수 없다"[85]고 하였다. 성호와 같은 박학가(博學家)로서도 전설로서만 존재한 홍길동의 사적(史蹟)은 알 수 없었다. 《홍길동전》은 그만큼 유명하였고 또 애독되었던 것인 줄을 알겠다. 《홍전》은 균배(筠輩)의 자서전이었을수록 더욱 귀중하다. 갖은 포학(暴虐)과 천대(賤待)를 다하는 양반정치(兩班政治)에 반기를 든 풍운아 홍길동의 성격이 전후(前後)에 모순 없이 완전히 묘사되었으며 장회소설(章回小說)의 시조가 되었다는 점으로써 조선소설사상에 가장 거벽(巨擘)이라 하겠다.

제6절 《전우치전》·《서화담전》의 작자는 누구?

《전우치전(田禹治傳)》의 경개

여말(麗末)에 전숙(田叔)의 아들 우치(禹治)라는 이는 윤공(尹公)에게 도술을 배워 죽림(竹林)에 울고 있는 처녀에게서 호정(狐精)을 빼앗아 구미호(九尾狐)를 죽이고 그 후로는 과업(科業)을 전폐하고 선관(仙官)으로 변하여 혹은 궐내에 날아들며 혹은 들보를 베어 오백 금을 얻으니 이것

---

[85] "自古, 西道多劇賊, 有洪吉童, 世遠不知如何."

이 단서가 되어 체포령이 내리니 잡혀온 전우치를 병 속에 넣어도 죽지 아니한다. 그때 각도(各道)에서 잡아들인 전우치가 361명이나 되었다. 그러나 우치의 도술로도 당시에 어느 강림도령에게 굴복한 후로는 모부인(母夫人)을 모시고 산중으로 숨어버렸다.

구미호와 강림도령을 제(除)하면 《홍전》과 비슷하다. 전우치는 실재하였던 인물로서

전우치는 방기지사(方技之士)라. (《어우야담(於于野談)》·《잡동산이(雜同散異)》)
전우치는 낙중천유(洛中賤儒)이니 선환다기이(善幻多技耳)라. (《지봉유설(芝峯類說)》)
전우치는 송도은일(松都隱逸)이라. (《대동야승(大東野乘)》)
전우치는 담양인(潭陽人)으로 일찍이 요사스러운 여우에게서 요술책을 얻어 요술을 잘했다.[86] (《한죽당섭필(寒竹堂涉筆)》·《해동이적(海東異蹟)》·《송도지(松都志)》)

라고 하였으니 담양인(潭陽人)으로 처음에는 낙중(洛中)에서 선비로 행신(行身)하다가 나중에는 송도에 숨었는지 알 수 없으며, 비천한 가정

---

86 田禹治……潭陽人……嘗得妖狐幻書, 善幻.

에 나서 입신의 처지에 심히 불운이었던 것을 말하는 것이다. 환경의 불우(不遇)와 사회의 불평(不平)은 다정다한(多情多恨)한 지사(志士)의 동정(同情)을 모으며, 또 그와 같은 문인(文人)의 한묵지자(翰墨之資)가 될 것이다. 《홍전》의 작자가 넉넉히 《전우치전》을 지을 것이며, 조선소설에서 가장 도술(道術)을 말한 것도 홍(洪)·전(田)·서(徐) 3전(傳)이요, 《홍전》과 가장 공통(共通)한 것도 《전우치전》인즉 《전전》의 작가는 《홍전》의 작가와 동인(同人)이 아닌가 한다. 더구나 조선 유종(儒宗)으로 굴지(屈指)하는 서화담의 전을 보면 화담을 도술로 유명한 방기지인(方技之人)인 것처럼 여러 가지 괴설(怪說)을 부회(附會)하여 있고 그 구미호(九尾狐)와 신호(神虎)에 관해서는 《전전》과 흡사하니 이는 《화담전》의 작가가 《전전》의 작가와 동인(同人)이기 때문인 듯하다. 《전전》의 윤공(尹公)은 서화담인 듯하며, 《화담전》은 소강절(邵康節)의 전기(傳記)에서 탈태(奪胎)한 부분도 있다. 나는 이에 이 3전의 작자는 허균이라고 억단(臆斷)하고 싶다. 화담은 균의 부(父) 초당(草堂)의 사장(師長)이며, 허균의 《성수시화(惺叟詩話)》에는 "우사(羽士) 전우치는 사람들이 말하기를 신선이 되어 하늘로 올라갔다고 하며, 그의 시는 매우 청월(淸越)하다"[87]라고 한 것을 보면 균도 전우치로써 우사(羽士) 즉 도술가(道術家)로 인정한 것이 분명하니, 혹은 균이 그 작자가 아닐까?

---

87 "羽士田禹治, 人言仙去, 其詩甚淸越."

제4장 명대(明代) 소설의 수입

조선의 고대문예에 직접·간접으로 영향을 준 것은 외국문학, 특히 중국문학일 것은 물론이어니와 중국문학의 작품들이 어느 연대에 수입되어 어떻게 읽혔는가, 혹은 어떠한 작품이 들어와서 얼마만큼 애독되었는가, 혹은 조선소설계에 얼마나 영향을 주었는가 알고 싶다. 그러나 조선은 연년(年年) 중국에 왕래하는 사자(使者)를 통하여 중국의 걸작이라고 하는 서적이면 저작 혹은 출판한 지 10년 이내에 반드시 수입되는 것이었다. 다만 소설자류(小說者流)는 사군자(士君子)의 기피하는 것이므로 문헌에 오르지 않았을 따름이다. 그러나 소설문학의 가치를 확실히 인식한 약간의 문인이 남겨놓은 수필로써 특히 어떠한 작품이 애독되었는지 알고 싶다. 조선에서 제일 많이 애독된 중국소설은 무엇보다도 《삼국연의(三國衍義)》이니 그 수입이 선조 초년의 일인 것은 이미 말한 바와 같거니와 《삼국지(三國志)》로서 읽어오기는 혹은 고려시대부터일는지 알 수 없다. 대저 중국에서도 진수(陳壽)의 《삼국지》에서 나관중(羅貫中)의 《삼국연의》에 이르기까지는 여러 번 변천을 지난 후

의 일이니

진(晋): 진수(陳壽)의 《삼국지(三國志)》

당(唐): 삼국사(三國史) 설서(說書), 이의산(李義山) 시(詩)에 나오는 '등애흘(鄧艾吃)'·'장비호(張飛鬍)'[88]

송(宋): 설삼분(說三分) 원사(諢詞), 《동파지림(東坡志林)》에 나오는 '문현덕패즉루(聞玄德敗則淚)'[89]

원(元): 《전상평화삼국지(全相平話三國志)》

명(明): 나관중(羅貫中)의 《삼국연의(三國衍義)》

그런데 조선에 있는 삼국소설(三國小說)로는 《몽결초한송(夢決楚漢訟)》·《마무전(馬武傳)》·《제마무전(諸馬武傳)》·《삼국연의》 등이 있다. 《전상평화삼국지》를 보면 후한 광무(光武) 때에 사마모(司馬貌, 자는 중상(仲相))라는 명사(名士)가 천제(天帝)의 명으로 지부(地府)에 가서 음군(陰君)이 되어 초한풍진(楚漢風塵)에 원사(寃死)한 사람을 위하여 판결하되 모두 인과(因果)의 이(理)로 환생케 하여 삼국풍진(三國風塵)을 이루

---

88 등애의 말더듬, 장비의 수염. 원래의 시구는 당나라 시인인 의산(義山) 이상은(李商隱, 812~858)의 〈교아시(驕兒詩)〉에 나오는 '혹학장비호(或謔張飛胡), 혹소등애흘(或笑鄧艾吃)'이다. 이는 '장비 같은 수염이라고 놀리거나, 등애 같은 말더듬이라고 비웃는다'라는 뜻이다.

89 '현덕이 패했다는 말을 들으면 눈물을 흘린다.'

게 하니

 한신(韓信) → 조조(曹操)
 팽월(彭越) → 유비(劉備)
 영포(英布) → 손권(孫權)
 한고조(漢高祖) → 헌제(獻帝)
 여태후(呂太后) → 복황후(伏皇后)
 괴통(蒯通) → 제갈량(諸葛亮)

등이요, 삼국풍진은 제갈량의 죽음으로써 종막(終幕)되고 그동안 사마중상(司馬仲相)은 사마중달(司馬仲達)로 환생하여 조위(曹魏)의 천하를 집어치우고 삼국을 통일하였으나, 고아와 과부를 속여서 통일한 사마씨(司馬氏)의 천하도 유연(劉淵)의 손에 다시 멸망하고 마는 것이다. 《전상평화삼국지》는 중국에서는 일서(逸書)가 된 지 이미 오래고 근년 일본서 발견되었는바 교통 불편한 원대(元代)의 소설이 일본에 들어가면서 조선을 경유치 않았을 리가 없으며, 만일 조선에 전하였다고 하면 고려시대일지니 인제 《몽결초한송》·《제마무전》·《마무전》은 내용이 동일한 책이며 《전상평화삼국지》의 '사마모전'이 이조 오백 년을 지나는 동안에 더욱 한글로 번역되며 전사(傳寫)하는 동안에 어음(語音)의 변화로써 '사마모(司馬貌)'가 '제마무'로 되고 '제마무'가 다시 '마무'로 변하며, 혹은 《초한송(楚漢訟)》의 별칭도 생긴 듯하다. 그리고

《전상평화》본(本): 동한(東漢) 광무(光武) 때 사마모(司馬貌). 영포(英布)→손권(孫權), 사마모(司馬貌)→사마중달(司馬仲達)

《제마무전》: 동한 영제(靈帝) 때 제마무(諸馬武·齊馬武). 의제(義帝)→손권, 제마무(諸馬武)→사마염(司馬炎)

《마무전》: 동한 광무 때 마원지후(馬援之後). 마무→사마염

《초한송》: 동한 영제 때 제마무(諸馬武). 제마무→사마염

이처럼 설화의 내용에 있어서 여러 곳에 적지 아니한 현격(懸隔)이 있는 것도 사간(斯間)의 소식(消息)을 말하는 것이며,《전상평화》본을 남본(藍本)으로 하여 조선사람의 손으로《제마무전》같은 것이 번개(飜改)된 듯하다. 더욱이 조선에서 관왕묘(關王廟)[90]를 세워서 관우(關羽)를 숭배하는 신앙이 생긴 후《삼국연의》를 특별히 애호하여 나중에는 그의 일부분을 적출하여 번역하여 보게 되었으니《화용도(華容道)》·《산양대전(山陽大戰)》·《적벽대전(赤壁大戰)》·《유충렬전(劉忠烈傳)》·《강유실기(姜維實記)》·《옥인기(玉人記)》·《위왕별전(魏王別傳)》 등이 그것이다. 이것은 다시《전등신화(剪燈新話)》에서《금오신화(金鰲新話)》로,《취취전(翠翠傳)》(《전등》)에서《옥소전(玉簫傳)》(《천예록((天倪錄)》)으로 변함과도 같으니《삼국연의》의 뒤를 이어 선조 만년에는 수당(隋唐)·양한(兩漢)·

---

90 원저에는 '관악묘(冠岳廟)'로 씌어 있다. 관악묘는 관우와 남송 초기 장군 악비(岳飛)를 합사한 사당임.

제위(齊魏)·오대(五代)·당(唐)·북송(北宋)의 모든 연의(衍義)가 대하(大河)와 같이 흘러들며(허균의 《서유록》 발), 허균의 《한정록(閑情錄)》에 《고사전(高士傳)》·《오월춘추(吳越春秋)》·《열선전(列仙傳)》·《하씨어림(何氏語林)》·《세설신어(世說新語)》·《옥호빙(玉壺氷)》·《와유록(臥遊錄)》·《패해(稗海)》 등 약 90종의 수필소설(隨筆小說)을 인용하였으며, 또 《한정록》의 〈십지장고(十之掌故)〉에는

대저 육경(六經)과 《논어》·《맹자》 등에 보이는 음법(飮法)이 다 주경(酒經)이 될 수 있고 …… 악부(樂府)로는 동해원(董解元)·왕실보(王實甫)·마동리(馬東籬)·고칙성(高則誠) 등의 것이 있고, 전기(傳奇)로는 《수호전》·《금병매》 등이 일전(逸典)이 될 수 있으니, 이를 익히지 못한 자는 보면옹장(保面甕腸)에 지나지 않을 뿐 음도(飮徒)가 될 수 없다.[91] [92]

그런데 《수호전(水滸傳)》은 원(元) 시내암(施耐庵)이 송(宋) 《선화유사

---

91 凡六經論孟, 所言飮式, 皆酒經也……樂府則董解元王實甫馬東籬高則誠等, 傳奇則水滸傳金瓶梅等, 爲逸傳, 不熟此傳者, 保面甕腸, 非飮徒也.
92 (원저의 주석) 동해원(董解元)은 금인(金人)이니 <현소서상추탄사(絃素西廂搊彈詞)>의 작자이며, 왕실보(王實甫)는 관한경(關漢卿)과 함께 《서상기(西廂記)》의 저자이고, 동리(東籬) 마치원(馬致遠)은 원곡(元曲) <한궁추(漢宮秋)>·<악양루(岳陽樓)>·<청삼루(靑衫淚)>·<천덕비(薦德碑)>·<진단고와(陳摶高臥)>·<황량몽(黃梁夢)> 등의 작가이고, 고칙성(高則誠)은 명인(明人)이니 남곡(南曲) <비파기(琵琶記)>의 작자이다.

(宣和遺事)》에 의해서 송강(宋江)·이규(李逵) 등 양산박(梁山泊) 백팔영웅의 무협(武俠)한 사실을 기록한 120회 장편이요, 허균은 김성탄(金聖嘆)보다 약 40년이나 선배이므로 성탄이 산정(刪定)한 70회본은 보지 못했을 것이다.

모든 유관(儒冠)의 분분한 공박과 구구한 시비 속에서도 《수호》의 독자는 늘어갈 뿐이었고, 현종 10년에는 벌써 《수호》·《서유기》 속에서 백화(白話)·난구(難句)만을 채집하여 《소설어록해(小說語錄解)》를 지어 출판하였다.

회인현(懷仁縣)의 장사(壯士) 홍윤성(洪允成)의 전(傳)은 세조 때의 명장 '홍윤성'의 실기(實記)인데 거기다가 《수호전》 23회에서부터 32회까지 무송(武松)이 형의 원수 갚은 이야기로 보철(補綴)하여 이룬 것이니, 양산박(梁山泊)을 영남 양산군(梁山郡)으로 하고 무대를 조선에 옮긴 것은 기묘한 것이다. 일본에서도 명치 이전의 문단(文壇)은 경전(京傳)과 마금(馬琴)이 지은 수호문학(水滸文學)으로 지배하고 있는 만큼 조선에서도 《수호전》은 절대로 환영받았다. 《금병매(金瓶梅)》는 왕세정(王世貞)의 작(作)이라고 속전(俗傳)하되 자세치 못하며, 《수호전》 24회에 나타나는 서문경(西門慶)이가 무송의 형수 반금련(潘金蓮)과 화자허(花子虛)의 처 이병아(李瓶兒)와 금련의 시녀 춘매(春梅)와 통간(通姦)하다가 나중에는 첩을 삼고 주야로 향락을 하다가 가정에 파탄이 생기고 다시 금인(金人)의 남하(南下)로 인하여 일가환멸(一家幻滅)의 비애를 보게 되며 호사음탕(豪奢淫蕩)한 서문경의 아들도 사문(沙門)으로 귀피(歸避)함으로 종막(終幕)하였으니 전후편의 구조(搆造)와 최후의 입도(入道)가 청대(淸代)의 《도화선(桃花扇)》과 일본의 《원씨물어(源氏物語)》를 연상케 한다. 《수호》의 '데카당'과 《금병》의 타락이 만력문화(萬曆文化)의 전면상(全面相)이다. 《수호》는 초택(草澤)에 숨은 초목(樵牧)의 강기(綱紀) 없는 국가에 대한 반항이며, 《금병》은 《측천외사(則天外史)》나 《비연외전(飛燕外傳)》과도 달라서 하류사회의 성욕생활(性慾生活)을 여실히 묘사하여 환멸(幻滅)하여가는 시대의 암영(暗影)을 보고 있음으로써라. 《속금병매(續金瓶梅)》·《후금병매(後金瓶梅)》·《옥교리(玉嬌梨)》 등의 속작(續作)과 모방이 많이 나고 《육포단(肉蒲團)》 같은 음서(淫書)를 낸 것도 시대의 반영이 아니라고 할 수 없다. 심재(沈鋅)의 《송천필담(松泉筆譚)》에

> 명나라 인물들이 대체로 부랑경조(浮浪輕佻)하여 …… 《금병매》·《육포단》 등과 같은 저술문자(著述文字) 중에 음란함을 가르치지 않는 것이 없다.[93]

라고 한 것도 무리가 아니며, 이와 같은 정적(情的) 풍조가 계림(鷄林)의 사상계에 많은 시사(示唆)를 주면서 유가(儒家)의 엄정한 비판을 지내어 숙종시대의 문예난숙기(文藝爛熟期)를 건설하였다. 허균이가 발(跋)

---

93 大明人物, 大抵浮浪輕佻……著述文字, 如金瓶梅肉蒲團等書, 無非誨淫之術.

을 지은 《서유기》도

당(唐): 현장(玄奘)의 《대당서역기(大唐西域記)》
북송(北宋): 《당삼장취경시화(唐三藏取經詩話)》(원사(諢詞))
금(金): 《서유기(西遊記)》(원본(院本)《당삼장(唐三藏)》)
원(元): 오창령(吳昌齡)의 잡극(雜劇)《당삼장서천취경(唐三藏西天取經)》[94]
명(明): 오승은(吳承恩)의 《서유기(西遊記)》

와 같이 여러 번 변천을 지나서 된 것이니, 당 현장이 불경을 취(取)코자 천축국(天竺國)에 향하여 야자국(吔子國)·사자국(獅子國)·수인국(樹人國)·구룡지(九龍池)·귀자모국(鬼子母國)·여인국(女人國)·왕모지국(王母池國)·우발라국(優鉢羅國)을 경유하여 견문(見聞)한 사실에 환상을 가하여 변화해탈(變化解脫)의 이(理)를 설명한 것이다. 도곡(陶谷) 이의현(李宜顯)의 《연행잡지(燕行雜識)》에 의하면 숙종 46년 북경에 가서 《제금편(製錦編)》 2권, 《염이편(艷異編)》 12권(일명 《정사(情史)》), 《국색천향(國色天香)》 10권을 사 가지고 왔다고 하나, 이는 전부 만력(萬曆)을 중심으로 한 문인의 생활과 잡담을 집록(輯錄)한 것이 아니면 재자가인

---

[94] 원저의 '《당삼장서천취경북서유기(唐三藏西天取經北西遊記)》'를 '《당삼장서천취경(唐三藏西天取經)》'으로 수정함.

(才子佳人)의 기연(奇緣)을 말한 것이다. 도곡과 동시(同時)인 김춘택(金春澤)의 《북헌잡설(北軒雜說)》에 "《평산냉연(平山冷燕)》 같은 것은 또한 얼마나 풍치가 있는가"[95]라고 한 《평산냉연》 20권도 제사재자서(第四才子書)로 꼽는, 적안산인(荻岸散人)의 명저이니 장원랑(狀元郎) 평여형(平如衡, 낙양재자(洛陽才子))은 미녀 냉강설(冷絳雪)과 결혼하고 장원랑 연백함(燕白頷, 운간재자(雲間才子))은 미희 산대(山黛)와 결연한 풍류기담(風流奇譚)이다.

기타 포옹노인(抱甕老人)이 편집한 명대 유일의 '단편소설 걸작선집'인 《금고기관(今古奇觀)》 40권이 수입되어 많은 번역을 보게 되었으니 나의 눈에 띈 것만 하여도 다음의 수종이 있다.

1. 《주중기선이태백실기(酒中奇仙李太白實記)》는 《금고기관》 제6회 '이적선취초하만서(李謫仙醉草嚇蠻書)'의 역개(譯改)
2. 한글본 《금고기관》은 《금고기관》 제27회 '전수재착점봉황주(錢秀才錯占鳳凰儔)'와 제7회[96] '매유랑독점화괴(賣油郎獨占花魁)'의 역(譯)
3. 《채봉감별곡(彩鳳感別曲)》의 1종은 《금고기관》 제35회 '옥교란백년장한(玉嬌鸞百年長恨)'의 역개

....
95 "如平山冷燕, 又何等風致."
96 원저의 '제39회'를 '제7회'로 바로잡음.

4. 근년에 현병주(玄丙周) 씨가 집찬(輯纂)한 《박문수전(朴文秀傳)》의 부록 제2회는 《기관》 제2회 '양현령경의혼고녀(兩縣令競義婚孤女)'의 번안(飜案)이며, 제3회는 《기관》 제4회 '배진공의환원배(裴晋公義還原配)'의 역이다. 또 현 씨의 번역에 〈백아금(伯牙琴)〉과 〈장자고분가(莊子叩盆歌)〉도 《금고기관》에서 나온 것이다.

명말(明末)에 성(盛)히 유행하여 벌써 《속금병매》의 결말에 인용된 《태상감응편(太上感應篇)》의 수입됨도 이때일 것이다. 허균이 《서유록발》에 비평한 연의(衍義)도 모두 명의 중엽까지 된 것인바 《수당연의(隋唐衍義)》(일명 《수당지전(隋唐志傳)》)도 나관중(羅貫中)의 작으로서 청초(淸初)에 저인확(褚人穫)의 개정(改定)을 지낸 것이요, 그 속에서 특히 수양제(煬帝)의 음탕한 생활장면만을 채출(采出)한 것을 《염사(艶史)》라고 하며 당 태종(太宗)의 전기(傳記)만을 적집(摘輯)한 것을 《당태종전(唐太宗傳)》이라고 한다. 이 《당태종전》은 근년 돈황(燉煌)에서 발굴된 《당태종입명기(唐太宗入冥記)》[97]와 가까운 책이다.

《양한연의(兩漢演義)》는 《한서(漢書)》를, 《당서연의(唐書演義)》(일명 《설당연의(說唐衍義)》)는 《당서(唐書)》를 부연하여 백화(白話)로 쓴 것이다. 그중에도 《서한연의(西漢演義)》는 가장 인상 깊게 애독되어 일찍이 초한가(楚漢歌)를 부르며 초한장기(楚漢將棋)를 놀며 홍문연(鴻門宴)을

---
97 원저의 《당태종동명기(唐太宗洞冥記)》를 《당태종입명기(唐太宗入冥記)》로 수정함.

배연(排演)하여 삼척동자도 번쾌(樊噲)·항우(項羽)를 모르는 사람이 없다. 그 일부분씩을 적출해서《초패왕실기(楚覇王實記)》·《장자방전(張子房傳)》, 농암노인(聾巖老人)이 발선(拔選)한《유악귀감(帷幄龜鑑)》등과 같은 것이 번역되었다.

　이와 자매작인《동주열국지(東周列國志)》도 매우 독서자(讀書子)의 지지를 받았고《손방연의(孫龐演義)》·《개벽연의(開闢演義)》·《서호가화(西湖佳話)》·《호구전(好逑傳)》·《평요전(平妖傳)》등과 함께 명말(明末)의 연파물(軟派物)이 끊일 새 없이 흘러들어 민간(民間)에 전사(傳寫)되어 침체한 이조 중엽의 문운(文運)에 일단(一段)의 활기를 주었으며 나아가 문예 발흥의 직접 유인을 이루었다.

제5편

일반화한 연문학의 난숙기

제1장 숙종조를 중심으로 한 황금시대의 문예

제1절 숙종시대의 연문학

임란의 창이(創痍)가 회복되기도 전에 오십 년도 못 지내서 다시 병자의 호란을 맞이하였으니 전자는 남방으로부터, 후자는 북방으로부터 온 것이며, 전자는 조선과 일본, 후자는 조선과 청국의 두 민족의 싸움이어서 두 번이나 연차(連次)로 실리(失利)한 조선사람의 심혼(心魂)이 스러져가는 화롯불과도 같이 암흑(暗黑)한 냉회(冷灰)가 그것이었다.

그러나 그 후 일본은 원록시대(元祿時代), 청국(淸國)은 강희시대(康熙時代), 조선은 숙종(肅宗)의 어우(御宇)에 상치(相値)하여 삼국태평(三國泰平)이 오래 계속되어 인제는 문약(文弱)에서 무용(武勇), 잔멸(殘滅)에서 신생(新生), 절망에서 희망의 빛깔을 구하여 나아가려 하는 것이다.

그리하여 병란(丙亂) 후의 조선인사(朝鮮人士)는 배만(청)심(排滿(淸)心)이 갈수록 심각하여가고 그 반면에 명국(明國)과의 은의(恩義)를 절

실히 회고케 하여 명 신종(神宗)·의종(毅宗) 양제(兩帝)를 제사하는 만동묘(萬東廟)를 설립함에 이르며 서로 충의를 권면하며 의협을 고취하나니 《사기(史記)》의 〈협객전(俠客傳)〉, 한글로 번역된 《설인귀전(薛仁貴傳)》 같은 것이 몹시 유행되었을 뿐 아니라 구사(九死)에 일생(一生)을 얻고자 하는 패배자의 심리는 가인전(佳人傳)보다 장수전(將帥傳), 부화경박(浮華輕薄)한 것보다 질박강건(質朴剛健)의 풍(風)을 숭상케 된 것이니 당시의 군담으로는 《병자록(丙子錄)》·《병자호남창의록(丙子湖南倡義錄)》·《남한일기(南漢日記)》·《강도일기(江都日記)》가 환영되었으며, 《삼교지귀(三敎指歸)》 같은 것은 조선이 낳은 일개(一介)의 백포소장(白袍小將)이 나중에는 남만북로(南蠻北虜)를 완전히 정복한다는 설화이니 그 기상(氣象)과 웅략(雄略)이 독자를 경도(驚倒)케 하며, 《소대성전(蘇大成傳)》·《곽해룡전(郭海龍傳)》·《왕장군전(王將軍傳)》·《장국진전(張國鎭傳)》·《조웅전(趙雄傳)》 등 패장(覇將)의 전기가 성행하는 동시에 국인(國人)의 흠모를 일신에 모은 명장 임경업(林慶業)의 전(傳)도 또한 일시를 풍미하였다.

그러나 숙종 때는 양란의 충동을 받아서 무기발발(武氣勃勃)한 질박한 때이냐 하면 그렇지 아니하다. 도리어 선(宣)·인(仁) 간에 배태되어온 국문학이 이때에 와서 전성(全盛)을 보게 되었다. 《서주연의(西周演義)》도 일찍이 번역되어 《조겸재집(趙謙齋集)》에 '언서서주연의발(諺書西周演義跋)'이 있는데 "나의 모친이 이미 《서주연의》 십수 편을 언문으로 필사하셨는데 …… 호고가(好古家)에게서 전본(全本) 하나를 얻어가지고 이어 써서 빠진 것을 보충하여 그 차례를 완료했다"[98]고 하였다.

《구운몽》·《옥루몽》을 필두로 하는 몽자류의 소설도 모두 이때에 되었고, 전설·동화도 이때에 소설로 윤색된 듯하고, 여항(閭巷)에도 가요의 풍(風)이 전성(全盛)되어 유명한 시조(時調) 작가도 모두 이때에 배출하였다.

제2절 《박씨부인전》의 문학적 가치

경개(梗槪)

한양 안국방(安國坊) 이시백(李時白)의 아내 박씨(朴氏)는 금강산 박처사(朴處士)의 애랑(愛娘)이었다. 얼굴이 박색이므로 혼가(渾家)가 조롱을 하고 신랑도 함께 거(居)치 아니하므로 북방(北方)에 피화당(避禍堂)이란 집을 따로 짓고 혼자 외로운 세월을 보내더니, 원래 학술(學術)이 통철(通徹)하고 지모(智謀)가 심원(深遠)한 박씨는 하룻밤에 시부 이귀(李貴)의 조복(朝服)을 짓고 삼백 금으로 삼만 금짜리의 용마(龍馬)를 사며 벽옥(碧玉)으로 만든 연적(硯滴)을 낭군께 드려 과거에 장원급제를 시키고, 낭군 시백은 평안감사가 되어 갈새 박씨도 허물을 벗어서 하룻밤에 미인이 되어 서로 금슬이 화합하게 되었다. 호왕(胡王)은 조선에 신인(神人) 박씨와 임경업(林慶業) 있음이 무서워서 일등(一等) 여자객(女

---

98 "我慈闈旣諺寫西周演義十數編……得一全本於好古家, 續書補亡, 完了其秩"

刺客)을 보내어 미인계로 박씨를 죽이려고 하였으나 명견만리(明見萬里)하는 박 충렬부인(忠烈夫人)은 도술(道術)로써 자객을 퇴각시켰다. 그 후 무도한 호병(胡兵)이 한성(漢城)에 침입하니 부인이 도술로 적장을 죽임에 용골대(龍骨大) 노하여 피화당을 엄습하다가 실각(失脚)하여 크게 놀랐다. 남한산에서 패(敗)한 인조(仁祖)는 대군(大君)과 모든 부인(夫人)을 볼모로 보내고, 임경업이 청병(淸兵)의 회로(回路)를 액(扼)하여 분풀이를 하고, 이시백은 승상이 되어 부부는 일세(一世)의 영화(榮華)를 다하였다.

고구(考究)

이시백의 부인에게 이러한 사실(史實)이 다소로 있었는지 혹은 전연 가공날조한 것인지 알 수 없으나 《동상기찬(東廂記纂)》에 "이시백은 봉사(奉事) 윤진(尹軫)의 사위다. 진(軫)의 처는 어질었고, 또한 언립(彦立)이라는 종이 있었는데 그는 유명하다"[99]라고 한 것을 보면 이시백의 부인은 박씨가 아니요 윤씨(尹氏)이며, 그와 같은 일사(逸事)는 윤진의 처에게나 있었는지—그도 연대가 맞지 아니한다.

　인조 17년에는 김문곡(金文谷)의 부인 나씨(羅氏)가 얼굴이 추해서 초례(醮禮)하는 날 밤에 문곡이 바로 제 집으로 돌아오고자 한 일도 있고 빈민구제와 군량조달과 전상자치료 등 많은 공적이 있다고 한즉 나

---

99 "李時白, 奉事尹軫之婿, 軫之妻賢, 且有奴彦立, 有名"

씨 부인의 행장(行狀)에다가 당시 소설가가 흔히 쓰는 도술(道術)을 첨가해서 주인공을 도화사(道化師)로 변(變)한 것이 아닌가? 또 이것은 한자 소설 《황강잡록(黃岡雜錄)》 '청풍기(淸風記)'에

> 경성(京城) 남산동(南山洞)에 사는 박진사(朴進士)가 세말(歲末)에 양식이 없어서 친구의 집에 구걸하러 갔다가 갑자기 병자년 호병(胡兵)을 만나 포로가 되어 청국(淸國) 어느 각로(閣老)의 노예로 팔려 사랑(舍廊)을 쓸어주고 있었다. 하루는 각로의 따님이 뒤뜰에 나와 노는 것을 보고 정욕(情慾)에 끓어오르는 사나이 마음을 억제하지 못하여 거의 병사(病死)하게 되었다. 이 형편을 본 수노(首奴)는 또한 명나라 양반으로서 깊이 이에 동정(同情)하여 내사(內舍)에 들어가는 열쇠를 주어, 닭의 소리 들리기 전에 낭자가 자는 방에 뛰어들어 이불을 헤치고 대담히 정(情)을 청하였다. 일이 이와 같이 되니 죽기를 결(決)하는 박노(朴奴)를 퇴(退)할 수는 없고 일야심정(一夜深情)에 백년가연(百年佳緣)을 맺었다. 각로가 종묘에 제사하려고 간 틈을 엿보아 낭자와 진사는 준비하여 둔 천리마를 타고 밤낮으로 몰아 압록강에 이르러 보검(寶劍)을 선물 주는 수노를 이별하고 선의(鮮衣)로 바꾸어 입고 경성 부근에 와서 거(居)할새 도술이 초월(超越)한 낭자는 따로이 청풍실(淸風室)을 짓고 혼자 살았다.

라고 하는 박진사의 부인의 사적(史蹟)을 다소 변환시켜 된 것이 아

닌가? 조선에도 을지문덕의 살수대전(薩水大戰) 때에 신미도(身彌島) 녹족장군(鹿足將軍)의 도움이 있고 인조의 이괄란(李适亂)에는 강계(江界) 여장군(女將軍) 부랑(夫娘)이 용전(勇戰)한 이야기도 구비(口碑)에 전하여오지마는 이와 같은 설화―부녀를 주인공으로 한 것―의 원인은 문예가 부녀층에까지 일반화하였음을 알 것이다. 또 당시에는 《박씨전》뿐 아니라 《여장군전(女將軍傳)》(송나라를 배경으로 한 《정수정전(鄭秀貞傳)》)[100]이 또한 몹시 애독되었다. 정녀(鄭女)의 기구한 생장(生長)과 파란 많은 운명에 이지(理智)와 감정의 양면을 균제(均齊)히 가지고 여자의 몸으로서 솔선하여 전장에 나아가 용감히 싸운 것은 오를레앙 성 하(下)의 잔 다르크 양(孃)에게 떨어지지 않을 만치 광망(光芒)이 혁혁(赫赫)하고, 전지(戰地)에서 사랑을 찾으며 사경(死境)에서 애인(愛人)을 구(求)하고자 열정이 비등(沸騰)하는 그네의 가슴은 어머님을 찾아서 삼천리를 가는 어린이의 그것과 같이 순진하고도 열렬하다.

  이는 병자란 후의 일반사조(一般思潮)요 단순히 칠실이부(漆室嫠婦)의 읍소(泣訴)로 간과할 수 없다. 남녀가 일치하여 외적을 막고자 함은 《소대성전》·《왕장군전》·《장국진전》 등 당시에 유행된 장수의 전기가 공통한 점이니 이는 외적에 대한 적개심을 유발하여 조선여성 고유의 의열(義烈)한 정신을 발휘시키고자 하는 인공미(人工美)로도 볼 수 있으

---

100 원저의 '송(宋) 정수정(鄭壽貞)'을 '송나라를 배경으로 한 《정수정전(鄭秀貞傳)》'으로 수정함.

나 어떻게 하면 이와 같이 복잡한 파란과 난마 같은 사건을 탈파(脫破)하고 나아갈 수 있을까 하는 호기심을 이용한 고대소설의 유일한 수단이요 재자가인(才子佳人)의 양연(良緣)을 맺어서 될수록 정음소설(正音小說)의 중요 독자인 여항간(閭巷間)의 부녀를 즐겁게 하고자 한 고대 작가의 관용수단이라고도 볼 수 있으나, 하여간 강직하고 고결한 박씨에게서 청춘의 열혈과 섬약한 애정의 눈물을 함께 볼 수 있는 것이야말로 당시의 이상적 여성을 그린 것이었고, 그 독특한 여주인공의 고답적(高踏的)·출세간적(出世間的) '로맨스'도 만록총중(萬綠叢中)에 일점홍(一點紅)을 보는 격이다.

제3절 배출(輩出)한 명장(名匠)과 그 작품

찬란한 문예의 황금시대가 숙종조에 개시되었다고 보면 인조와 효종의 양조(兩朝)는 아직 그 여명기이거나 혹은 여명의 전야였다. 허균 이후에 아직 큰 작가가 없었고, 국변(國變)으로 인하여 군담이 성행하는 일면에는 인생의 자연적 요구와 만력문화(萬曆文化)의 수입 등으로 말미암아 염정소설(艷情小說)도 많이 유행되었고 다시 정음문학(正音文學)의 발달과 일반 독자의 요구에 의하여 여러 작품이 문원(文苑)에 얼굴을 보였으나 원래 저작연대와 작가를 숨겨온 '조선소설'인지라 이곳에 연구해서 진술할 수 없다.

  숙종조에 비로소 대작가 김만중(金萬重)을 맞이하여 황금기의 성황을 이루고, 그보다 조금 전에는《천군연의(天君衍義)》의 작자 정태제(鄭泰齊)가 있으며, 그보다 후배로는《구운몽(九雲夢)》과《남정기(南征記)》를 한역(漢譯)한 김춘택(金春澤)이가 있다. 그의《북헌잡설(北軒雜說)》에 "서포(西浦)는 속언(俗諺)으로 자못 많이 소설을 지었다"[101]라고 하였으니 서포의 지은바 정음소설도 많았다고 하였거든 문헌에 오르지 못한 서포 이외의 작가가 적지 않았으리라고 볼진대 국민문예의 난숙함을 가히 추찰(推察)치 못하랴? 하물며《구운몽》은 공전(空前)의 대걸작이며 몽자류의 소설의 비조(鼻祖)가 되어 질로든지 양으로든지 문예난숙기(文藝爛熟期)를 혼자 대표하며 담당할 유일한 작품임에야!《천군연의》는 국당(菊堂) 정태제(鄭泰齊)(광해 4년 생, 현종 10년 몰)의 작이니 작자도 서언(序言)에 말하되

근래에 소설잡기(小說雜記)가 많이 유행하나 귀신괴탄(鬼神怪誕)한 이야기가 아니면 남녀기회(男女期會)하는 이야기뿐이다.《천군연의》는 그 목차가 31회까지다. 설사가칭(設辭假稱)하고 형기무형(形其無形)하여 비로소 사람의 마음이 물욕(物慾)에 요탈(澆奪)되고 함닉(陷溺)되어 화주(花酒)에 실신(失身)하다가 일조(一朝)에 회오(悔悟)하여 전래(前來)의 행동을 부끄러워하여 악(惡)을 개전(改悛)하고 선(善)으로 나아가게 함이니 그 형식은 사씨연의(史氏演義)요 내용은 유가(儒

---

101 "西浦, 頗多以俗諺, 爲小說"

家)의 마음공부에 있다.[102]

라고 함과 같다. 외적으로는 《화사(花史)》의 유(流)요 설화로서는 심통성정(心統性情)과 칠정사단론(七情四端論)일지니, 예컨대

제1회 천군이 즉위하여 관직을 분봉하다.
제2회 도독이 형위 중에서 싸워 이기다.
제3회 오리장군이 욕생을 천거하다.
제4회 성성옹이 와서 천군에게 간언하다.
제5회 간사한 무리가 어울려 성성옹을 참소하다.[103] (이하 약(略))

와 같이 성정(性情)의 요소를 의인화하며 심통(心統)을 국가군신(國家君臣)에 비유한 것이니 《천로역정(天路歷程, The Pilgrim's Progress)》과 일철(一轍)을 밟는 개념소설(槪念小說)이다. 그리고 그 모방작으로 순조조에 정기화(鄭琦和)가 지은 바 《천군본기(天君本紀)》(일명 《심사(心史)》)가 있으니 그 구상과 필치가 《천군연의》와 흡사하다.

---

102 인용된 구절 가운데 첫 문장은 원래 《천군연의》의 작자 서언에서는 나머지 부분보다 뒤에 나오는데 여기서는 앞으로 당겨져 먼저 배치됐다. 이는 '소설잡기'와 《천군연의》를 대비시키려는 의도에서인 듯하다.

103 "第一回 天君卽位分封官. 第二回 都督戰覇荊圍中. 第三回 五利將軍薦慾生. 第四回 惺惺翁來諫天君. 第五回 群邪交讒惺惺翁." 이 부분은 총 31회인 《천군연의》의 목차 가운데 앞의 일부분을 예시한 것이다.

제4절 당시에 애독된 군담류

1. 《삼국연의》가 고대소설계에 준 영향

중국과 일본의 근세문예는 그 대부분이 《수호지》의 영향을 받은 수호문학(水滸文學)이었다. 그러나 조선에서는 도덕으로써 《수호전》 백팔영웅을 율(律)코자 함과 수호문체(水滸文體)가 백화체(白話體)이므로 일반이 통하기 어려운 관계로 《수호지》보다 《삼국연의》를 더 많이 읽으며 번안(翻案)하여온 만큼 문예와 사상계에 미친 영향이 가장 크다. 《삼국연의》는 중국에 있어서는 그의 단편적 작품이 많이 적출(摘出)되어 원곡(元曲)의 〈양양회(襄陽會)〉·〈십양금(十樣錦)〉·〈박망소둔(博望燒屯)〉, 청곡(淸曲)의 〈남양악(南陽樂)〉·〈정중원(定中原)〉·〈대전륜(大轉輪)〉 등으로도 되고 그중에도 서석기(徐石麒)의 〈대전륜〉은 조선의 《제마무전》과 설화(說話)가 전연(全然) 부합하는 것이며, 현재에 있어서도 구극(舊劇) 각본 1천여 종 속에 《삼국지》에서 나온 것이 약 삼분지 일 이상에 달한다고 한다. 그러면 그가 조선에서 어떻게 탐독되어왔느냐—이에 대하여는 벌써 전회(前回)에 상술하였으므로 쓰지 아니한다. 다만 고대의 군담류(軍談類)에 전진(戰陣)의 방법이 대부분 《삼국연의》를 모방하여 온 것이라든지 《옥인기(玉人記)》·《위왕별전(魏王別傳)》·《적벽대전(赤壁大戰)》 등과 같은 부분적 작품이 많이 난 것으로 보든지 일반인의 촉한(蜀漢) 장상(將相)에 대한 숭배열이라든지 모든 사실은 가장 여실히 그의 애독된 자취를 증명하고 있다. 더구나 '관묘(關廟)'의 건설과 '조조(曹操)

잡이' 패희(牌戲)의 발생이 그러하다. 근년에 신채호(申采浩) 씨가 지은 《몽견제갈량(夢見諸葛亮)》(융희 2년 저(著)) 6회본도 국란에 양상(良相)을 생각하는 그의 의사(意思)를 그린 것이다.

2. 《설인귀전》의 번안

중국에서 장군 가문의 대표적 군담은 당(唐)의 《설가장연의(薛家將演義)》와 송(宋)의 《양가장연의(楊家將演義)》일 것이다. 설인귀(薛仁貴)에 관한 사실(史實)은 《당서》 혹은 《당서》를 부연한 《설당전전(說唐全傳)》에도 있지마는 원곡(元曲) 〈합한삼(合汗衫)〉, 청곡(淸曲) 〈법장환자(法場換子)〉 등도 또한 그것이며, 또한 소설에도 《정동설인귀전(征東薛仁貴傳)》·《정서설인귀전(征西薛仁貴傳)》과 《남당설가장연의(南唐薛家將演義)》·《설당정동전전(說唐征東全傳)》 등서가 명(明)·청(淸) 이후에 몹시 유행되었고, 수년 전에 '남사차타생(南沙蹉跎生)'이 표점(標點)한 42회본 《설인귀전》도 모두 동종의 서(書)이다. 그런데 조선에서는 《설인귀전》 42회는 《백포소장설인귀전(白袍小將薛仁貴傳)》이라는 명칭 하에 번역되고, 《설가장연의》와 《법장환자》의 사실(事實) 같은 것은 《설인귀전》 권2, 권3 속에 들어있다. 대개 《설인귀전》은 인귀가 고구려를 파멸(破滅)하고 금의환향하여 오래간만에 돌아가기 때문에 생기는 쾌사(快事)와 춘사(椿事)를 기록한 것이며, 《설가장연의》는 인귀의 자손에 장수가 많아서 문호(門戶)가 번성하다가 인귀의 두 손자 맹(猛)과 강(剛)에 대한 생사복수(生死復讐)의 사실(事實)로부터 설가(薛家) 흥망(興亡)의 전

말을 기록한 것이다.《소대성전(蘇大成傳)》·《장익성전(張翼星傳)》·《장풍운전(張豊雲傳)》과 같은 군담류가 많이《인귀전》의 감과(坩堝)에서 벗어나지 못하는 것은 조선의 군담류가《인귀전》같은 원형에서 흘러나온 것이 아닌가 한다.《인귀전》제39회 '연개소문이 용문진에 잘못 들어가고, 설인귀가 지혜로써 고려 군사를 깨뜨리다(蘇文誤入龍門陣, 仁貴智破高麗師[104])', 제36회 '설인귀가 크게 위성장을 깨뜨리고, 연개소문이 계교를 비도진에 잃다(仁貴大破圍城將, 蘇文失計飛刀陣[105])' 같은 수장(數章)은 인귀를 영웅화하기 위하여 동방의 효웅(梟雄) 개소문(蓋蘇文)을 너무도 희생하고 모욕하였다. 개소문(蓋蘇文)이라면[106] 우는 아이가 울음을 그친다는 것은 중국에서 그 얼마나 당시에 개소문을 외기(畏忌)하였다는 증거이어늘 이와 같은 사실전도(史實顚倒)는 과장자존(誇張自尊)한 중국 문인의 누습(陋習)에서 나온 것이라고 밖에 볼 수 없다.(장서조(蔣瑞藻)의《정동고증(征東考證)》참조)

3.《임경업전》기타

만부(萬夫)가 저당(抵當)치 못할 담용(膽勇)과 지모(智謀)가 백출(百出)하

---

104 원저의 '蘇文誤入龍門陣, 仁貴智滅高麗師'를 '蘇文誤入龍門陣, 仁貴智破高麗師'로 바로잡음.
105 원저의 '薛仁貴破關圍將, 蓋蘇文失飛刀陣'을 '仁貴大破圍城將, 蘇文失計飛刀陣'로 바로잡음.
106 원저의 '허수문(개소문(蓋蘇文)의 중국 음(音))이라면'을 '개소문(蓋蘇文)이라면'으로 수정함.

는 도략(韜略)! 이는 이조에 들어서는 반드시 손가락을 임경업(林慶業)에게 꼽는다. 기울어져가는 명나라를 돕고 병자(丙子)의 구원(舊怨)을 씻어버리려고 육(陸)으로 바다로 동분서주하다가 간신의 모해(謀害)로써 천추의 한을 남기고 옥중에 원사(冤死)한 임충민(林忠愍)[107]의 일생이야말로 병란 이후에 누구든지 흠모하고 애석하지 않은 이가 없었다. 한문본 《임충민공실기(林忠愍公實記)》는 정조(正祖)의 명편(命編)이지마는 달천(獺川)에 충민의 묘우(廟宇)를 세운 것은 영조 2년의 일인즉 그의 극적 생애는 그보다 훨씬 먼저 국문본으로 전독(傳讀)되었을 것이다. 한글본 《임경업전》은 한문본의 그것과는 내용에 출입(出入)이 서로 많고 극적 정조(情調)도 더욱 많음으로 보아 알 것이다.

군담으로는 쿠랑(M. Courant) 씨의 도서목록을 볼지라도 오륙십 종을 불하(不下)하는 듯하나 그중의 백미(白眉)는 또한 소대성(蘇大成)·장국진(張國鎭)·곽해룡(郭海龍)·왕장군(王將軍)·조웅(趙雄) 등의 개인적 장군 전기(傳記)에 지나지 못한다. 이 군담에 대해서는 그다지 문학적 취미와 가치를 인식하지 못하겠다.

---

[107] 충민(忠愍)은 임경업의 시호.

제2장 소설가로 본 서포 김만중

제1절 김만중의 일생(1637~1692)

김만중(金萬重)은 광산(光山) 갑족(甲族)이요 서석(瑞石) 김만기(金萬基)의 동생으로 인조 15년 정축호란(丁丑胡亂)이 끝나기 전에 나서, 당시에 국가다사(國家多事)하고 세도분운(世道紛紜)하며 겸하여 색당(色黨)의 알력은 심각하여가고 사상의 조류는 혼돈하여지니 학자는 산림에 은회(隱晦)하고 간사(奸邪)가 시세(時勢)에 횡행하여 비정(秕政)이 백출함에 정객(政客)의 생활이 안정하기 어려워서, 정치가로 입신한 서포옹(西浦翁)의 생활도 의연히 변화 많은 풍운과 파란 그것이었다. 나는 이에 관계없는 그의 정치적 생애를 누누이 말하기를 싫어한다. 간단히 말하면 그의 정치적 생애는 여당(與黨)의 불리(不利)로 항상 실패였으며, 다년(多年) 적소(謫所)에서 신음하면서 불우냉락(不遇冷落)과 유설고초(縲絏苦楚)를 쓰라리게 경험하였다. 이 경험이야말로 창작의 원동력이 된다. 그뿐 아니라 병자호란의 뒤에는 국력이 아주 모진(耗盡)하여 조정에 정책(定策)이 없고 정객(政客)의 거취가 막연한 때에 당쟁이 백열화(白熱化)하여 정객과 정부(政府)의 운명이 풍전등화와 같으니 능히 시국을 달관하는 식견이 있고 시사(時事)를 감개(憾慨)하는 열혈이 있으면 속수방관(束手傍觀)만 할 수 없으니, 다정다혈(多情多血)한 서포의 안광(眼眶)에 비친 국정(國情)은 그로 하여금 문예적 진출을 하게 하여 많은 우의(寓意)와 풍자(諷刺)를 협잡(夾雜)하여 풍조(風潮)의 지침이 되고 폐해제각(弊害除却)의 선봉이 되었다. 그러므로 서포는 정음(正音)으로 소설을 많이 썼다. 그중에 오늘날까지 확실히 그의 작품인 줄로 아는 것은《구운몽(九雲夢)》·《남정기(南征記)》뿐이다. 그는 숙종 15년에 민후(閔后)를 폐하고 장빈(張嬪)을 세워서 비(妃)를 삼고자 할 적에 반대한 서인내각(西人內閣)의 중역(重役)이던 관계로 영해(嶺海)에 찬적(竄謫)하여 4년 만에 우수(憂愁)한 가슴을 그대로 불귀의 객이 되었다.

제2절 《구운몽》·《남정기》의 저작까지

서포(西浦)는 유복동(遺腹童)으로 자라나서 부친의 얼굴을 보지 못함이 평생유한(平生遺恨)이었다. 그의 자모(慈母) 윤씨(尹氏)는 실로 고금에 드물게 보는 현부인(賢婦人)이어서 가사가 아무리 빈궁하여도 그 아들의 공부에 방해될까 염려되어 알려주지 아니하고 심히 자애(慈愛)하면서도 일과(日課)를 엄중히 독촉하고 서책을 보면 가액(價額)을 묻지 아니하고 직조(織造)하던 중축(中軸)을 끊어서 사며 근처 집에 있는 서책을 스스로 등사하여 만기(萬基)·만중(萬重)의 형제를 가르쳤다. 서포는 《소학(小學)》·《십팔사략(十八史略)》·《당시(唐詩)》 같은 것을 전부 가정에서 배웠다(《서포집(西浦集)》 중 '선비윤씨행장(先妣尹氏行狀)'). 이와 같이 현모(賢母)의 수하(手下)에서 특수한 훈도와 이상적 교육을 받아서 자라난 서포의 심경에는 은의(恩義)를 느끼는 효양(孝養)의 마음이 저절로 흘러나서 매양 고사이서(古史異書)와 패관잡기(稗官雜記)를 말하여드리며 아무리 조정에 일이 많을지라도 정성(定省)을 궐(闕)치 아니하였다(《송천필담(松泉筆譚)》). 그는 남해(南海)의 배소(配所)에 있어서 어머님이 병에 누운 소식을 듣고 하룻밤에 《구운몽》을 지어 보내서 어머님의 병을 위로하였다.

> 여항에 유행하는 것으로는 오직 《구운몽》이 있는데 서포 김만중이 찬(撰)한 것으로서 다소 의의가 있다. …… 세상에 전하기를 서포가 유배 중일 때에 어머니의 근심을 없애 드리기 위해 하룻밤에 이것을 지었다고 한다.[108] (《오주연문(五洲衍文)》)

> 패사(稗史)에 《구운몽》이라는 것이 있는데 서포가 지은 것이다. 그 대강은 공명과 부귀가 일장춘몽으로 돌아간다는 것으로서, 어머님의

---

[108] 閭巷間流行者, 只有九雲夢, 西浦金萬重所撰, 稍有意義……世傳西浦竄荒時, 爲大夫人銷愁, 一夜製之.

근심을 풀어드려 위로하고자 한 것이다. 그 책은 부녀자들 사이에 성행하였다. 대개 부처로써 우언(寓言)하였고 그 안에 초사(楚辭)의 유의(遺意)가 많다.[109] (《송천필담(松泉筆譚)》)

《남정기(南征記)》-일명 《사씨남정기(謝氏南征記)》-도 또한 서포의 저작이니 그 증거로는 김서포(金西浦)의 종손 춘택(春澤)의 《북헌잡설(北軒雜說)》에

서포는 한글로 소설을 자못 많이 지었다. 그중에서 소위 《남정기》라는 것은 등한히 여길 것이 아니다. 고로 나는 한문으로 번역을 했는데, 그 인사(引辭)에서 한 말이 언어문자로써 사람을 가르친 것은 육경(六經)부터라고 했다. …… 패관소기(稗官小記)는 황탄(荒誕)하지 않으면 부미(浮靡)해서 백성의 도리를 돈독히 하고 세상을 교화하는 데 도움이 되는 것은 오직 《남정기》뿐이다.[110]

라고 한 것이니, 서포가 한글로 지은 《남정기》를 김춘택이가 일부러 수고스럽게 한자로 번역하였다. 이로 보면 서포는 국문소설 작가였던

---

109 稗史有九雲夢者, 卽西浦所作, 大旨以功名富貴, 歸之於一場春夢, 要以慰釋大夫人憂思, 其書盛行閨闥間, 蓋以釋迦寓言, 而中多楚辭遺意云.
110 西浦頗多以俗諺爲小說, 其中所謂南征記者, 有非等閒之比, 余故翻以文字, 而其引辭曰, 言語文字以敎人, 自六經然爾……稗官小記, 非荒誕則浮靡, 其可以敦民彛裨世敎者, 惟南征記乎.

것이 분명하고, 《구운몽》과 《남정기》도 서포가 원작(原作)한 정음본과 춘택이 한역한 한문본의 두 종류가 이적부터 생겼다. 충효가 지극하고 재기가 환발(煥發)한 서포가 이로써 풍교(風敎)에 보익(補益)하며 예단(藝壇)에 공헌한 공로는 절대(絶大)하였지마는 《남정기》 저작의 본목적(本目的)은 의외에 다른 방면에 있었을는지도 알 수 없다. 《오주연문》에

> 북헌(北軒)이 숙종조에 인현왕후 민씨가 폐출되자 임금의 마음을 깨우치려고 이것을 지었다고 한다.[111]

라고 한 것을 보면 숙종께서 민비를 폐출함을 풍간(諷諫)코자 한 완곡한 수단인 듯하며, 또 북헌(北軒)의 작이라고 와전한 것은 한자를 진서(眞書)라고 한 고인(古人)의 습관으로서 북헌의 한역이라고 하여야 할 것을 북헌의 저작이라고 한 것이다. 더구나 민비의 폐출은 숙종 15년인데 서포 53세, 북헌 20세 적이요 민비의 복위(復位)는 숙종 20년 즉 서포 몰후(歿後) 2년이요 북헌 25세 적이니, 《남정기》를 그와 같은 목적소설(目的小說)로 볼진대 아무리 숙성(夙成)한 재자(才子) 김춘택일지라도 20세 전후의 백면서생이 지었다는 것보다 노련한 작가요 순충(純忠)한 경세가(經世家)인 서포가 국가의 전도(前途)를 우려하는 마음으로 지어 놓고 돌아간 후 북헌이 다시 윤필(潤筆)을 가하여 한역한 것이라고 보는

---

111 北軒則爲肅廟仁顯王后閔氏異位, 欲悟聖心而製者云.

것이 당연할 것이다. 이렇게 보아오면 숙종 15년부터 숙종 18년 서포가 몰(歿)하던 해까지에 조선 예원(藝苑)의 가장 자랑이라고 하는 《구운몽》과 《남정기》가 생겨난 것은 일대 기적이라고 할 것이며, 숙종 15년 서포 피찬(被竄) 직후에 그 어머니 윤대부인(尹大夫人)이 몰하였으니 《구운몽》의 한글본(정음본)은 숙종 15년에 저작된 것이다.

제3절 서포·북헌의 국민문학적 견해

삼연옹(三淵翁)은 《서포집(西浦集)》에 서(序)하되

> 공(公)은 기약하지 않아도 저절로 좋은 글이 나왔고, 여사말예(餘事末藝)라도 흉중에서 흘러나오지 않음이 없었다. 세밀하게 보면 불교와 도교의 같음과 다름 사이에서 있음과 없음을 넘나들고, 거칠게는 패관소설(稗官小說)의 넓고 큼이 역력히 꿰뚫지 못한 것이 없었다.[112]

라고—과연 그렇다. 우리가 그의 문집을 열독(閱讀)할 적에 제일 많이 눈에 비치는 것이 악부(樂府)·가곡(歌曲)·잡영(雜詠) 등이며 〈무산고(巫

---

112 不期工而自工者矣……雖餘事末藝, 何莫非此箇胸中流出耶……精而竺聃同異之際, 出有入無, 粗而稗官小說之叢談天彫龍, 靡不歷歷貫穿.

山高)〉·〈연연편(燕燕篇)〉·〈월녀행(越女行)〉·〈채상행(採桑行)〉·〈비파행(琵琶行)〉 같은 것이 아니면 〈왕소군(王昭君)〉·〈두견제(杜鵑啼)〉·〈오서곡(烏棲曲)〉 등이어서 우리는 이를 통하여 그가 감상적 즉흥시인이었음을 알 수 있다. 그뿐 아니라 서포(西浦)와 북헌(北軒)은 소설에 대하여 탁월한 견해를 가져서 서포의 《만필》에

《동파지림(東坡志林)》에 말하였으되 여항(閭巷)에 설서가(說書家)가 있어서 삼국사(三國事)를 말할새 현덕(玄德)이 졌다고 하면 눈물을 흘리는 자 있으며 조조(曹操)가 패하였다고 하면 통쾌작약(痛快雀躍)하나니, 이것이 나씨(羅氏)《연의(衍義)》의 권여(權輿)[113]인지 알 수 없다. 인제 진수(陳壽)《삼국지》와 온공(溫公)《통감》[114] 같은 것으로는 읍체(泣涕)할 자 없으니, 이것이 통속소설(通俗小說)을 쓰는 이유라.

라고 한 것이다. 이는 문예의 가치와 그 대중적 효과를 명백히 말한 것이요, 종래 학자 샌님들이 소설을 맹목적으로 배척한 데 비하면 운니(雲泥)의 차(差)가 있고, 동시에 소설가로 본 서포옹(西浦翁)의 위치를 규정할 수 있다. 그리고 그는 조선사람이 한문·한시를 흉내 내는 것은 앵무지

---

113 시초(始初) 또는 시원(始元).

114 온공(溫公)은 사마온공(司馬溫公)으로도 불리는 사마광(司馬光),《통감》은《자치통감(資治通鑑)》을 각각 가리킴.

언(鸚鵡之言)과 같으니 왜 조선인은 조선말로 쓴 문학을 갖지 못하느냐고 동(同)《만필》에 논(論)하여있다. 어디까지든지 국민문학가(國民文學家)였다. 또 대중을 위해 노래를 읊고 소설을 쓰는 것이었다.《북헌잡설(北軒雜說)》에 그가 정음(正音)으로 쓴 시조를 즐긴 예를 들어 말하되

> 정송강(鄭松江)의 〈사미인사(思美人詞)〉는 참 가작(佳作)이어서 김청음(金淸陰)이 매우 이 사(詞)를 좋아하여 노복(奴僕)으로 하여금 송습(誦習)시켰다. …… 이 사는 속언(俗諺)으로 지은 것인데 군신이합(君臣離合)을 남녀애증(男女愛憎)에 비하여 방축울읍(放逐鬱悒)한 흉회(胸懷)를 서술하여 심정(心情)이 충결(忠潔)하고 어조가 비장(悲壯)하기는 굴원(屈原)의 〈이소(離騷)〉와 필적(匹敵)할 것이므로 우리 서포옹이 일찍이 이 사를 별책(別冊)에 등사하여 두고 서명(書名)을 〈언소(諺騷)〉라고 칭하였다.

언문(諺文)이란 원래 사군자(士君子)의 일고(一顧)도 하지 않는바 아무리 언문으로서 걸작의 시가 있다 할지라도 〈언소(諺騷)〉라고까지 명명하기는 서포가 아니면 힘 드는 일이다. 나는 이 점에 있어서 서포옹을 조선 고대의 유일한 국민문학가(國民文學家)[115]라고 선양(宣揚)한다.

---

115 원저의 '문학가(文學家)'를《동아일보》연재 시 표현대로 '국민문학가(國民文學家)'로 수정함.

북헌 김춘택(金春澤)은 어떠한 사람인가? 북헌은 그 종조(從祖)인 서포에게 학(學)을 배웠고, 그의 《잡설》을 보더라도 서포의 연문예(軟文藝)를[116] 배운 한 사람이다. 소성(素性)이 탕달(蕩達)하여 낙척불우(落拓不遇)로 일생을 시종하였으니 그는 무관(無冠)의 명사(名士)로서 벌써 십여 성상(星霜)을 적소(謫所)에서 보내게 되어, 북헌으로서는 한 소한지책(消閑之策)으로 문예 방면에 나서서 제일보로 착수한 것이 《남정기》의 한역(漢譯)이다. 그러나 제이보로 무슨 작품을 내었느냐 하면 다시 대답할 자료가 없으나, 오늘날 작자의 서명이 없는 소설을 가지고 어느 것이 북헌의 작이라고 단언할 수는 없을망정 적어도 《남정기》의 한역 같은 것은 얼마라도 할 수 있는 소질을 가졌다. 그뿐 아니라 북헌은 《서유기》·《수호전》에 대해 "기변굉박(奇變宏博)하다"[117]고 평하며 《남정기》를 "백성의 도리를 돈독히 하고 세상을 교화하는 데 도움이 되는 것"[118]이라고 논한 것으로 보아 문예에 대하여 정곡(正鵠)한 견해를 가졌던 것이며

언시(諺詩) 백여 구가 더욱 사람을 절도(絕倒)시킬 것은 일경(一鏡)이

---

[116] 원저의 '서포를'을 《동아일보》 연재 시 표현대로 '서포의 연문예(軟文藝)를'로 수정함.

[117] 원저의 "기변굉박(奇變宏博)한 승작(勝作)이라"를 《북헌집》 해당 부분의 원문 "西遊水滸之奇變宏博"에 맞게 "기변굉박(奇變宏博)하다"로 수정함.

[118] "敦民彝裨世教者."

니 촉하(燭下)에서 초출(草出)해서 동복(童僕) 명손(明孫)으로 하여금 정서(精書)시켜 가송(歌誦)케 하니 그 가사가 비록 성궁(聖躬)을 무훼(誣毁)하였지마는 어조(語調)만은 절창인지라 춘택(春澤)의 작이라더라 운운(云云).¹¹⁹ (《수문록(隨聞錄)》)

이로 볼지라도 북헌은 또한 언시(諺詩)를 탐음(耽吟)한 문인이었다. 불우의 재자(才子)이던 북헌이 도리어 국민문학에 끼친 위적(偉績)은 부정할 수 없다.

제4절 명작《구운몽》의 고구(考究)

경개

형산(衡山) 연화봉(蓮花峯)에 숨어 있는 육관대사(六觀大師)의 제자 성진(性眞)이 스승의 명으로 동정용왕(洞庭龍王)에게 사자(使者)로 가다가 도중에 팔선녀(八仙女)를 만나 유연(柔軟)한 정(情)을 통하고 돌아온 후로 선불(禪佛)의 학(學)이 진취(進就)되지 아니하니 대사가 대로(大怒)해서

---

119 이 인용문은 주술 관계가 정연치 못해 오해의 소지가 있지만, 원저에 쓰인 대로 놔둔다. 《수문록》을 보면 "춘택의 작이라더라 운운"은 어떤 사람이 "누구 작이냐?"고 질문한 데 대해 김일경(金一鏡, 1662~1724)이 한 말이다. 하지만 그 사람은 춘택이 아직 머나먼 유배지에서 돌아오지 못했는데 어찌 백여 구의 언문가사를 쓸 겨를이 있었겠으며 썼다 한들 멀리 있는 남에게 보여줄 수 있었겠느냐고 의문을 품는다.

156

성진과 팔선녀를 지옥에 보냈더니 염왕(閻王)이 연석(憐惜)히 여겨 특히 용서하고 인간세계[120]로 보내었다. 성진은 그날 회남(淮南) 양처사(楊處士) 부인의 임산(臨産)에 당하여 재정환발(才情煥發)한 양소유(楊少游)로 환생하여 간 곳마다 반화절류(攀花折柳)를 희롱하여 팔선녀의 후신(後身)으로 인간각처(人間各處)에 헤어져 난 화주(華州) 진채봉(秦彩鳳), 낙양(洛陽) 명기(名妓) 계섬월(桂蟾月), 강북(江北) 명기 적경홍(狄驚鴻), 경사(京師) 정소저(鄭小姐)와 그의 시비(侍婢) 춘운(春雲), 황매(皇妹) 난양공주(蘭陽公主), 토번(吐蕃) 자객(刺客) 심요연(沈裊煙), 용녀(龍女) 백능파(白凌波)를 취(娶)하고 소년에 장원으로 급제하여 하북삼진(河北三鎭)과 토번(吐蕃)의 난을 평정하니 천자가 부마(駙馬)로 연왕(燕王)을 봉하시고 소유는 부귀공명과 일세향락(一世享樂)을 마음대로 하다가 소유와 팔부인(八夫人)은 호승(胡僧)의 설법에 돈오(頓悟)하여 다시 옛날의 팔선녀가 되어 극락세계로 돌아갔다.

《구운몽》에서 보여주는 두 가지의 특징은
1. 이 현실적 고락은 전생에 범한 업행 여하에 의하여, 또는 그에 비례해서 받는 것이요,
2. 일부다처주의의 합리화 그것이다.

이 《구운몽》이란 작품을 통해서는 김만중 때의 시대색(時代色)이랄까

---

[120] 원저의 '극락세계'를 '인간세계'로 바로잡음.

또는 조선색(朝鮮色)이라고 할 것을 발견하기는 곤란하다. 이 두 가지의 특징도 동양적 봉건사회에 상유(常有)한 사상으로서 하필 이 작품에만 한한 것은 아니다.

불교로써 염색한 동양 각국의 봉건사회는 일찍부터 이러한 세계관으로, 따라서 이러한 숙명론으로 침윤되어있기 때문에 성진 시대의 업행이 인(因)이 되어 현실의 과(果)로 양소유가 되어 나온 것이요, 이 양소유는 생시(生時)에 선업(善業)을 잘 했으므로 극락세계로 간다는 생각을 낳는다는 것이다. 양소유는 귀족이다. 양소유 일인의 호화스러운 팔선녀 생활을 계속하기 위해서 몇천 몇만의 농노들이 기한(飢寒)에 고민하지 않으면 안 된다는 것을 망각할 수 없다. 양소유는 전생에 선업을 했으니 현실에 귀족이 된 것이요 농노는 전생에 악업을 했으니 현실에 농노가 된 것이라고, 그러니까 이것은 팔자라 인력으로 어찌할 수 없는 것이라고, 암만 노력을 할지라도 농노는 농노밖에 못 된다고, 그럴 리가 있는가? 가령 팔선녀로 말하더라도 벌써 일개의 귀공자 양소유에게 모든 인권을 짓밟히고 있지 않은가. 그들은 때때로 여성적 비애를 숙명으로 보기는커녕 도처에 양소유에 대한, 또는 일부다처에 대한 회의와 불평을 품고 있다.

그러나 소전(所詮)[121] 인간의 향락은 가현(假現)이요 환몽(幻夢)이라는 것이다. 그리고 부부의 인연도 과거에서 현재에, 현재에서 미래에 영원

---

121 필경, 결국은, 어차피.

히 연속된 것으로 가연(佳緣)은 천정(天定)한 것이라는 신념이 소위 '사주팔자'라는 것과 함께 견고한 숙명적 관념을 이루어서 성진과 팔선녀는 벌써 전생에 결연(結緣)되어 현세에서 환생하여 다시 부부가 되어 갖은 고락과 휴척(休戚)을 함께 하다가 다시 옛날의 성진과 팔선녀로 변하여갔다고 하는 심리소설(心理小說)이다. 그러나 형산 연화봉에서 성진과 팔선녀가 결연한 것이든지 토번 정벌을 향하다가 용왕의 향연에 참여한 것 같음은 지구상에 존재한 천국을 그린 것이다. 이것은 유불선 3교가 혼합한 상태로 민간신앙이 되어 있는 증거이다. 지상의 낙원과 천상의 선경이 혼합된 상태는 멀리《목천자전(穆天子傳)》·《한무제내전(漢武帝內傳)》과 당대(唐代) 소설, 특히《유의전(柳毅傳)》으로부터 근고(近古)의《서유기》·《전등신화》에서 많이 보는 것이며, 조선의 고대소설에 있어서도 태반이나 이와 같다.

 《구운몽》이란 작품이 아무리 천재신술(天才神術)로 창작되었을지라도 의거(依據) 없이 일조일석에 된 것은 아니요, 나는 이에 대하여 독단적이지마는《적강칠선임호은전(謫降七仙林虎隱傳)》의 설화의 내용이《구운몽》과 혹사(酷似)하여 송나라 소주(蘇州) 사람 임호은(林虎隱)을 주인공으로 하고 그를 위요(圍繞)한 6명의 여성이 숙세(宿世)의 인연으로 한 집에 모여들어 일세영화(一世榮華)를 못할 것 없이 다 하다가 다시 구름을 타고 하늘로 올라갔다는 이야기이니《구운몽》에 대해서《칠운몽(七雲夢)》이라고 하여도 좋겠으며《구운몽》에 비하면 분량도 적고 장회소설(章回小說)도 아니요 구상(構想)도 섬밀(纖密)치 못한 곳이 많으며 서명(書名)조차 모모전(某某傳)이라는 원시적 표제(表題) 이므로 《구운몽》의 남본(藍本)이나 아닌가 한다. 혹은 《임호은전》도 서포의 작이 아닌지 알 수 없다. 다음에 《구운몽》과 인연이 제일 가까운 것은 《장국진전(張國鎭傳)》이니 (《장국진전》은 일명 《모란정기(牧丹亭記)》임).

1. 소녀(小女) 계향(桂香)의 시비(侍婢) 초운(楚雲)과 정소저(鄭小姐)의 시비 춘운(春雲)은 인명과 성격이 근사한 것
2. 장국진(張國振)이 여복(女服)을 입고 이소저(李小姐)의 집에 들어가 봉구황곡(鳳求凰曲)을 주(奏)한 것은 양소유(楊少游)가 정소저(鄭小姐)를 유인하던 수단과 같고
3. 벽산왕(碧山王)의 딸 일지홍(一枝紅)은 《옥루몽(玉樓夢)》(《구운몽》의 자매작)의 만왕(蠻王)의 딸 일지련(一枝蓮)과 인명과 지위와 성격이 같고
4. 기타 설화의 대통(大統)이 서로 같다.

《장국진전》은 그동안 서명(書名)이 여러 번 변한 것으로 보아도 연대가 상당히 오랜 듯하여 《임호은전》과 《장국진전》 같은 것이 분본(扮本)이 되어 《구운몽》이 된 것은 아닌가 생각한다. 마지막으로 나는 《구운몽》이야말로 조선 사회사정 사전이라고 말하고 싶다. 기실은 나보다 먼저 게일(Gale) 박사가 《The Cloud Dream of the Nine》의 서(序)에

쓰되

《구운몽》은 진면목(眞面目)한 극동지식(極東知識)의 계시(啓示)이니 그 문장과 어구의 기교(奇巧)하다는 것보다도 극동적 사상과 취미의 신앙적 해석에 있어서 한층 더 문학적 성가(聲價)를 발휘하고 있다.

라고 하였다. 긍경(肯綮)에 적중한 말이다.

제5절 《구운몽》의 번안, '몽'자류의 유행

조선에서 《구운몽》이란 몽자소설이 일어난 지 오륙십 년 후에 중국(청조)에서는 조설근(曹雪芹)이라는 풍류문인이 세계적 대작 《홍루몽(紅樓夢)》(일운(一云) 《석두기(石頭記)》)을 지었다. 《홍루몽》을 비조로 하고 다수의 모방작이 생겨났으니 남양씨(南陽氏)의 《홍루부몽(紅樓復夢)》, 조오(曹塢)의 《속홍루몽》, 보산씨(普山氏)의 《홍루몽도영(紅樓夢圖詠)》, 형석산민(荊石山民)의 《홍루몽산투(紅樓夢散套)》, 모진산인(慕眞山人)의 《청루몽(靑樓夢)》과 그 외에도 《홍루환몽(紅樓幻夢)》, 《홍루증몽(紅樓增夢)》, 《홍루몽보(紅樓夢補)》, 《후홍루몽(後紅樓夢)》 등이 그것이다. 그리하여 《홍루몽》의 연구로서 홍학(紅學)이 유행하는 형편이다.

조선에도 《구운몽》을 시조로 하고 그의 번안이 영조·정조 시대까지 성행해서 《옥린몽(玉麟夢)》·《옥련몽(玉蓮夢)》·《옥루몽(玉樓夢)》 등의 저작이 배출하였으나 모두 한자로 기록되었고 그런 중에도 한학자들이 될 수록 중국식으로 중국인의 저작과 다름이 없게 하고자 한 것이므로 한 취가 농후하여 중국문학으로서는 성공일는지 모르나 조선소설상으로 보면 그다지 중대한 의의를 가진 것이 아니요, 한자를 알지 못하는 일반 대중에게는 전연 몰교섭이었으므로 그의 존재까지 널리 알리지 못하게 되었다. 원래 소설을 사갈 같이 보던 유학국(儒學國)에 하물며 저자 이름을 등한시하여온 조선의 학원(學園)에서 가장 서생에게 많이 읽힌 양(梁) 주흥사(周興嗣)의 《천자문》과 이조(李朝) 박세무(朴世茂)의 《동몽선습(童蒙先習)》이 그 작자를 아는 이가 적은 곳에서야 대안지화(對岸之火) 같이 보이는 한자소설의 작자가 누구인지 알 수 있을까? 하물며 작자는 사회사정에 의하여 그와 같이 대작을 세상에 보내고도 전부 익명하였음에랴! 그러므로 《옥린몽》이니 《옥루몽》이니 하는 대작이 모두 작자가 미상하다. 《옥루몽》의 작자에 대하여도 일정치 못하니

 1. 남익훈(南益薰)의 작이라고 전하는 말.

 2. 홍진사(洪進士) 모(某)의 작이라고 전하는 말.

 만일 남익훈의 작이라고 하면 그 생존 시—현종·숙종 때에 되었을 것이므로 《구운몽》과 같은 연대에 되었을 것이나, 《구운몽》은 당초에 한글로 지은 소설이므로 국민문학의 가치에 있어서 《옥루몽》의 비할 바가 아니다. 그러나 《옥루몽》은 그 체재와 구상이 도리어 《구운몽》을 병탄(倂呑)하고 몽자소설을 집대성한 느낌이 있으니 양원수(楊元帥)를 위요(圍繞)하고 있는 강남홍(江南洪)·벽성선(碧城仙)·일지련(一枝蓮) 등

의 사람을 쏘는 듯한 매력과 천하를 경영코자 하는 재지(才智)가 적경홍(狄驚鴻)과 계섬월(桂蟾月)의 유(類)와 동일에 논할 것이 아니요, 애인을 위하여 죽기를 사양치 않는 열정과 국가를 위하여 만군(萬軍) 중에 뛰어드는 용기와 가실(家室)을 화합시키는 지혜, 모든 순미(純美)한 성격을 함께 가지고 있는 여성 묘사에 성공하였다. 그런데 《옥루몽》의 서문에

> 우리 옥련자(玉蓮子)의 《옥루몽》 일편을 즐겁게 읽으라.[122]

하였으니 옥련자는 어떠한 사람인가? 《옥련몽》의 벽두에 있는 남정의(南廷懿)의 서(序)에 "조부 담초공(潭樵公)의 유고(遺稿)라"라고 하였는데 담초는 약천(藥泉) 구만(九萬)의 오대손 남영로(南永魯)의 호이다. 옥련자는 《옥루몽》의 작자도 아닌가? 《옥련몽》도 양원수를 중심으로 하고 강남홍·벽성선·일지련 등의 여성이 일실(一室)에 모여 화합하고 번영을 한 것인즉 다만 그 분량이 적을 따름이요 《옥루몽》과 동서(同書)라고 하여도 과언이 아닐지니 옥련자와 남담초가 동일한 사람인지 알 수 없고, 그는 또 《옥련몽》·《옥루몽》의 작자인지는 알 수 없다. 《옥루몽》은 《옥련몽》의 후신인 동시에 《옥련》의 저자가 《옥루》로 개작하였는지 알 수 없으며, 혹은 근거 없는 전설이지마는 홍진사 모가 이 개작에 간참(干參)

---

122 快讀我玉蓮子之玉樓夢一篇.

하였는지도 알 수 없다.

제6절 《남정기》 소고(小考)

경개

명나라 가정(嘉靖) 연간이다. 순천부(順天府) 유한림(劉翰林)의 정실 사씨(謝氏)는 숙덕(淑德)과 재학(才學)이 원비(圓備)한 사람이었지만 출가한 지 9년 동안에 자녀가 없어서 한림을 권하여 첩 교씨(喬氏)를 맞아 성례(成禮)하였다. 교첩은 흉음(凶淫)하기 짝이 없는지라 문객(門客)을 사축(私畜)하고 정실을 참소(讒訴)[123]하니 집을 쫓겨나게 된 저 사씨는 남으로 남으로 끝없는 길을 걸어서 유랑하다가 회사정(懷沙亭)·황릉묘(黃陵廟)를 지나며 아황(娥皇)·여영(女英)을 만나보아 괴로운 앞길에 광명의 암시를 보았다. 그러자 교녀(喬女)의 모든 흉계가 일시에 탄로되어 한림은 교첩과 그 문객을 일시에 집어버리고 다시 사씨를 찾아다가 정실로 삼고 한림은 승상으로 영진(榮進)하여 문호(門戶)가 번영하였다.

이 소설은 필경 숙종의 마음을 감동시켜 폐비 민씨를 다시 복위케 하고 임시로 비위(妃位)를 빼앗고 있던 장씨로 다시 희빈(禧嬪)을 삼아 방축(放逐)하였다 하니, 대저 조선에는 이와 같은 목적소설이 적지 아니

---

123 원저의 '참묘(讒廟)'를 '참소(讒訴)'로 수정함.

하다. 《옥루몽》에 자주 과시법(科試法) 개혁을 논한 것이든지 《조생원전(趙生員傳)》과 《구운몽》에 제일부인과 공주 사이의 질투를 논한 것이든지 모두 풍간(諷諫)의 뜻을 포함한 것 아님이 없다. 종래 소설의 대부분은 군담이 아니면 영웅이 전쟁과 연애에 성공한 공리담(功利譚)이었으나 《남정기》에서는 누누이 요첩(妖妾)의 폐해를 진술하고 인간계의 실생활에 처하여 현실에 접근한 묘사를 하였다. 그리고 《남정기》가 그와 같은 풍자소설이었을수록 작가의 기능이 탁월한 것을 추지(推知)할 수 있으며, 《삼국연의》의 효과가 진수의 《삼국지》보다 훨씬 승(勝)하다고 주장하던 서포의 의사에 있어서 이로써 면간(面諫)보다 승하겠다고 생각할 것이 아닐까? 《남정'기'》라는 명칭은 작자 미상한 《동선기(洞仙記)》의 '기'와도 같다. 《동선기》는 서문적(西門勣)과 동선(洞仙)의 정사(情事)를 기록한 것으로 내용에 두 사람의 왕복서신이 많고 이 작자가 병모(病母)를 위로코자 하룻밤에 지었다고 전하는 말도 있는 것으로 보아 또한 서포의 작이 아닌가 의심한다. 《반씨전(潘氏傳)》도 《남정기》의 아류일 것이다.

제3장 동화·전설의 소설화

국경선을 초월하고 세계인류를 한 집 식구와 같이 융통(融通)케 한 것은 위대한 문화의 힘이요 문화는 어느 계급의 독점과 어느 국가의 전유를 용서치 아니하여 도처에 전파되었으니 문화에 들어 네 것 내 것이 당초부터 없으며 인류의 정신생활은 본디부터 세계적이었다. 그 가장 재미있는 증거를 각국에 떠돌아다니는 동화(童話)와 전설(傳說)의 전파성에서 볼 수 있으며, 본디부터 제 나라 고유한 것이라고 오랫동안 믿어오던 것도 자세히 상고하여보면 수백 년, 수천 년 전 혹은 짐작할 수 없는 아득한 옛날에 서로 전파되어온 것임을 안다. 조선의 옛말이라는 것도 분명히 찾으면 외국에서 들어온 것이 많으며, 그는 알지 못하는 사이에 흘러들어 천연스럽게 멀끔한 조선 이야기 노릇을 하고 있는 것이 더욱 많으며, 우연히 서로 같은 것도 있겠지마는 분명히 어느 나라에서 발원하여 어느 나라를 경유하여 조선에까지 유전(流傳)하였는지 명백한 것도 있으니 우리네의 정신생활이 어떻게 오랜 옛날부터 세계적 분량(分量)을 가졌던 것인지 새삼스럽게 놀라지 않을 수가 없다. 모든 문화의 교차점이요 저수지인 만큼 동화·전설도 풍부히 모여들어 비에른손(Bjørnson)·안데르센(Andersen)·그림(Grimm)과 같은 동화집은 없을망정 《어우야담(於于野談)》·《지봉유설(芝峯類說)》·《대동야승(大東野乘)》·《대동패림(大東稗林)》과 같은 수필물(隨筆物)과 유서(類書) 속에는 간간이 그 편영(片影)을 보이고 있거니와 그와 같은 동화·전설은 우리나라에 들어와서 몇백 년, 몇천 년 동안에 서로 유전(流傳)하는 사이에 우리네의 문화와 조화하고 우리네의 풍속·관습·신앙·전설 등과 절충하여 구래(舊來)의 원형을 변하여버리고 점점 가극(歌劇)·타령(打鈴)·강담(講談)·소설(小說)의 유(類)에 변천하여버렸다. 인제 가극·소설의 유로 변형한 자(者)를 들어 고구(考究)코자 한다.

제1절 《장끼전》(《웅치전(雄雉傳)》)

단순한 가곡(歌曲)의 형식이요, 웅치(雄雉)가 자치(雌雉)의 흉몽(凶夢)으로써 간(諫)하는 말을 듣지 아니하고 엽자(獵者)의 이두(餌豆)를 먹고 죽으니 자치는 수절하기를 그만두고 참새·소리개들과 혼의(婚議)를 하다가 결국은 다시 장끼를 만나 약혼하여 자손이 창성하였다는 이야기이니, 문체(文體)는 3·4·3·4의 변려문(騈儷文)이요 과백(科白)[124]이 분명하

---

[124] 배우가 연극 중에 하는 말. 대사(臺詞).

다. 예컨대 그 권두(卷頭)에

건곤(乾坤)이 조판(肇判)할 제 만물이 번성하여 귀할손 인생이요 천할 손 금생(禽牲)이라…….

《웅치전(雄雉傳)》은 우리에게 세 가지 의미를 보여준다.

(가) 부녀의 말에도 삼분(三分)의 도리가 있거늘 가장 된 체면에 과도히 오만하여 집사람의 충언을 듣지 아니하다가 죽어버렸다는 비유로 볼 것이니, 평민문예(平民文藝)의 측면사상(側面思想)으로 볼 것이다.

(나) 탐관오리와 사리조전(射利釣錢)하는 특권계급의 운명을 풍유(諷喩)하고 시대의 적폐에 대한 냉소 그것이니, 평민문예의 정면사상(正面思想)으로 볼 것이다.

(다) 남편 죽은 부녀가 수절할 필요가 없다는 야유(揶揄)요 까투리(자치(雌雉))가 다른 금조(禽鳥)와 결혼을 택한 것은 또 조선의 여항(閭巷)에 전하는 쥐도지[125]의 혼사에 관한 옛말과 간접적으로 관련하여 있는 것 같다. 〈쥐도지의 혼사〉는 유몽인(柳夢寅)의 《어우야담》에 "은진미륵 밑에 사는 땅쥐가 잘난 딸을 두고 천지풍운(天地風雲)과 미륵에게까지 구혼하다가 필경 땅쥐에게 결혼하고 말았다"고 전하는 설화인데, 이것과

---

125 두더지, 땅쥐.

일본의 무주법사(無住法師)의 《사석집(砂石集)》에 있는 〈서(鼠)의 가입(嫁入)〉과 강백구(岡白駒)의 《기담일소(奇談一笑)》에 있는 노서부부(老鼠夫婦)의 설화와 인도의 《판찬탄트라》·《히토파데사》·《마하바라타》 등속에 있는 쥐 이야기는 모두 기원을 같이한 설화이며, 더욱 강잉(强仍)하여 이와 같은 예를 중국에 구하면 한대(漢代) 악부(樂府) 속에 있는 〈치자반가(雉子班歌)〉일 것이다.

이유원(李裕元)의 관극시(觀劇詩) 〈애여장(艾如張)〉 제3령(令)에 다음 구절이 나온다.

雪積千山鳥不飛(설적천산조불비): 온 산에 눈 쌓여 새가 날지 않는데,
華蟲亂落計全非(화충난락계전비): 꿩들이 어지럽게 내려앉아 셀 수 없네.
拋他兒女丁寧囑(포타아녀정녕촉): 아녀자의 간곡한 말 저버리고,
口腹區區觸駭機(구복구구촉해기): 구구하게 배 채우려다 덫을 건드렸네.
(《가오악부(嘉梧樂府)》)

제2절 《콩쥐팥쥐》

조선의 대표적 민담(民譚)으로 가정의 갈등을 제재(題材)로 한 것인데, 그의 내용과 고유명사 같은 모든 것이 조선적 정태(情態)와 정조(情調)를 그대로 드러낸다.

경개

내외 양주가 살다가 콩쥐라는 한 딸을 남기고 어머니는 죽었다. 남편은 후실(後室)을 데려오니 그 후실은 덤받이 딸 팥쥐라는 것을 데리고 왔다. 그 계모와 의매(義妹) 팥쥐는 모두 심술이 불량하였다. 계모가 하루는 콩쥐에게 나무호미를 주면서 먼 데 있는 돌서덜밭을 매라고 하였다. 나무호미가 부러지고 체읍(涕泣)만 하고 있는 콩쥐 앞에는 난데없는 암소가 한 마리 나와서 쇠호미를 주어서 콩쥐는 용이하게 그날 일을 마쳤다. 또 하루는 구멍 있는 독에 물을 채우라고 명하니 두꺼비가 그 구멍을 받쳐주어서 용이히 물을 채웠다. 이 기적에 배를 앓는 모녀는 두 사람이 먼저 잔칫집에 가면서 벼 한 섬, 피 한 섬을 찧고 오라고 하니 선녀가 내려와서 모두 찧어준다. 콩쥐는 기쁨에 넘쳐 잔칫집에 가다가 마침 한 내에 당도하였는데 뒤에서 순력(巡歷) 다니는 감사(監司) 행차의 벽제소리가 대단하매 겁결에 신을 물에 떨어뜨렸다. 감사는 그 곡절을 살펴 알고 그를 후처로 삼았다. 계모와 팥쥐는 그가 일조(一朝)에 귀한 몸이 된 것을 시기하고 다시 흉계를 생각하여 연화(蓮花) 구경하러 연당(蓮塘)에 가자고 하고는 그냥 못에 밀쳐 넣어 죽였다. 그리고 팥쥐가 변장하고 콩쥐 노릇을 하여 감사의 주부(主婦)가 되었다. 그 후 감사는 연못에 나온 꽃을 꺾어다가 물병에 꽂으니 팥쥐가 출입할 적마다 머리를 잡아 뜯으므로 팥쥐는 그 꽃을 아궁이에 넣었다. 그 근처 할미가 불씨를 얻으려고 오니 아궁이에 오색구슬이 있으므로 가지고 돌아갔더니 신비하게도 그는 화(化)해서 때때로 콩쥐가 되어 나타난다. 할미는 어느 날 감사를 초대하고 성찬을 벌였는데 젓가락이 하나는 길고 하나는 짧아서 감사는 불쾌를 느낄새 그러자 콩쥐가 면전에 막 나서며 말하기를 젓가락의 장단((長短)은 알면서도 콩쥐·팥쥐의 구별은 못 하느냐고 책하고 그 사유를 아뢰니 감사는 그제야 알고 계모와 팥쥐를 중벌에 처하였다.

이는 서양에 널리 유행하는 선고담(仙姑譚)인 《신데렐라(Cinderella)》와 동계(同系)의 설화이니, 이 이야기 혹은 이를 좀 변작(變作)한 유화(類話)는 서양 각국에 많이 유행하여 영국의 민속학회에서 이것을 모아서 일권(一卷) 서(書)로 출판한 일도 있으며, 페드로수 씨가 포르투갈 고담(古談) 30편을 모은 중에 이 형(型)에 속하는 것이 3편이었다. 독일의 그림, 프랑스의 페로[126]가 모두 이를 기재하였다. 동양에서도 천여 년 전 당(唐) 단성식(段成式)의 《유양잡조속집(酉陽雜俎續集)》 권1에 남방(南方) 오성인(吳姓人)의 가정에 생긴 사실은 곧 이것이다.

세계 대확포(大擴布) 설화의 공동한 모형이 있어서 수평적 유이(流移)의 전(前)에 수직적 분열(分裂)을 하는 관계가 있음을 알겠다. (육당(六堂)의 〈괴기(怪奇)〉 제2호 참조)

---

[126] 원저의 '페늘'을 '페로'로 수정함.

제3절 《서동지전(鼠同知傳)》
(일명 《서용전(鼠勇傳)》·《서옹전(鼠翁傳)》·《서옥설(鼠獄說)》)

경개

진시황 시절이다. 천축산(天竺山) 만경대(萬景臺) 밑에 별건곤(別乾坤)이 있고 거기는 많은 쥐가 사는데 그 어느 동리(洞里)에 빈부(貧富) 두 쥐가 살았다. 부서(富鼠) '서대쥐'는 자주 빈서(貧鼠) '다람쥐'를 구휼하였으나 염치없는 다람쥐는 더욱 농량(農糧)을 구걸할 따름으로써 대쥐는 다음부터 주지 아니하니 이에 분개한 다람쥐는 구은(舊恩)을 잊어버리고 관가에 무고하되 "서대쥐가 저의 집 양식을 전부 강탈하였습니다"라고! 잡혀간 서대쥐가 사뢰되 "저는 조부가 경북 밀양에 침입한 왜구를 파(破)하고 작록(爵祿)을 받아 세세호거(世世豪居)하다가 제가 99세 적에 5자2녀를 모두 횡사(橫死)시키고 처가 병상에 누웠으며, 양식 강탈을 하였다는 말 같은 일은 물론이요 모두 다람쥐가 무고한 것입니다"라고 애소(哀訴)하니 태수(太守)가 다람쥐를 형벌하고 대쥐를 연송(宴送)하였다.

이는 염치없이 구걸만 하고 자기의 손으로 노동하여 먹지 아니하는 사람을 징계(懲戒)한 것이며, 조부가 밀양에서 왜구를 격파하였다는 문구로 보아서, 혹은 서명(書名)이 여러 가지로 변한 것으로 보아서 숙종 선후에 어느 영남 문인의 손에 된 듯하고, '천축산 만경대'라고 한 것을 보면 인도로부터 전입(傳入)한 듯하다. 중국에도 《이원(異苑)》에

서역(西域)에 쥐의 왕국이 있는데 큰 쥐는 개만 하고 중치는 토끼만 하다. …… 장사꾼이 그 나라를 지나가는 일이 있을 때에 먼저 사당에 제사를 올리지 않으면 그 사람의 옷을 물어뜯는다.[127]

라고 한 것을 보면 중국에 서국설화(鼠國說話)가 있었고, 일본에도 덕천(德川) 초기에 된 《은리(隱れ里, 가쿠레자토)》라는 소설이 있으니 또한 서(鼠)에 관한 것이다. 임제(林悌)의 《서옥설(鼠獄說)》도 쥐 이야기로써 되었다.

제4절 《두껍전》
(일명 《섬동지전(蟾同知傳)》·《섬처사전(蟾處士傳)》)

가정(嘉靖) 연간이다. 기주(冀州) 옥포산(玉抱山)에 오복(五福)이 구전(俱全)한[128] 장(獐) 선생님이 경연(慶宴)을 열고 산군(山君) 백호(白虎)를 제(除)한 외에는 모든 짐승을 모두 초대하여 처음 자리를 정할 적에 연령순으로 할새 모두 연장(年長)을 다투고 결정치 못하여 토(兔)·호(狐)·섬(蟾) 등의 논쟁이 열렸다. 그중 한구석에 가만히 앉아 있던 두꺼비가 자기의 일생과 경륜을 토로하여 가장 연장자라고 사연(四筵)을 설복(說伏)

---

127 西域有鼠王國, 鼠之大者如狗, 中者如兔……商估有經過其國, 不先祈祀者, 則齧人衣裳也.
128 원저의 '꾸즌한'을 '구전(俱全)한'으로 수정함.

시키고 파연곡(罷宴曲)을 주(奏)한 이야기이다. 이 설화는 조선 민간에 또한 광포(廣布)되어 어느 사이에 소설화하여 박연암(朴燕巖)의 〈민옹전(閔翁傳)〉에도 인용되었으니

"영감님은 나이가 많은 사람도 보았겠군요?"
"보았네. 내가 아침에 숲속에 들어가니 두꺼비와 토끼가 서로 제 나이가 많다고 다투더군. 토끼가 두꺼비에게 '내가 팽조(彭祖)와 동갑이니 너는 나보다 늦게 태어났어'라고 말하니 두꺼비가 머리를 숙이고 훌쩍거리며 울더군. 토끼가 깜짝 놀라서 '왜 그리 슬퍼하느냐?'고 물으니 두꺼비가 이렇게 말하더군. '나는 동쪽 이웃집 어린아이와 동갑인데, 그 아이는 다섯 살 적에 벌써 글을 읽을 줄 알았지. 그 아이는 천황씨(天皇氏) 때에 태어나서 인년(寅年)에 역사를 시작했는데, 수많은 왕과 황제를 거쳐 주(周)나라에서 왕통이 끊어지면서 책력 하나를 이루었지. 진(秦)나라와 한(漢)나라, 당(唐)나라를 지나 송(宋)나라와 명(明)나라가 아침저녁처럼 바뀌었네. 이처럼 모든 사변(事變)을 겪는 동안 기뻐하기도 하고 놀라기도 하고 죽은 이를 슬퍼하며 저세상으로 보내기도 하면서 지루한 세월을 보내다가 오늘에 이르렀네. 그런데도 오히려 귀와 눈이 밝아지고 이빨과 머리털이 나날이 자라고 있어. 그 아이만큼 나이가 많은 사람은 없을 거야. 그런데 팽조는 기껏 팔백 세를 살고 일찍 죽어 세상을 별로 보지 못했으니 겪은 일이 많지도 않고 오래지도 않았을 테지. 이 때문에 내가 슬퍼하는 거야.' 이에

토끼가 두 번 절하고 뒷걸음질하면서 '그대가 나의 할아버지뻘이오' 하더군. 이로 미루어 본다면 글을 많이 읽는 자가 가장 오래 사는 사람이지."[129]

이 쟁장설화(爭長說話)는 인물 표준이 재덕(才德)에 있고 문벌(門閥)에 있지 않다는 것을 표명한 것이며, 섬동지(蟾同知)의 침묵(沈默)하고 목눌(木訥)한 것은 기변교언(奇辯巧言)보다 승(勝)하며, 질박(質朴)하고 변폭(邊幅)을 수식치 아니함은 도리어 호기 있고 경박한 무리를 당(當)한다는 것으로, 토구경주(兎龜競走)에서 거북이가 이긴다는 설화와 동일한 근원인 듯하다.

제5절 《별주부전》《토끼전》
(일명 《토의 간》·《토생원전》·《토끼타령》·《토별산수록(兎鼈山水錄)》)

조선에서 가장 흔한 동화라면 《흥보(興甫)와 도보(盜甫)》(《흥부와 놀부》)와 《토생원전(兎生員傳)》을 반드시 꼽는다. 토간설화(兎肝說話)도 누구

---

129 翁能見長年者乎, 曰見之, 吾朝日入林中, 蟾與兎爭長, 兎謂蟾曰, 吾與彭祖同年, 若乃晚生也, 蟾俛首而泣, 兎驚問曰, 若乃若悲也, 蟾曰, 吾與東家孺子同年, 孺子五歲乃知讀書, 生于木德, 肇紀攝提, 迭王更帝, 統絶王春, 純成一曆, 乃閏于秦, 歷漢閱唐, 暮朝宋明, 窮事更變, 可喜可驚, 吊死送往, 支離于今, 然而耳目聰明, 齒髮日長, 長年者乃莫如孺子, 而彭祖乃八百歲, 盇夭閱世不多, 更事未久, 吾是以悲耳, 兎乃再拜郤走曰, 若乃大父行也, 由是觀之, 讀書多者, 最壽耳.

나 조선 고유한 것으로 생각하지만 그도 인도의 불경에서 연원을 소구(遡究)할 수 있다. 《본생경(本生經, 자타카)》에 이런 이야기가 있다.

예전 해중(海中)에 한 용왕(龍王)이 살았다. 그 마누라 용이 새끼를 배었는데 원숭이의 염통을 간절히 먹고자 하였다. 그 남편이 마누라 병세가 심상치 아니함을 보고 하도 딱하고 기가 막혀 간곡하게 물었다. 무슨 병이며 무엇이 먹고 싶으냐고 하였다. 마누라의 대답이 당신이 그대로 시행하겠다면 소회(所懷)를 이르려니와 그렇지 못할진대 말하면 무엇 하겠느냐고 한다. 남편의 말이 말만 하면 무엇이든지 되도록 하여보겠노라고 하였다. 마누라는 원숭이의 염통이 먹고 싶다고 한즉 남편은 바다에 사는 우리가 산중에 있는 원숭이를 무슨 수단으로 잡느냐고 하였다. 마누라 말이 이 일을 어쩌면 좋소, 그것을 못 얻어 먹으면 낙태(落胎)하고 나도 목숨을 보존할 리가 없다고 한즉 남편은 그 길로 바다에서 나와서 커다란 나무 위에서 과실을 한창 따 먹고 있는 원숭이를 만났다. 용의 말이 당신 계신 곳이 그다지 좋아 보이지도 아니하고 남은 열매도 많지 못하니 내려와서 나만 따라오면 좋은 길을 인도하여 건너편 해변에 훌륭한 수림(秀林)이 있고 갖은 수목에 맛있는 열매가 더덕더덕 붙었는데 내가 당신을 그리로 인도한다고 하였다. 원숭이는 기뻐서 용의 잔등에 업혀 물속으로 들어가다가 용이 원숭이를 잡아가는 실정(實情)을 토(吐)한즉 원숭이는 놀라서 염통은 나무 위에 놓은 채 그대로 왔으니 얼른 다시 그리로 돌아갑시다 하고 말하였다. 용은 그 말대로 육지에 내다놓은즉 원숭이는 뛰어 나무 위로 올라가서 내려오지 아니하고 깔깔 웃으며 조롱만 하였다.

이와 같은 이야기는 《별미후경(鱉獼猴經)》에도 자라와 잔나비의 사이에 동일한 설화가 있다. 이 이야기 덕에 신라 시절에 김춘추(金春秋)가 호굴(虎窟) 같은 고구려에 들어갔다가 간신히 목숨을 보존하였다는 사실이 《삼국사기》에 적혀 있다.

옛날 동해 용왕의 딸이 심장에 병이 생겼는데 의원이 하는 말이 토끼의 간을 얻어 약을 지으면 병을 고칠 수 있다고 했소. 그러나 바다 속에는 토끼가 없으니 어찌할 도리가 없었소. 그때 거북이 하나가 용왕에게 "제가 그것을 얻어 올 수 있습니다"라고 하였소. 거북이는 육지에 올라와 토끼를 보고 말하기를 "바다 속에 섬이 하나 있는데 거기에는 맑은 샘과 흰 돌이 있고, 무성한 숲과 아름다운 과실이 있으며, 추위와 더위가 없고, 매와 솔개도 침범하지 못한다. 네가 그곳에 갈 수만 있다면 걱정 없이 편안히 지낼 수 있을 것이다" 하였소. 그러고는 토끼를 등에 태우고 헤엄쳐 이삼 리쯤 가서 토끼를 돌아보고 "지금 용왕의 따님이 병이 들었는데 반드시 토끼 간으로 약을 지어야 하므로 수고로움을 마다하지 않고 이렇게 너를 업고 가는 것이다" 하였소. 그러자 토끼는 "아! 나는 신명(神明)의 후예이므로 몸에서 오장(五藏)을 꺼내 씻어서 다시 넣을 수 있다. 일전에 심장이 좀 타는 느낌이 있어서 간과 심장을 꺼내 씻어서 잠시 바위 밑에 놔두었다. 그런데 너의 감언(甘言)을 듣고 그대로 오는 바람에 간이 아직 거기에 있다. 어찌 돌아가 간을 가져오지 않겠는가? 그렇게 하면 너는 구하는 것을 얻게 되고 나는 간이 없어도 살 수 있으니 어찌 둘 다 좋은 일이 아니겠는가?" 하였소. 거북이가 그 말을 믿고 되돌아갔는데, 언덕에 오르자마자 토끼가 풀 속으로 도망가며 거북이에게 말하기를 "너는 참으로 어리석구나! 어찌 간이 없이 살 수 있는 자가 있겠는가?" 하였소. 거북이는 민망하여 아무 말도 못 하고 물러갔다고 하오. (《삼국사기》의 '김유신상(金庾信上)')[130] [131]

이와 같은 것은 일본에도 '수모(水母)와 원(猿)'[132]의 동화(〈구라게노 오쓰카이〉[133])로 있으니 인도의 용(龍)·원(猿), 별(鼈)·원(猿)과 일본의 수모·

---

130 昔東海龍女病心, 醫言, 得兎肝合藥則可療也, 然海中無兎, 不奈之何, 有一龜白龍王言, 吾能得之, 遂登陸見兎言, 海中有一島, 淸泉白石, 茂林佳菓, 寒暑不能到, 鷹隼不能侵, 爾若得至, 可以安居無患, 因負兎背上, 游行二三里許, 龜顧謂兎曰, 今龍女被病, 須兎肝爲藥, 故不憚勞, 負爾來耳, 兎曰, 噫, 吾神明之後, 能出五藏, 洗而納之, 日者小覺心煩, 遂出肝心洗之, 暫置巖石之底, 聞爾甘言徑來, 肝尙在彼, 何不廻歸取肝, 則汝得所求, 吾雖無肝尙活, 豈不兩相宜哉, 龜信之而還, 纔上岸, 兎脫入草中, 謂龜曰, 愚哉汝也, 豈有無肝而生者乎, 龜憫黙而退.

131 고구려에 들어간 김춘추가 신라 땅을 떼어 달라는 고구려왕의 요구를 거부하여 옥에 갇혀 있을 때에 고구려 조정의 한 신하가 김춘추에게 들려준 이야기다. 김춘추는 이 이야기를 듣고 깨달은 바가 있어 고구려왕에게 "신라에 돌아가 신라왕을 설득해보겠다"고 말하고 옥에서 풀려나 무사히 귀국했다고 한다.

132 '해파리와 원숭이'.

133 〈くらげのお使い〉. 〈해파리의 심부름〉.

원과 조선 신라시대의 토(兎)·구(龜)의 설화가 모두 근원을 함께한 것이다.

이 토구설화는 천여 년을 지나는 동안에 우리 향토에 있는 짐승으로 대용(代用)하여 있을 만한 사실로 수식해서 오늘의 토(兎)·별(鼈)의 설화를 짓고, 설화로써 다시 우스운 골계(滑稽)와 지저분한 해학(諧謔)을 가하여 된 것이 《토의 간》이요 《별주부전》이다.

민중이란 원래 잔소리 많기를 요구하므로 가장 널리 환영되어 《토끼타령》·《토별산수록(兎鼈山水錄)》이라는 명칭으로도 각처에 유행된다. 이유원(李裕元)의 관극시 〈중산군(中山君)〉 제4령(令)에

龍伯求仙遣主簿(용백구선견주부): 용왕이 선약(仙藥) 구하려 별주부를 보내려고
水晶宮闢朝鱗部(수정궁벽조인부): 수정궁에 뭇 어족이 모여 회의를 하네.
月中搗藥兎神靈(월중도약토신령): 달 속에서 약을 찧는 토끼가 신령하거늘
底事凌波窺旱土(저사능파규한토): 어찌하여 파도를 타고 육지를 엿보았나. (《가오악부(嘉梧樂府)》)

제6절 《흥부전》(일명 《놀부전》·《연(鷰)의 각(脚)》)

흥부·놀부 형제의 박 타는 이야기. 우리는 어려서 이 이야기를 어머니의 반짇고리 옆에서 듣고, 자라서는 광대 북 앞에서 듣고, 들을 뿐 아니라 연극을 보고, 책으로 외어서 뼈에 박이고 살에 들도록 연습한 것, 그리

고 특별히 조선 냄새가 무럭무럭 나는 이야기다. 그러나 우리는 그것조차 향토 특유의 것은 아니요 대륙으로부터 조선·일본에까지 광포(廣布)된 것인 줄을 알겠다. 일본의 〈설절작(舌切雀)〉·〈화소야(花咲爺)〉[134], 몽고의 〈박 타는 처녀〉의 설화가 그것이다. 인제 몽고의 박 타던 이야기를 예거(例擧)하면,

옛날 어느 때 한 처녀가 바느질을 하다가 처마 기슭에 집을 짓고 있는 제비 한 마리가 땅에 떨어져서 버둥거리는 것을 보고 불쌍히 생각하여 바느질하던 오색실로 감쪽같이 동여매어 주었다. 감사히 생각하고 날아갔던 제비가 얼마 뒤에 다시 와서 박씨를 떨어뜨렸다. 그 처녀가 그 박씨를 심었더니 커다란 박이 하나 열렸다. 굳기를 기다려 하루바삐 타본즉 금은주옥(金銀珠玉)과 갖은 보화가 쏟아져 나와서 금시에 거부(巨富)가 되었다. 그 이웃에 심술궂은 색시가 하나 있어서 이 말을 듣고 제 집 처마 끝에 집 짓고 사는 제비를 일부러 떨어뜨려서 뼈를 분지르고 실로 동여매어 날려 보냈더니 얼마 지나서 과연 제비가 박씨를 가져오니 땅에 심어 또한 커다란 박을 얻었다. 뻐개어본즉 야단이 났다. 무시무시한 독사가 나와서 그 각시를 물어 죽였다.

그러나 《흥부전》에서는 저 처녀와 이웃집 각시의 대신에 착한 동생

---

[134] 일본에서는 각각 〈舌切り雀〉·〈花咲か爺〉(또는 〈花咲かじいさん〉)라고 한다.

흥부와 심사 고약한 놀부로써 하였다. 흥부·놀부 형제의 거처는 분명히 전라·경상도의 경계라고 지목하였으며 '초상난 데 춤추기, 불붙은 데 부채질하기, 해산한 데 개·닭 잡기, 장에 가면 억매흥정하기, 우는 아기 볼기 치기, 늙은 영감 덜미 집기, 우물 밑에 똥 누기, 오려논에 물 터놓기, 잦힌 밥에 돌 퍼붓기……' 따위 악인의 악습을 열거하는 등 모두 조선의 인물·지명·풍습으로만 융화(融和)하여 향토적 색채를 농후하게 가지고 있으니 누구든지 향토 특유의 동화로 신(信)하는 것도 무리는 아니나 실은 세계에 공통한 문화적 존재라고 볼 것이다. 이는 전설이 희곡화한 것이니 건조무미한 처녀 각시의 박타령을 수입하여 착한 아우와 못생긴 형의 싸움에 유의(有義)하게 이용하여 철(鐵)로써 금(金)을 이뤘다. 착한 흥부의 번영과 악한 놀부의 몰락은 더욱 독자를 통쾌히 하며 경제의 충돌은 세기말적 윤리사상을 표현하였으니 사건발전은 너무도 완박(頑樸)하고 부자연(不自然)한 점도 있으나 세세한 점까지 신랄한 풍유와 골계로 묘사한 것은 《장끼전》과 함께 동화에서 소설화한 작품으로서는 완전히 성공된 것이다.

이유원(李裕元)의 관극시 〈연자포(燕子匏)〉[135] 제2령(令)에

江南社雨燕飛來(강남사우연비래): 강남에 봄비 오자 제비가 날아오고
匏子如罌萬物胎(포자여앵만물태): 항아리만 한 박이 만물을 품었네.

---

[135] 원저의 〈연자호(燕子瓠)〉를 〈연자포(燕子匏)〉로 바로잡음.

一富一貧元有定(일부일빈원유정): 부유하고 가난함은 원래 정해진 것이고

難兄難弟莫相猜(난형난제막상시): 누가 낫다 할 수 없으니 서로 시기하지 마세. (《가오악부》)

제7절 《삼설기》

《삼설기(三說記)》는 3권 6편으로 된 단편집이니

제1권 〈삼사횡입황천기(三士橫入黃泉記)〉·〈오호대장기(五虎大將記)〉

제2권 〈서초패왕기(西楚霸王記)〉·〈삼자원종기(三子遠從記)〉[136]

제3권 〈황주목사기(黃州牧使記)〉[137]·〈노처녀가(老處女歌)〉

1. 〈삼사횡입황천기〉의 경개와 고구

예전 낙양(洛陽) 동촌(東村)에 세 선비가 있어서 재학(才學)이 겸비하여 당세에 이름이 높았다. 하루는 세 사람이 백악산(白嶽山)에 올라 장안만호(長安萬戶)를 내려다보며 금준미주(金樽美酒)로 취흥이 도도(陶陶)하였다. 이때에 하루 천 명씩 사람을 잡아먹는 염라대왕이 천하의 태평으로 인하여 먹을 것이 없어서 백악산에 누운 세 사람을 잡아가니 최판관(崔

---

[136] 〈삼자원종기(三子遠從記)〉 대신 〈삼자원종기(三子願從記)〉라고 한 판본도 있음.

[137] 원저의 〈황주목사계(黃州牧使戒)〉를 〈황주목사기(黃州牧使記)〉로 수정함. 이를 〈황주목사계자기(黃州牧使戒子記)〉라고 한 판본도 있음.

判官)이 염왕에게 보고하였다. 판관은 '생사치부장(生死置付帳)'을 고람(考覽)하더니 십 년 후에 잡아와야 할 사람을 지레 잡아왔으므로 이 일을 염왕께 아뢰니 왕은 그 혼백을 다시 어느 재상집 가문에 점지하여주라고 명하였다. 이적에 세 선비는 왕께 호소하여 평생의 소원을 아뢰니 한 선비는 병조판서(兵曹判書)·표기대장(驃騎大將)을 원하고 한 선비는 장원급제로 팔도어사(八道御史)·대사성(大司成) 되기를 원하니 왕이 모두 서방정토(西方淨土)·극락정토(極樂淨土)로 가라고 명하였다. 마지막 한 선비는 인간생활의 모든 행복을 원하니 왕이 노해서 "그런 곳이 있으면 나도 염왕의 직을 던지고 그리로 가겠다"라고 하면서 크게 꾸짖었다.

이 같은 사상은 불교의 영향을 받은 동양문예(東洋文藝) 속에 많이 볼 수 있으니 《당태종입명기(唐太宗入冥記)》[138]를 비롯하여 명극(明劇) 〈착전륜(錯轉輪)〉에 이르기까지 중국에도 수많은 고담(古談)에 있지마는 단순한 사문(沙門) 설화에 많은 해학과 조선사상을 첨가하여 조선의 글자로 표현한 것과 특별히 인원을 3사(士)로 택한 것 등은 단순한 설화에서 많이 진전한 자취가 있다.

2. 〈오호대장기〉

벼슬이 대장(大將)에 이르고 당세 무용의 명성이 높은 양반이 있으니 좌

---

138 원저의 《당태종입동명기(唐太宗入洞冥記)》를 《당태종입명기(唐太宗入冥記)》로 수정함.

우 간신들이 모두 오호대장(五虎大將)에 비하였다. 그러나 그 부하(部下)에 있는 충직한 한 개 포수(砲手)는 그에 절대로 반대하였다. "장군의 무슨 행적이 족히 관우·장비·조운·마초·황충의 오장(五將)에 비견할 수 있느냐"고 육박(肉迫)하였다. 대장은 그제야 자기가 아유(阿諛)하는 부하에게 속았음을 깨닫고 직언하는 포수를 거천하여 대장의 지위를 양여(讓與)하고 간신을 모조리 처벌하였다.

이 편은 《삼국연의》의 오호대장의 무용을 찬송하는 동시에 영국 크누트 대왕의 퇴해담(退海談)과 중국 제(齊) 위왕(威王)의 봉즉묵대부(封即墨大夫) 사실(史實)[139]과도 방불한 풍간(諷諫)이다.

3. 〈서초패왕기〉

예전에 기품이 호일(豪逸)한 한 선비가 소년풍류(少年風流)로 각지에 방랑하여 수간(數間) 초옥(草屋)에 지나지 못하는 우미인(虞美人)의 묘우(廟宇)에 이르렀다. 미인의 곁에 초패왕(楚覇王)이 나면서 가택침입이라고 꾸짖었다. 그 선비는 대답하되 발산개세(拔山蓋世)의 기력으로 천하

---

[139] 원저의 '대즉묵대부(對即墨大夫)'를 '봉즉묵대부(封即墨大夫)'로 수정함. '봉즉묵대부 사실'은 제(齊) 위왕(威王)이 지방관 중 잘 다스리지 못하는 것으로 보고된 즉묵대부(即墨大夫)와 잘 다스리는 것으로 보고된 아대부(阿大夫)에 대해 직접 알아보니 사실은 그와 반대임을 알게 되자 아대부는 삶아 죽이고 즉묵대부에게는 봉작을 내렸다(팽아대부 봉즉묵대부(烹阿大夫 封即墨大夫))는 고사를 가리킴.

를 다투던 당년(當年) 영웅이 어찌하면 수간 초옥을 다투느냐고 저항하니 패왕이 부끄러워 달아나버렸다.

평: 체재로서는 〈금산사몽유록(金山寺夢遊錄)〉이나 〈몽결초한송(夢決楚漢訟)〉의 아류가 되겠다. 중국에서도 낙척불우(落拓不遇)의 재자(才子) 두목(杜牧)[140]이 패왕묘(覇王廟)에 들어가서 피아(彼我)의 환경에 느껴 크게 통곡한 일은 《산당사고(山堂肆考)》·《패정추(覇亭秋)》·《이신묘(泥神廟)》 제서(諸書)에 나타난다. 그러나 이는 통곡보다 논쟁이 많은 점에 기발(奇拔)하다.

4. 〈삼자원종기〉

또한 예전 시절이다. 송도(松都) 서울 시절에 세 제자를 가르치고 있던 한 도사가 하루는 그들에게 각각의 소원을 물었다. 한 아희는 소년등과(少年登科) 한림학사(翰林學士)로 이조판서와 평안·전라감사 되기를 원하고, 또 한 아희는 명산승지(名山勝地)에 집을 짓고 화조월석(花朝月夕)에 두목지(杜牧之)의 생활을 보내기를 원하고, 마지막 아희는 거부(巨富)로 일생을 보내기를 원하니 도사의 말이 "장차 너희들의 소원대로 될 터이니 각각 집에 돌아가 있으라"고 하였다. 그 후 세 사람은 과연 모두 숙망(宿望)을 달(達)하였다. 평안감사 된 선비는 신선이 되어 다니는 학우

---

140 원저의 '두묵(杜默)'을 '두목(杜牧)'으로 수정함.

(學友)를 삼십 년 만에 서로 만나서 반일(半日)의 한담(閑談)을 하였더니 그 반일은 실로 인간 팔십 년의 긴 광음(光陰)인 줄 몰랐다. 집에 돌아오니 아들도 백발이요 사방에 알 사람은 하나도 없었다. 그래 나라에 상소하니 왕이 기특히 여기시어 다시 평양감사를 삼았다.

5. 〈황주목사기〉

예전 동촌(東村) 이화정(梨花井)에 윤수현(尹壽賢)이라는 남행(南行)[141]이 있으니 세 아들 용필(龍弼)·보필(寶弼)·귀필(貴弼)을 두었다. 용필은 거만하고, 보필은 영리하나 동무의 충고를 듣지 아니하고, 귀필은 뒤숭숭한 도령님이었다. 황주목사(黃州牧使)가 된 윤수현은 "용필·보필은 장래에 실패하고 귀필은 성공하리라"라고 말하더니 그 후에 그 말이 과연 부험(符驗)하였다.

6. 〈노처녀가〉

옛날 전신(全身)에 갖은 병이 있어서 마흔 살이 되도록 시집가지 못한 노처녀가 있어서 밤낮으로 비분(悲憤)한 노래를 음탄(吟嘆)하고 있더니 그 근처에 있는 김도령(金都令)과 결혼한 후에는 먹은 귀가 밝아지고 병신 발을 능히 쓰니 혼인한 지 10삭(朔) 만에 옥동자를 낳아 눕히고 아들은 모두 영웅이었다. 가곡(歌曲)으로 된 기록이다.

---

141 문음(門蔭) 등 과거 이외의 경로로 관리가 된 사람.

《삼설기(三說記)》라는 칭호는 어째서 생겼는지 알 수 없다. '삼사(三士)'·'삼자(三子)'의 삼(三)이라면 다른 편(篇)에는 제목에 삼(三) 자가 없으니 이를 설명할 수 없고, 그렇다고 편수(篇數)도 아니다. 혹은 〈오호대장기〉·〈서초패왕기〉·〈노처녀가〉 같은 것은 후인(後人)의 찬입(竄入)이나 아닌지? 하여간 상당히 오랜 작품이다.

제8절 《적성의전(翟成義傳)》
(일명 《적성의(狄成義·赤聖義)》)·《육미당기(六美堂記)》와 그의 번안

1. 《적성의전(翟成義傳)》의 경개

산천이 수려한 강남 안평국(安平國)이었다. 왕후의 병세가 위독을 전(傳)함에 장자(長子) 적항의(翟抗義)는 어머님의 병을 심상(尋常)하게 보고 있고 차자(次子) 적성의(翟成義)는 일야(日夜)로 근심하여 성의가 아니고는 그 병을 구할 이가 없었다. 도사가 와서 '일영주(日映珠)'가 있으면 구한다고 하니 성의는 일영주를 구하고자 서천(西天)으로 향하였다. 오랜 시일을 걸려 갖은 풍파와 싸우며 갖은 고초를 맛보아 중로(中路)에 있는 많은 요마(妖魔)와 싸워가면서 약수(弱水) 삼천리를 지나 서천에 이르러 금강경천불존사(金剛經天佛尊師)에게서 약을 얻어 가지고 돌아오다가 동생의 성공을 시기하는 형 항의가 거느린 무사 일행을 만나 상륙하기 전에 성의 일행은 모두 죽고 성의는 형의 칼에 맞아 안맹(眼盲)이 되어 파선(破船)된 한 조각나무에 의지하여 초나라 죽림(竹林) 속에

표착(漂着)하였다. 마침 안남(安南)으로 사절(使節) 갔던 중국 사신 호승상(胡丞相)을 만나 중국으로 들어가서 천자의 사랑을 받아 공주와 금소(琴簫)의 벗이 되었다. 항의는 동생의 약을 빼앗아 가지고 돌아가 모후(母后)의 병을 치료하였으나, 밤낮으로 성의를 생각하는 모후는 소식이 하도 궁금하여 성의가 일찍이 사랑하던 기러기의 발에 편지를 매달아 부치니 기러기는 바로 중국으로 건너가서 공주가 거(居)하는 완월루(翫月樓)에 떨어뜨리니 공주가 그 편지를 읽으매, 성의는 환희 끝에 눈이 열려 공주와 혼인을 이루고 과거에 응하여 장원급제하고 금의(錦衣)로 고국에 돌아와서 항의를 굴복시키고 부모께 다시 뵈고 다시 중국에 들어가서 승상이 되었더니 천자가 안평국 왕세자를 봉하여 고국에 돌아왔다.

2. 《적성의전》의 고구

성의의 효성과 성의의 맹안이 다시 열린 것은 《심청전》과 좋은 대조라고 할 것이며, 현장(玄奘)의 서천취경(西天取經)을 전부 환상(幻想)으로 서술한 《서유기》와 같이 적성의의 서천취약(西天取藥)도 전연(全然) 상상의 세계를 가구(假構)하였으며, 성의가 출생한 안평국조차 지구상에는 존재치 아니한 나라이고, 기러기의 전신(傳信)과 성의의 표류도 조선에서는 드물게 보는 불취(佛臭)가 농후한 표류담이다. 표류담이라면 누구든지 로빈슨 크루소 혹은 신드바드를 연상하겠지만 항행 중의 기적을 탐험(探驗)함을 목적한 것이 아닌 만큼 그와도 유(類)가 다르다. 다만 작자의 의도가 웅대한 것만은 십분 경용(傾聳)¹⁴²할 여지가 있으니 안평국과 중국, 안평국과 서천, 현실계와 약수 삼천리를 포괄한 광대한 세계에 기상(奇想)을 마음대로 다한 자이다.

3. 《김태자전(金太子傳)》과 《육미당기(六美堂記)》

운고(雲皐) 김재육(金在堉)(?)의 저(著) 《육미당기(六美堂記)》 3책(冊)은 방대한 저술로서 《김태자전》은 그 초역(抄譯)에 불과한 것이다.¹⁴³ ¹⁴⁴

《김태자전》은 《적성의전》의 후신인 듯하며 상하권 16회로 된 장편이다. 《김태자전》에는 분명히 연대와 국명을 지적하였으니 "신라 소성왕(昭聖王)의 왕후 석씨(石氏)가 병이 위급함에 태자 소선(簫仙)이 보타산(普陀山) 자죽림(紫竹林)에 가서 약을 얻어 가지고 돌아오다가 서형(庶兄) 세징(世徵)의 칼에 맞아 맹목(盲目)이 되어 표류하다가 유구국(琉球國) 왕 백문현(白文賢)의 구호로 당(唐) 덕종 때에 당에 들어가서 어머님의 서신을 얻어 눈이 열리고 부마원수(駙馬元帥)가 되었다가 소성왕의 훙거(薨去)한 후에 신라왕이 되었다." 이것이 《김태자전》의 대통(大統)이다. 《적성의전》보다는 훨씬 체재와 내용이 정돈되어 최근 문예의 색

---

142 귀를 기울이고 세워서 들음.

143 (원저의 권말 주석) 운고(雲皐)가 서유영(徐有英)인가 김재육(金在堉)인가 당사후고(當俟後考, 마땅히 훗날의 고증을 기다림).

144 훗날의 고증에 의해 《육미당기》의 작자는 김재육이 아니라 서유영임이 정설로 굳어졌다.

채를 가지고 있다. 서중(書中)에 '제주태수(濟州太守) 적성의(狄成義)'라는 이름이 보이는 것으로 보아도 《적성의전》에서 《김태자전》으로 변하여온 것을 용이히 수긍케 한다.

제9절 《심청전》의 연구

1. 《심청전》의 경개

황해도 황주군(黃州郡) 도화동(桃花洞)의 명족(名族)에 심학규(沈鶴圭)라는 이가 새로 장님(맹인(盲人))이 되었다. 그의 현처 곽씨(郭氏)는 아름다운 딸 심청(沈淸)을 나은 후 즉시 중병을 얻어 한(限) 있는 명수(命數)를 어찌할 수 없이 이 세상을 버렸다. 학규는 어린 아기를 안고 집집에 다니면서 젖과 밥을 빌어 십 년을 하루 같이 길렀다. 그 후 심청은 열다섯 살부터 스스로 밥을 빌어다가 아버지를 효양하며 여가만 있으면 재봉과 학행을 오로지 배워서 희세(稀世)의 효녀라고 명성이 책책(嘖嘖)하니 무릉동(武陵洞)에 사는 장승상(張丞相) 부인이 양녀를 삼고자 하였으나 심청은 맹부(盲父)의 곁을 잠시도 떠날 수가 없다고 거절하여버렸다. 하루는 몽운사(夢運寺)에 있는 주지승 한 사람이 공양미(供養米) 삼백 석만 불전(佛前)에 제공하면 맹안(盲眼)이 열린다고 말하니 이 말을 들은 심학규는 뒤를 생각할 겨를도 없이 권선장(勸善帳)에 '삼백 석 심학규'라고 기입하였다. 아버지의 근심을 안 심청은 벌써 삼백 석을 절에 바쳤다. 원래 서울서 수십 명의 상고(商賈)가 임당수(臨堂水)의 선로(船路)가

위험하므로 십오 세 된 처녀를 구하여 생지(生贄)를 드리고 수로(水路)를 안전히 하고자 하던 차에 심청은 공양미 삼백 석에 이 사람들에게 몸을 판 것이었다. 심청은 약속한 그날에 임당수에 몸을 던지니 상제가 사해용왕(四海龍王)을 명해서 대효(大孝) 심청을 옥련화(玉蓮花)에 싸서 임당수 물 위에 반환(返還)시켰다. 선인(船人)들은 대리(大利)를 얻어 가지고 돌아오다가 물 속에 뜬 천상연화(天上蓮花)를 천자에게 드리니 실은 연화가 아니요 사랑스러운 처녀 심청이었다. 왕은 즉시 왕후를 삼고 그 맹부를 찾고저 맹인연(盲人宴)을 열었으나 기다리는 아버지 학규는 오지 아니하였다. 학규는 애처(愛妻)와 효녀를 잃고 뺑덕이라는 흉악한 계집을 맞아 생활할새 뺑덕은 학규의 여비까지 빼앗았던 것이었다. 학규는 빌어먹으면서 그 연석(宴席)에 참여하였다. 심청은 일일이 점고(點考)하다가 그 말석에 금시 와서 앉는 것이 그의 아버지인 줄을 알았다. 아버지라고 부르짖는 심청의 목소리에 깜짝 놀라서 학규의 눈은 열렸다.

2. 《심청전》형 설화의 분포

《춘향전》과 함께 조선에서 가장 많이 노래하며 애독되는 소설인 《심청전》까지도 그 설화의 모형(母型)이 각국에 분포되었음을 알겠다.

(가) 인도의 전동자(專童子)·법묘동자(法妙童子)의 전설이 너무도 이와 혹사하니 인제 전동자의 전설을 예거하면,

예전 천축향희국(天竺香喜國)에 전동자(專童子)라는 미소년이 있었다.

어려서 모친을 잃고 빈고(貧苦)와 노병(老病)으로 장님 된 아버지를 섬겨서 효심이 돈독하여 일찍이 큰 기근이 있을 때에 자선장자(慈善長者) 법묘(法妙)의 집에 팔만사천 인의 시행(施行)이 있음을 듣고 맹부(盲父)를 이끌고 가서 진휼(賑恤)을 받았으나 돌연히 대원(大願)을 발(發)하여 만일 아버지의 안정(眼精)을 회복할 수 있다면 후일 부귀한 때에 법묘장자(法妙長者)처럼 자선을 근본으로 하고 만승공양(萬僧供養)을 할 것을 맹서하다가 비통한 끝에 기절하여버렸다. 이 지효(至孝)는 불천(佛天)을 감동하여 명부(冥府)의 염왕(閻王)은 다시 인간(人間)으로 환송하기를 명하였다. 그럼으로 동자는 급자기 소생하니 애자(愛子)의 송장을 안고 기막혀 처울던 노부(老父)는 더할 수 없이 기뻐서 동자(童子)가 염불하는 '나무아미타불'이라는 소리 한마디에 맹부의 눈은 다시 열리고 동자는 법묘장자의 뒤를 이어 어느 지방의 장관(長官)까지 되었다. 현생안온(現生安穩) 후생선소(後生善所)는 염불의 공(功)이다 운운(云云).

(나) 일본에도 소야희(小夜姬)(사요히메, 합3책(合三冊))라는 독본이 있으니 그의 대통(大統)은 이러하다.

예전 대화국(大和國) 송포곡(松浦谷) 호판(壺坂)에 송포장자(松浦長者)라는 착한 사람이 관세음(觀世音)에 빌어 소야희(小夜姬)라고 이름 지은 옥녀(玉女)를 낳으니 희(姬)의 네 살 적에 장자(長者)는 36세를 일기로 돌아가고 예전 영화의 자취는 갈수록 흩어져서 희가 열여섯 살

때에 아버지의 보리(菩提)를 조상(吊喪)코자 하여 몸을 팔고자 하였다. 육오국(陸奧國)에 여러 해 묵은 대사(大蛇)가 횡포하는 못(지(池))이 있으니 사신(蛇神)에 공(供)하고자 연(年) 일차(一次)씩 미녀를 던져 생지(生贄)로 바치는 것이 지방의 관례였다. 금년 차례에 당(當)한 것은 그 지방의 유덕(有德)한 이장(里長)의 독녀(獨女)였지마는 그 애녀(愛女)를 연석(憐惜)히 여겨 대신에 생지로 넣을 여자 하나를 구하였다. 소야희는 사금(砂金) 오십 냥에 몸을 팔기를 허락하고 아버지의 제(祭)를 위하여 5일간의 유예를 얻어가지고 돌아오니 어쩐 일인지 모르는 어머님의 기쁨은 비할 데 없었다. 5일 동안이라는 기한이 지나가고 희가 집을 떠나는 최후의 순간에 할 수 없이 어머님에게 실상을 고하니 경도(驚倒)한 어머님은 통곡 끝에 눈이 멀었다. 희는 비장한 각오로 못가에서 자기의 사(死)를 기다리고 있었다. 신주(神主)가 축사(祝詞)를 올리자 천지가 진동하고 백척(百尺) 대사(大蛇)가 현신(現身)하니 희는 가련한 자기의 가정(家情)을 말하면서 불경을 외었더니 대사는 처녀의 자색(姿色)으로 변하여 또한 말하되 "첩도 이세(伊勢) 이견포(二見浦)의 여아(女兒)인데 계모에게 밉게 보여 생지로 못에 들어 원념(怨念)이 사신(蛇身)이 되어서 지주(池主)가 되어 구백구십 년 동안에 생지 팔백여 인을 잡아먹었다"라고 하면서 희에게 용궁에서 제일가는 여의보주(如意寶珠)를 드렸다. 대사는 희를 대화국(大和國)으로 보냈는데, 대사는 본지(本地) 호판(壺坂)의 관음(觀音)이었다. 희가 향토(鄕土)를 찾아 여의주를 갖다 댄즉 어머님의 눈은 열리고 모녀 대면의 즐거운 눈물에 적셨다. 희는 대화국사(大和國司)와 결혼하여 수자(數子)를 낳고 불로불사(不老不死)의 덕(德)을 가져 근강국(近江國) 죽생도(竹生島)의 변재천녀(辨才天女)가 되었다.

이로써 인도 문화는 점점 동점(東漸)하여 반도로부터 일본 열도에 전파하였으며 반도의 위치가 그 양자의 중간에 있는 이상 조선에 있는 심청 설화도 어떠한 경로를 밟고 이전하였는지 추상(推想)하기가 어렵지 아니하다.

3. 《심청전》의 발생

《심청전》과 비슷한 설화는 조선에서도 망막(茫漠)한 예전부터 있는 듯하다. 더구나 지중(池中)에 생지를 던지는 이야기는 거타지(居陀知)의 용부변화(龍婦變化) 전설이 있고(《삼국유사》권2 참조), 안맹(眼盲)이 다시 열린다는 것은 《적성의전(翟成義傳)》·《양풍운전(楊豊雲傳)》에서도 볼 수 있고, 불전(佛典)에서는 많이 이러한 기적적 설법(說法)이 있다는 것이다. 그러나 이와 유사한 예를 사상(史上)에서 구한다면 삼국시대의 〈효녀지은전(孝女知恩傳)〉에서 볼 수 있으니

효녀 지은(知恩)은 한기부(韓歧部)의 백성인 연권(連權)의 딸인데 성품이 지극히 효성스러웠다. 어려서 아버지를 여의고 홀로 어머니를 모셨는데, 서른두 살이 되도록 여전히 시집가지 아니하고 아침저녁

으로 어머니를 잘 섬기고 그 곁을 떠나지 않았다. 그런데 봉양하기 위한 양식이 없자 어떤 때는 품도 팔고 어떤 때는 구걸도 하며 음식을 얻어다가 어머니를 모셨다. 그러한 날이 오래 되자 고달픔을 이기지 못한 지은은 부잣집에 가서 몸을 팔아 종이 되기를 청하여 쌀 십여 석을 얻었다. 종일 그 집에서 일해주고 날이 저물면 밥을 지어 돌아와 어머니를 봉양하였다. 이렇게 사나흘이 지나자 그 어머니가 딸에게 이르기를 "전에는 밥이 거칠어도 맛이 달았는데 지금은 밥이 좋은데도 맛이 예전만 못하고 마치 마음이 칼로 에이는 듯하니 이것이 무슨 일이냐?"고 하였다. 딸이 사실대로 고하니 어머니가 "나 때문에 네가 종이 되게 했으니 차라리 빨리 죽는 편이 낫겠다"며 목 놓아 통곡하니 딸도 따라 통곡하여 그 슬픔이 길 가는 사람들을 감동시켰다. 이때 효종랑(孝宗郞)이 나와 다니다가 이를 보고 돌아가 부모에게 청하여 집안의 곡식 백 석과 옷가지들을 실어다 주었다. 또 지은의 몸을 산 주인에게 몸값을 치러 지은이 다시 양민이 되게 하였다. …… 대왕이 이 일을 듣고 벼 오백 석과 집 한 채를 하사했으며 …… 그 마을을 효양방(孝養坊)이라 하여 널리 알려 칭찬했다.[145] (《삼국사기》 권48)

---

[145] 孝女知恩, 韓歧部百姓連權女子也, 性至孝, 少喪父, 獨養其母, 年三十二, 猶不從人, 定省不離左右, 而無以爲養, 或傭作, 或行乞, 得食以飼之, 日久不勝困憊, 就富家, 請賣身爲婢, 得米十餘石, 窮日行役於其家, 暮則作食歸養之, 如是三四日, 其母謂女子曰, 向食麤而甘, 今則食雖好, 味不如昔, 而肝心若以刀刃刺之者, 是何意耶, 女子以實告之, 母曰, 以我故使爾爲婢, 不如死之速也, 乃放聲大哭, 女子亦哭, 哀感行路, 時孝宗郞出遊, 見之, 歸請父母, 輸家粟百石及衣物予之, 又償買主以從良……大王聞之, 亦賜租五百石家一區……標榜其里曰孝養坊.

이와 같은 이야기는《삼국유사》'빈녀양모조(貧女養母條)'에도 있지만 이조에 들어서도 이러한 전설이 많이 유행하였으니 전남 옥과현(玉果縣) 성덕산(聖德山) 관음사(觀音寺)의 연기(緣起)는《심청전》의 설화와 너무도 혹사함에 놀라지 않을 수가 없다. 그 사적(事蹟) ―

충청도 대흥현(大興縣)에 원량(元良)이라고 부르는 맹인이 일찍 처를 잃고 홍장(洪莊)이라는 어여쁜 딸 하나를 유일한 의뢰(依賴)로 생활하여갔다. 원량이 하루는 밖에 나갔다가 홍법사(弘法寺) 중 성공(性空)을 만났더니 눈도 열리고 무슨 일이든지 축수한 대로 되는 법을 말하여주었다. 그리하여 집에 돌아와 그의 유일한 가족이요 애녀(愛女)인 홍장을 팔아주기로 하였다. 홍장은 나이가 꽃다운 열여섯 살! 어찌할 줄 모르고 소랑포(蘇浪浦)의 안두(岸頭)에서 쉬고 있을 적에 벽해(碧海)에 나타난 중국 선인(船人)들이 그 아름다운 자태를 보고 사서 배에 싣고 가서 황제께 드렸다. 때는 진(晋) 혜제(惠帝) 영강(永康) 정해(丁亥) 5월. 제(帝)는 황후가 방금 죽고 고적한 회포로 눈물이 곤의(袞衣)를 적실 적에 자주 새 황후가 동방에 있다는 길몽(吉夢)도 얻고 있었다. 실로 이 선인들은 혜제가 보낸 사자(使者)들이었다. 홍장은 새로 황후가 되어 본국을 잊지 못하여 세 짝 배에 관음(觀音)을 싣고 동국(東國)으로 건너보내게 하여 그 배가 표류하여 도착한 곳이 즉 옥과현(玉果縣) 성덕사(聖德寺)의 기지(基址)이다. 원량은 공덕(功德)에 의하여 눈이 열렸다. 운운.

그리고 이 절은 옹정(雍正) 7년에 연기문(緣起文)을 지을 적까지 상동(上棟)에 '대명홍무칠년중창(大明洪武七年重創)'이라고 쓰여 있었다. 이 연기문을 쓴 백매자(白梅子)도 이 말을 장로(長老)에게 들었다고 한즉 옹정 7년 이전에 이 연기(緣起)와 같은 설화가 글로서는 존재치 않았던 듯하며, 따라서 《심청전》 이야기는 삼국시대로부터 고려, 이조의 초엽까지 전하면서도 문자에 나타나기는 옹정 7년 이후의 일이며, 거금(距今) 117년 전에 고창군(高敞郡) 신재효(申在孝) 씨가 《심청가》를 노래하였다고 한즉(조운(曹雲) 씨 고증, 《신생(新生)》) 《심청전》의 발생도 효종에서 정조까지의 일인 듯하다.

4. 《심청전》 총평

무대를 황해도 황주군(黃州郡)으로 하고, 인명을 심학규(沈鶴圭)라고 하고, 몸을 팔아서라도 맹부의 효양을 공(供)하고자 함은 향토적 색채를 가장 농후(濃厚)케 한다. 작자는 '심청(沈淸)'을 이상화하고자 하여 상술(上述)한 내외국(內外國)의 모든 설화에서 보여주지 못하는 효성(孝誠)을 그렸다. 임당수에 나아가는 것과 맹인연(盲人宴)을 여는 것이 그것이다. '무릉(武陵)'·'도화(桃花)'의 두 동명(洞名)은 진(晋) 도잠(陶潛)이 지은 〈도화원기(桃花源記)〉의 '무릉도원(武陵桃源)'을 가져온 것[146]일지니 그

---

146 원저의 "도잠(陶潛)의 지은 무릉(武陵), 도원(桃源)으로 된 것"을 "도잠(陶潛)이 지은 〈도화원기(桃花源記)〉의 '무릉도원(武陵桃源)'을 가져온 것"으로 수정함.

지명이 빙거(憑據) 없음을 알겠다. 심청이 임당수로 떠나는 광경과 심학규의 맹목이 다시 열리는 광경은 비희(悲喜) 양면의 좋은 대조로서, 심청으로 하여금 금전(金錢)과 은의(恩義)의 충돌에서 죽게 한 것은 그 정경(情景)이 사람의 눈물을 내지 않고는 두지 아니하며, 사(死)에서 생(生)을 얻고 천(賤)에서 귀(貴)를 얻고 영별(永別)에서 해후(邂逅)를 얻은 희극(喜劇)은 인생의 최고(最高)한 희열일 것이니, 작자는 사람을 극단에서 울게 하고 극단에서 즐겁게 한 것이다. 그 기구한 심청의 전생은 《비파기(琵琶記)》에 나오는 채옹(蔡邕)의 정처(正妻) 우씨(牛氏)를 연상케 하나니 우씨가 그 시부모 공양을 위하여 노력한 것과 호일대(好一對)라고 할 것이다. 우씨는 사지(死地)에까지 나아가지 아니하였다.《비파기》의 가치와 《심청전》의 가치는 스스로 분변(分辨)이 있겠지마는 주인공의 이상화는 《심청전》에서 극(極)하였다. 그러므로 작자는 '전동자(專童子)' 대신에 순진하고 열정 있는 사람, 염미(艶美)하고도 재덕(才德) 있는 사람, 즉 '심청'이라는 여성을 특히 선택하였다. 장님 된 사람이 부(父)였기 때문에 효양하기 어려운 부녀간의 의리에 있어서 다시 여주인공의 개성을 더욱 환발(煥發)케 한다. 미천한 소녀로도 덕행의 응보로써 능히 왕후의 존귀를 누릴 수 있다는 것을 암시한 것도 '데모크라시' 정신의 일(一) 발로(發露)이다.

　문체는 가극체(歌劇體)이며 창희(唱戱)에 붙여서 실연하여 《춘향전》과 함께 조선 예원(藝苑)에 절대한 인기를 끌고 있으므로 그 독본의 종류도 상당히 많다.

《심청전(沈淸傳)》(한문본)

《심청전》(한글본 3종) (전주토판(全州土版) 1종)

《심청가》

《심청왕후전(沈靑王后傳)》(여규형(呂圭亨)본)

《강상련(江上蓮)》(신소설)

등이 있다. 가극체로 쓴 여규형 씨의 《심청왕후전》의 '청(青)' 자는 이 '청(淸)' 자로 고쳐야 할 것이다. 왜? 《심청전(沈靑傳)》은 대명성화(大明成化) 연간에 남경(南京) 명관(名官) 심현(沈賢)의 아들 심청(沈靑)의 일생을 기록한 것으로 심청(沈淸) 왕후와는 풍마우(風馬牛)의 관계[147]일지니 심청(沈淸)과 심청(沈靑)을 혼동치 말아야 한다. 《명미당집(明美堂集)》에 '청(青)'으로 쓴 것도 그 저자(이건창(李建昌) 씨)의 잘못이다. '영광 배희근(裵希根)은 광대인데 《심청가》를 부르니 비장감개(悲壯感慨)한 것이 근래에 드물다'[148]라 제(題)하고 2수 시를 읊되

裵伶一齣沈娘歌(배령일척심낭가)

광대 배희근이 심청가 한 단락을 부르면

四座無端喚奈何(사좌무단환내하)

....
147 '풍마우(風馬牛)의 관계'는 '서로 아무런 관계도 없다'는 뜻임.
148 靈光裵希根伶人也, 作沈靑歌, 悲壯感慨, 近所罕有.

좌중이 끊지 말고 모두 부르라 하니 어찌하랴.

楚岸帆回秋色遠(초안범회추색원)

초나라 바닷가에 돛배가 돌아오니 가을빛이 아득하고

漢宮簾捲月明多(한궁염권월명다)

한나라 궁궐의 주렴을 말아 올리니 달빛이 가득하구나.

鼓聲驟急全疑雨(고성취급전의우)

북소리는 휘몰아쳐 비 오듯 하고

扇影低垂半欲波(선영저수반욕파)

부채 그림자가 낮게 드리우니 물결 같구나.

休道笑啼皆幻境(휴도소제개환경)

웃기고 울리는 것이 모두 꾸민 것이라 말하지 마오.

百年幾向此中過(백년기향차중과)

백년 세월에 몇 번이나 이런 가운데 지나가는가.

我且停盃爾且歌(아차정배이차가)

나는 술잔 들고 너는 노래 부르고,

良宵如此可如何(양소여차가여하)

이같이 좋은 밤에 어찌하겠는가.

用心休恨知心少(용심휴한지심소)

마음 알아주는 이가 적다고 한하지 마오.

得意偏從失意多(득의편종실의다)

뜻을 얻으면 한편으로는 그에 따라 실의도 많은 법이니

冉冉高雲開翠幄(염염고운개취악)

서서히 흘러가는 높은 구름 사이로 푸른 하늘이 열리고

亭亭華月漾金波(정정화월양금파)

아름다운 달로 금빛 물결이 출렁이네.

酒闌忽憶人間世(주란홀억인간세)

술이 다하려 하매 문득 인간세상을 생각해보니

辛苦千山萬水過(신고천산만수과)

맵고 쓴 인생은 수많은 산과 물을 지나는 듯하네.

추재(秋齋) 조수삼(趙秀三)의 《기이(紀異)》에도 전기수(傳奇叟)가 《심청전》 등 전기(傳奇)를 읽는다고 하였다.

이유원(李裕元)의 《가오고략(嘉梧藁略)》[149]에 있는 관극시에는 〈화중아(花中兒)〉 제7령(令)이란 제하(題下)에

商船蝟集賽江神(상선위집새강신)

장삿배가 모여들어 강신(江神)에게 굿을 하려는데

天孝兒娘願賣身(천효아랑원매신)

하늘이 낸 효녀가 자기 몸을 팔고자 하네.

---

149 원저의 '《임하필기(林下筆記)》'를 '《가오고략(嘉梧藁略)》'으로 수정함.

貲貨能令參造化(자화능령참조화)

재물은 조화에 참여하게도 할 수 있으니

死人活後開盲人(사인활후개맹인)

죽은 사람이 살아나서 맹인의 눈을 뜨게 하네.

라고 읊었다.

제10절 《금독전(金犢傳)》·《와사옥안(蛙蛇獄案)》·《응앵송안(鷹鸚訟案)》

《금독전》(《금송아지전》·《금우태자전》)은 상술하였거니와 《와사옥안》은 이두문으로 되어 시사(時事)를 풍유(諷諭)한 공안물이다. 이 외에도 《꼭두각시전》·《현구기외사(玄駒記外史)》 등이 다 이 유(類)에 속할 것으로되 저자의 눈에 아직도 비치지 못하여 무어라고 말할 수 없다.

제6편

근대소설 일반

제1장 영정시대의 소설

제1절 영정시대 개관

이조의 문예는 세종 때에 발아하고 선조 때에 분얼(分蘖)하여 숙종 때에 지엽(枝葉)이 극번(極繁)하여 영정시대에 꽃이 피어 떨어지고 말았다. 영정시대란 영조·정조 양조 약 팔십 년 동안을 말함이다. 영정시대를 특히 획(劃)한 것은 영·정 양대 동안에 문화적 업적이 그의 전후와는 대차(大差)가 있는 발전과 특색을 보여줌으로 인함이다. 원인을 소구(遡求)하면

1. 영·정 양조께서 몸소 학문·문예를 좋아하신 것
2. 임란·병란 이후의 창이(瘡痍)가 얼마큼 회복하고 국운이 새로이 진흥한 것
3. 청조(淸朝) 고증학파의 소위 '실사구시(實事求是)'의 학풍의 영향을 받으며 다시 내적 부흥의 요구에 의하여 경제의 학풍이 심히

유행하는 것

4. 당론(黨論)을 탕평하고 강기(綱紀)를 숙청하며 기타 모든 문화제도가 유신적(維新的) 기운에 있는 것

등이다. 더구나 그 학풍에 있어서는 양란 이후에 자아(自我)라는 인식이 선명하여지면서 조선의 본질을 알고 실제를 밝히려 하는 경향이 날로 깊어져서 종래까지 과시(科試) 합격을 문인의 유일한 목적으로 삼고 성리(性理)의 연구를 유배(儒輩)의 유일한 직업으로 삼던 고습(痼習)은 일소되고, 효(孝)·현(顯)간에 유형원(柳馨遠)이 평생 조선의 실지(實地)를 연구하여《반계수록(磻溪隨錄)》 26권을 저술하니 고래의 사실(事實)에 의한 조선경제(朝鮮經濟)의 개조책(改造策)을 베푼 것이며 실학운동(實學運動)과 계몽사상(啓蒙思想)의 선구자였다.

그 후 이익(李瀷)·안정복(安鼎福)·신경준(申景濬)·이만운(李萬運)·유득공(柳得恭)·한치윤(韓致奫)·이중환(李重煥)·이긍익(李肯翊)·정항령(鄭恒齡) 같은 이가 배출(輩出)하여 실학의 풍(風)이 크게 진흥하여 정조 말에 다산(茶山) 정약용(丁若鏞)이 나서 그 집대성을 보였다. 이와 같이 자기에 대하여 엄정한 성찰이 진행됨을 따라 자국(自國)의 결함과 그의 교구책(矯救策)을 생각하는 풍이 일어나서 그중에 두드러진 것은 조선을 구하려면 먼저 경제적으로 손을 대어야 할 것이며 그리함에는 외국인의 실제생활상 장처(長處)를 배우고 특히 그 진보한 교통·무역의 실제(實際)를 본뜨자고 하는 일파이니, 우선 그 일파는 박지원(朴趾源)을 사

장(師匠)으로 하고 이덕무(李德懋)·유득공(柳得恭)·박제가(朴齊家)·이서구(李書九) 등 일대(一代)의 준모(俊髦)들이 중국의 실지(實地)를 답험(踏驗)하여 피아(彼我)의 우열을 변증(辨證)한 것인데 불행히 그 실현(實現)이 크지 못하였으나 일대(一代)의 인심(人心)을 자극한 바는 클 것이며, 그 대표적 의견은 박지원의 《열하일기(熱河日記)》와 박제가의 《북학의(北學議)》이다. (최육당(崔六堂)의 〈조선역사강화(朝鮮歷史講話)〉)

제2절 실사구시의 학풍과 소설의 유행

이조가 명(明)에 대하여 모화(慕華)의 염(念)이 굳세고 명학(明學)(주자학)을 신봉하여 국교(國敎)를 삼아 전연(全然) 그 날외(埒外)에 버스러짐을 허(許)치 아니하고 왕래사신(徃來使臣)의 제영창수(題詠唱酬)한 것은 방대한 《황화집(皇華集)》 50권(인조 때까지)에 달하였다. 그러나 애신각라(愛新覺羅)[150] 씨가 천하에 군림함에 미쳐서는 선만관계(鮮滿關係)가 아연 긴장하여 일(一)은 불공대천(不共戴天)의 원수요 일(一)은 북로조정(北虜朝廷)이라는 모멸(侮蔑)의 관념으로서 항상 반발할 기회만 엿보던 즈음에 청조의 영주(英主)[151] 강희(康熙)·건륭(乾隆) 2제(二帝)가 건설

---

[150] 원저의 '애친각라(愛親覺羅)'를 '애신각라(愛新覺羅)'로 수정함. '愛新覺羅'는 청나라 왕실 성(姓)의 만주어 발음(아이신교로(Aisin Gioro))을 한자로 음차해 쓴 것이다.

[151] 원저의 '영정(英正)'을 '영주(英主)'로 수정함.

한 고도문화(高度文化)와 놀라운 학풍에 악연(愕然)히 자기의 단소(短所)를 각성한 영정시대의 실학파(實學派)가 청초(淸初)에 융성한 연문예(軟文藝)에 대하여도 과연 무관심으로 있었을까? 연문예에 대하여 외면으로는 공격하면서 내면으로는 유일한 애독자였고, 번역자였고, 또 창작가(創作家)였다. 소설에 대하여도 변증(辨證)을 시작하였다. 《오주연문(五洲衍文)》에 의하면 《금병매》가 당시에 극히 드물어서 영조 51년(건륭 40년)에 영성부위(永城副尉) 신수(申綏)가 역관 이심(李諶)에게 의탁하여 그 일부(一部)를 사왔는데 은(銀) 한 냥을 주었다는 일화가 있으니 당시 고귀한 유학사회(儒學社會)에도 연파물(軟派物)의 갈망(渴望)이 얼마나 심하였는지 알 수 있으며, 안정복(安鼎福)의 《잡동산이(雜同散異)》 권3에는 《수호전(水滸傳)》·《모란정환혼기(牧丹亭還魂記)》·《제자차기(題紫釵記)》·《모성산종강서(毛聲山宗岡序)》·《남가몽기(南柯夢記)》·《한단몽기(邯鄲夢記)》 등의 서평(序評)을 초집(抄集)하여 당세 유림에 진중(珍重)되었음을 논하였고(동서 권7에는 《이견지(夷堅志)》 서(序)도 있다), 이덕무(李德懋) 같은 이도 그 자신은 소설을 배척하면서도 청조 연문학 수양이 깊은 《우촌곡화(雨村曲話)》의 작자 이조원(李調元) 등과 단금(斷金)의 교계(交契)가 있으므로 그의 감화를 받았는지 알 수 없으나 정조 2년 연경(燕京)에 가서 이어(李漁)의 《입옹일가언(笠翁一家言)》, 유수(鈕琇)[152]의 《고잉(觚賸)》, 종산(鍾山) 황주성(黃周星)의 《인천락전기(人天樂傳奇)》를

---

152 원저의 '紐銹'를 '鈕琇'로 바로잡음.

구입한 것도 자가당착이 심한 일이다(《청장관전서(青莊舘全書)》참조). 그뿐 아니라 《문양산인농제(汶陽散人弄題)》(이덕무의 작(作)?)의 《동상기(東廂記)》와 박연암(朴燕巖)의 《연암외전(燕巖外傳)》등 북학파 속에서 도리어 양으로 크고 질로 아름다운 작품을 많이 보여준다. 그와 전후하여 이익(성호(星湖))의 고제(高弟) 신후담(愼後聃)(하빈(河濱))이 열세 살에 《금화외편(金華外篇)》·《속열선전(續列仙傳)》을 짓고 그 후 《속수신기(續搜神記)》·《태평유기(太平遺記)》·《용왕기(龍王記)》·《해신기(海蜃記)》·《요동우신기(遼東遇神記)》·《홍장전(紅粧傳)》·《남흥기사(南興記事)》(4권)를 저술하였다고 하니 신하빈(愼河濱)도 또한 당시의 심상(尋常)한 작가가 아니었다. 그가 만년에 자모(慈母)의 병을 위로코자 하여 지은 바 《남흥기사》는 남송(南宋) 말의 망국적 비극을 전도(顚倒)한 것이니, 즉 원군(元軍)에게 패하여 중원을 잃어버린 제병(帝昺)은 멀리 해상(海上)으로 도망하여 자유의 나라 '남흥국(南興國)'에 이르렀다.

산수가 가려(佳麗)하고 폭풍취우(暴風驟雨)도 없는 평화의 나라! 자유의 나라! 아무 구속도 없이 자연으로 해방된 국가! 이곳이 제병(帝昺)이 여생을 마음대로 향락한 곳이었다. '남흥(南興)'은 실로 조선 최초의 파라다이스 기록이었던 것이다. 《홍길동전》에 나타나는 율도국(䃶島國)과 함께 실학파가 가슴에 그리던 이상향의 실제(實際) 기록일 것이다. 박연암(朴燕巖)이 중국 건륭 당년에 유행하던 희본(戲本) 명목(名目)을 그의 저 《열하일기》를 통하여 소개한 것도 이때의 일이다.

상술한 바와 같이 영정시대에는 청조를 적시(敵視)하면서도 그 문화만을 숭배하기 비롯하여 소설의 창작에 있어서는 그 태반은 모두(冒頭)에 "대명(大明) ✕✕ 연간에 한 정승이 있으니…"에서 출발하면서도 대청(大淸)이라는 글자에는 한 자(字)도 미친 일이 없으되 청조의 소설만은 산출되는 대로 수입하였으니 이덕무의 손(孫) 이규경(李圭景)의 《오주연문(五洲衍文)》에 인용한 청조 소설만 보아도

《부용정(芙蓉亭)》·《쌍거원(雙渠怨)》·《풍월수지(風月須知)》·《도화선(桃花扇)》·《홍루몽(紅樓夢)》·《속홍루몽(續紅樓夢)》·《속수호지(續水滸志)》·《봉선연의(封禪演義)》·《동유기(東遊記)》·《요재지이(聊齋志異)》·《열국지(列國志)》·《우초신지(虞初新志)》·《속금병매(續金甁梅)》

등이며 그 외에 '불가승기(不可勝記)'[153]라고 하였다. 이 당시에 또 한 가지 간과치 못할 것은 정종 7년에 세공사(歲貢使) 이승훈(李承薰)이 북경에 가서 포르투갈인 탕아립산(湯亞立山)[154]에게 천주교를 배워온 이후로 이덕조(李德祚)·윤보로(尹保魯)·주문모(周文謨) 등의 선교(宣敎)로써 천주학이 심히 유행되어 문장정종(文章正宗)에 대한 연의소설(演義小說)과 동양공주학(東洋孔朱學)에 대한 서학이단지도(西學異端之道)는 그 소위 선비님들의 걱정이 되었다. 그리하여 정조 15년에는 패관잡서(稗官雜書)는 물론이요 명말청초(明末淸初)의 당본문집(唐本文集)까지 일체(一切) 수입을 엄금하였다. 당시의 교지(敎旨)를 보면

---

153 '이루 다 기록할 수 없다'

154 알레샨드르 드 고베아(Alexandre de Gouvêa).

근래 습속(俗習)이 모두 경학(經學)을 버리고 잡서(雜書)에 쏠림을 면치 못하고 있다. …… 나는 소설을 한 번도 보지 않았으며, 궁궐에 소장돼있던 잡서를 다 없앴다.[155]

라고 하였다. 제 아무리 없이 하려고 하여도 소설과 천주교는 점점 성(盛)하여갈 뿐이었다. 작가도 많아지고 독자도 많아졌다. 그리하여 순조 8년에 남공철(南公轍)이 다시

전일의 성교(聖敎)가 패관잡설을 엄금하려는 데서 나왔는데, 경사(經史)와 더불어 당분간 구입해 가지고 오지 말라고 하셨다.[156]

라고 장답(狀答)하였다. 상식(常識)으로써 학문(學問)을 금하는 고금 동서(古今東西)의 우거(愚擧)는 어떠한가?

제3절 번역·번안과 창작

밀려오는 유신적 기운은 문예 방면에도 파문을 던져서 유자(儒者)들은 경서(經書) 공구(攻究)의 여력으로 순문예(純文藝)에 종사하여 중국의 패

---

[155] 近來俗習, 皆未免捨經學而趨雜書……予於小說, 一不披覽, 內藏雜書, 皆已去之.
[156] 昔日聖敎, 出於稗官雜說之嚴禁, 而竝與經史, 而姑令勿爲購來.

사(稗史), 즉 사대기서(四大奇書)와 역사(歷史)의 연의(演義)를 비롯하여 《아녀영웅전(兒女英雄傳)》·《태상감응편(太上感應篇)》 같은 명작은 모조리 번역되고, 또 《구운몽(九雲夢)》·《옥루몽(玉樓夢)》의 아류라고도 볼 수 있는 번안물(翻案物)도 많이 있으니 《하진양문록(河陣兩門錄)》·《유씨양문록(劉氏兩門錄)》·《곽씨양문록(郭氏兩門錄)》·《윤하정삼문취록(尹河鄭三門聚錄)》·《임화정연(林花鄭延)》[157] 등이다.

《하진양문록》과 《임화정연》은 가장 인기를 끈 작품일지라. 원곡(元曲) 《조씨고아(趙氏孤兒)》를 선탈(蟬脫)하여온 듯한 《명사십리(明沙十里)》와 권징류(勸懲類)로서 김도수(金道洙)(일운(一云) 정준동(鄭浚東)) 혹은 조성기(趙聖期)의 저라고 전하는 《창선감의록(彰善感義錄)》과 복수류(復讎類)로서 《월봉기(月峯記)》와 공안류(公案類)로서 《장화홍련전(薔花紅蓮傳)》과 정염류(情艶類)로서 《춘향전(春香傳)》·《백학선전(白鶴扇傳)》·《옥단춘전(玉丹春傳)》·《숙향전(淑香傳)》 등의 모든 걸작이 배출(輩出)하여 울연(蔚然)히 영정시대의 문원(文苑)을 울성(鬱盛)하게 하였다. 조선문단(朝鮮文壇)의 상아탑(象牙塔)처럼 침적(沈寂)한 문원에 흘립(屹立)한 《춘향전》의 묘태(妙態)로서도 능히 이 시대를 혼자 담당할 수가 있게 하거든 하물며 그에 추수(追隨)코자 하는 명작이 다수(多數)히 있음에야! 그러나 나는 영정시대를 말하고자 함에 우선 머리에 무엇보다도 더 깊은 추억(追憶)을 주는 것이 있다. 그것은 한자소설(漢字小說)이지마

---

157 원저의 《임씨정연삼문취록(林氏鄭延三門聚錄)》을 《임화정연(林花鄭延)》으로 수정함.

는 당시 조선의 사회(社會)·인정(人情)을 잘 보여주고 문장으로든지 분량으로든지 조선 단편소설계에 독왕독래(獨往獨來)하는 느낌을 주는 것, 즉 박지원(朴趾源)의 '연암소설(燕巖小說)'이다. 기타 여항(閭巷)에 유전(流傳)하는 이언(俚諺)과 전설(傳說)을 집록(集錄)한 것으로 《선언편(選諺篇)》과 《파수록(罷睡錄)》이 있으니[158] 또한 평민문예의 전성기가 아니면 능(能)치 못할 것이다.

---

158 원저의 '《선언편(選諺篇)》과 《파수록(罷睡錄)》이라는 정음소설이 있으니'를 '《선언편(選諺篇)》과 《파수록(罷睡錄)》이 있으니'로 수정함. 《선언편》과 《파수록》은 '소설'이라기보다 '소설집'이라고 해야 옳을 것이며, 현존하는 두 책은 한글이 아니라 한자로 씌어 있다.

제2장 중국문학의 일 방계로 본 한자소설

이조 이전은 한자 만능의 나라였다. 그러므로 한자로써 산문·운문을 쓰지 못할 것이 없고 유식계급(有識階級)의 손에서라도 우리네의 사상·감정과 사회풍속을 기술치 못할 것이 없었다. 그러나 약간의 수필 이외에는 전적(典籍)이 도무지 인멸되어 막연히 미지(未知)의 나라가 되었다. 이조에 들어서 전기문학(傳奇文學)이 발생하여 서거정(徐居正)의 《골계전(滑稽傳)》, 송인(宋寅)의 《고금소총(古今笑叢)》을 필두로 하고 김시습(金時習)의 《금오신화(金鰲新話)》 같은 걸작이 두각을 내고 있으며 목릉성세(穆陵盛世)의 문운(文運)을 만나서 임제(林悌)의 《화사(花史)》와 같은 장편물이 시작되어 중간에 《옥루몽(玉樓夢)》 같은 최대 걸작을 산출하고 영정시대에 이르렀다. 원래 충효절의(忠孝節義)와 가언선행(嘉言善行)을 극단으로 숭봉(崇奉)하던 유학국인 만큼 이를 고창(高唱)하는 권징류가 많이 문단에 나타났으니

《소씨충효록(蘇氏忠孝錄)》·《서문충효록(徐門忠孝錄)》·《화씨충효록(華氏忠孝錄)》·《삼대충효록(三代忠孝錄)》·《당씨충효록(唐氏忠孝錄)》·《유씨

충효록(劉氏忠孝錄)》·《삼문충효록(三門忠孝錄)》·《설문충효록(薛門忠孝錄)》·《양문충효록(楊門忠孝錄)》·《한문충효록(韓門忠孝錄)》·《화문충효록(花門忠孝錄)》·《소문명현충효록(蘇門明賢忠孝錄)》·《소씨명행충의록(蘇氏明行忠義錄)》·《소문충효록(蘇門忠孝錄)》·《유효공선행록(劉孝公善行錄)》·《하씨선행록(河氏善行錄)》·《화정선행록(華鄭善行錄)》·《소위명행록(蘇渭明行錄)》·《명행정의록(明行貞義錄)》·《고성효행록(雇星孝行錄)》·《김씨봉효록(金氏奉孝錄)》·《이씨효문록(李氏孝門錄)》·《성현공숙렬기(聖賢公淑烈記)》·《창선감의록(彰善感義錄)》 등.

그러나 이와 같이 다수(多數)한 작품은 장구한 시일을 경과하는 동안에 취미가 단순하고 내용이 모두 귀일(歸一)한 관계로 자연도태를 받아서 그 대부분은 독자를 잃어버리고 문원(文苑)에서 자취를 감추어버리고 말았다. 그리하여 오늘은 거의 《창선감의록》만이 잔존하였으니 이로써 도태의 승리자요 개중(個中)의 걸작이라고 본다.

《창선감의록》은 근세인(近世人) 조재삼(趙在三)의 저《송남잡지(松南雜識)》에 언급됐다.[159]

나의 선조 졸수공(拙修公)의 행장(行狀)에 이르기를 "대부인은 고금의 사적(史籍)과 전기(傳奇)에 대해 널리 듣고 익숙하게 알지 못하시는 게 없었고, 만년에는 또한 누워서 소설 듣기를 좋아하셨다. 그래

---
[159] '언급됐다'는 원저에는 없는 말로, 문맥상 보충한 것임.

서 졸음을 쫓고 답답한 마음을 푸시는 데 도움이 되도록 공께서 스스로 옛 이야기에 의거하되 부연을 해서 몇 가지 책을 엮어 올렸다"라고 했는데, 세상에 전하는 《창선감의록》·《장승상전》 등의 책이 그것이다.[160]

졸수(拙修)는 조성기(趙聖期)의 호이니 농암(農岩)·삼연(三淵)의 사(師)로 윤용송휼(尹庸宋譎)이라고 하고 박씨의 《허생전》에도 "조성기는 가히 적국에 사신으로 보낼 만하다"[161]라고 한다.

또 일설에는 정준동(鄭浚東)의 작이라는 설과 김도수(金道洙)의 작이라는 설이 있어서 진가(眞假)를 구별하기 어려우나 조·김의 작이라고 하면 도수(道洙)(호 춘주(春洲))는 영조 때의 사람인즉 영조시대의 작품일 것이며, 제1회 '효자가 돌아가기를 권하고, 쌍옥(雙玉)으로 혼사를 정하다'[162]에서 비롯하여 제14회 '심부인(沈夫人)의 장수를 기원하고, 하각로(夏閣老)의 은혜를 갚다'[163]에 결말(結末)한 것이며, 명(明) 세종(世宗)의 가정(嘉靖) 연간에 화상서(花尙書) 일문(一門)의 파란을 서술하였으니, 요첩(妖妾)의 비계(祕計)로 보면 《남정기(南征記)》와 백중간(伯仲間)

---

160 我先祖拙修公行狀曰, 大夫人於古今史籍傳奇, 無不博聞慣識, 晚又好臥聽小說, 以爲止睡遣悶之資, 公自依演古說, 搆出數冊以進, 世傳創善感義錄張丞相傅等冊, 是也.

161 "趙聖期拙修齋, 可使敵國"

162 '孝子贊歸計, 雙玉定佳緣'

163 '上壽沈夫人, 策功夏閣老'

에 있고 효자(孝子)의 일적(逸跡)으로 보면《적성의전(翟成義傳)》의 후철(後轍)을 밟으나《영렬연의(英烈演義)》의 번안인 듯하다.

《연암외전(燕巖外傳)》·《황강잡록(黃岡雜錄)》·《우초속지(虞初續志)》·《고향옥소사(古香屋小史)》·《단량패사(丹良稗史)》·《기담수록(奇談隨錄)》등의 단편집이 많이 났으나 모두《금오신화》와 같이 체재와 내용이《전등신화》와《당인전기(唐人傳奇)》에 방불하되 자료를 조선에서 취한 것은 특히 후인을 흠복(欽服)시키는 바이며, 그중《황강잡록》(상술)의〈청풍기(淸風記)〉는 가장 극적 광경을 보이며《우초속지》는 담정(藫庭)[164] 김려(金鑢)의 작이라고 하는데 중국의《우초지(虞初志)》·《우초신지(虞初新志)》에 계속하여 조선 민간의 전설을 모은 것인데 인제는 산일(散佚)하여 다시 볼 수 없고 담정(藫庭)[165]의 작으로는《단량패사》가 남아 있을 뿐인데,〈가수재전(賈秀才傳)〉·〈삭낭자전(索囊子傳)〉·〈장생전(蔣生傳)〉·〈한숙원전(韓淑媛傳)〉의 내용은 성명 모르는 걸인(乞人) 행개(行丐)와 탕자(蕩子)·창기(娼妓)의 일사(逸事)를 기록하여 해이(解頤)의 자(資)에 공(供)코자 한 것이며〈유구왕세자외전(琉球王世子外傳)〉은 인조 때에 유구 왕세자가 제주에 왔을 때에 목사(牧使) 이란(李灤)이가 횡포히 참살한 이야기로 방간(坊間)에 광포(廣布)한 실담(實談)이다.《기담수록(奇談隨錄)》의〈고총각전(高總角傳)〉·〈김참판전(金參判傳)〉·〈한량전

---

164 원저의 '담정노수(藫庭盧叟)'를 '담정(藫庭)'으로 수정함.
165 원저의 '노수(盧叟)'를 '담정(藫庭)'으로 수정함.

〈閑良傳〉·〈진포수전(陳砲手傳)〉 같은 것은 《단량패사》와 같이 체재를 하류(下流)에서 취한 곳에 시대정신의 흐름을 보여준다. 철종 3년 3월에 서(序)를 짓고 철종 4년 4월에 출판한 《석재외서(石齋外書)》의 〈한당유사(漢唐遺事)〉는 당시 18세의 약령(弱齡)에 재자(才子)의 이름이 높던 금성(錦城) 박태석(朴泰錫)의 작이니 오대(五代) 적 후당(後唐)의 유사(遺事)를 연의화(演義化)한 4권 88회의 대작이며 연의 모방의 유일한 작품이다.

우리는 조선 사천 년의 한문 문예사를 볼 적에 산문과 운문이 도무지 없는 것이 없으며 패관수필(稗官隨筆), 전기연의(傳奇演義), 기타 장편소설이 있어서 중국문학의 일 방계로서 그를 모방하며 번안하여 혹 출람(出藍)의 예(譽)를 받지 않는 것은 아니나, 중국의 희곡(戲曲)만은 막연히 어떻게 읽혔으며 어떠한 작품이 환영되었으며 어떠한 모방작이 있었는지 알 수 없다. 만일 중국의 희곡은 백화체(白話體)여서 난해하기 때문에 조선에는 애독되지 않았을지 모르나 선조 이후에는 어록해(語錄解)가 많이 생기고 한어(漢語) 학습이 심히 유행하고 사대기서(四大奇害)가 번역되었으며 더구나 문인으로서는 《서상기(西廂記)》를 보지 아니한 자 없었고 광해조에 허균이 일찍이 동해원(董解元)·왕실보(王實甫)·마동리(馬東籬)·고칙성(高則誠)의 일에 언급한 것을 보았은즉(상술) 북곡(北曲)·남곡(南曲)에 대하여도 전연(全然)히 몰교섭(沒交涉)은 아니었던 것 같다. 중국의 창희(唱戲)는 악부(樂府)와 같아서 외국인으로는 배우기가 극난(極難)함으로 인함인가? 문양산인(汶陽散人)의 《동상기(東廂記)》와 이종린(李鍾麟)의 《만강홍(滿江紅)》 같은 것이 유행함을 볼 뿐이나, 체재는 중국극(中國劇)을 모방하였을지라도 우인(偶人)·지고(紙皷)와 같이 창연(唱演)치 못하는 홀아비극(劇)일 뿐이다. 한글소설 《명사십리》는 장시랑(張侍郎) 일문(一門)이 정적(鄭賊)에게 죽은 후에 시랑의 구(舊) 부하 윤학사(尹學士)와 진한림(陳翰林)이 시랑의 유복자 유성(遺星) 축(丑)[166]을 보호하여 암밀(暗密)히 양육하였다가 나중에는 장유성(張遺星)이가 아버지의 원수를 갚는 설화이니 《열국지(列國志)》와 원곡(元曲) 〈조씨고아(趙氏孤兒)〉의 사실(事實)을 번안한 듯하며

조삭(趙朔) — 장시랑(張侍郞)

공손저구(公孫杵臼) — 윤학사(尹學士)

정영(程嬰) — 진한림(陳翰林)

영첩(靈輒) — 김치근(金致勤)

삭(朔)의 처(妻) — 왕부인(王夫人)

조무(趙武) — 장유성(張遺星)

이와 같이 말단축정(末旦丑淨)[167]이 서로 부합하는 것은 어떠한 묵계

---

166 '축(丑)'은 중국의 옛 연극에서 배역을 지칭하는 말 가운데 하나임.

167 옛 중국 연극의 여러 배역 가운데 가장 중요한 네 가지. 말(末)은 주역, 단(旦)은 남자배우가 맡은 여자 역, 축(丑)은 익살스러운 역, 정(淨)은 악역.

(默契)를 긍정치 아니할 수 없다.

《동상기(東廂記)》(일명 《사혼기(賜婚記)》)는 '김도령혼례극(金道令婚禮劇)'이라고도 명명할 것이며, 중국의 《서상기》에 대한 조선의 《동상기》라는 대치적(對峙的) 의의를 가진 명칭이다. 원래 김도령과 신(申)처녀의 결혼을 극으로 꾸민 것이니 김도령은 28세, 신처녀는 24세에 당시로서는 매우 만혼이라고 할 노총각과 노처녀의 결혼이 그나마 조정의 성덕에 의한 것이다. 그것은 정조 15년 2월 꽃봉오리 맺힐 적이었다. 정조가 한양 성내에 사서(士庶)의 빈궁한 자녀가 적당한 때에 혼인치 못하는 것이 많음을 민련(愍憐)히 여겨 특히 국명(國命)으로써 그 연비(宴費) 보조로 금(金) 오백, 포(布) 2단씩을 주어 일반에 혼인을 권한 것인데, 통틀어 150명의 결연이 있었다. 당시에 김도령과 신처녀만은 여러 가지 사정으로 이 좋은 특전에 참여치 못하였으므로 정조께서는 다시 특히 이 두 사람을 결혼시키고 호판(戶判) 조정진(趙鼎鎭)과 선혜청상(宣惠廳上) 이병모(李秉模)에게 분부하여 서로 양편의 부모처럼 되어 모든 연비는 나라로부터 받아서 경화(慶華)스럽게 혼례식을 마쳤는데, 이 공전절후(空前絶後)한 기사가전(奇事佳傳)을 기록하라는 국명을 받은 이가 실로 박학능문(博學能文)한 이덕무(李德懋)였다. 그러므로 이것이 대단히 세상에 평판(評判)이 되어 선전되었는데 그해 6월에는 문양산인(汶陽散人)이라는 이가 전사(塡詞) 1일, 수교(讎校) 1일, 등교(謄校) 1일, 3일의 한(閑)을 가지고 이 극을 지었다. 이덕무는 〈김신부부전(金申夫婦傳)〉만 짓고 말았는지? 혹은 이덕무 즉 문양산인일는지?¹⁶⁸ 아직 충분히 고구(考究)하지 못하였다.

아름다운 로맨스와 거룩한 문인의 손으로 된 극적 취미가 독자의 흥미를 진진(津津)히 끌고 있으며 그 혼례풍속이 전연(全然) 조선식인 것은 이 작품으로 하여금 중국문학의 지류(支流)라고만 볼 수 없게 한다. 그 정명(正名)과 제목의 자수(字數) 같은 것은 원곡(元曲)보다도 명곡(明曲)의 체재이다. 《화호외사(畵葫外史)》는 백문선(白文仙)의 기행(奇行)을 지나(支那) 구극(舊劇)으로 꾸민 것인데, 추재(秋齋) 조수삼(趙秀三)의 발(跋)이 있다.

---

168 이옥(李鈺, 1760~1815)이 문양산인(汶陽散人)이라는 설도 있다.

제3장 《삼한습유》

중국에 있어 〈공작동남비(孔雀東南飛)〉 전설과 흡사한 고부(姑婦) 충돌에서 생긴 비극은 조선 선산(善山) 못에 투사(投死)한 향랑각시(香娘閣氏)의 전설이요 이것을 신라시절의 기사(記事)로 하여 화랑들의 남정북벌(南征北伐)과 남녀정사(男女情事)를 교직(交織)한 것이 《삼한습유(三韓拾遺)》이니, 한문소설 장편으로는 아마 최고(最高)한 《육미당기(六美堂記)》와 안행(雁行)할 장편이요 작자는 죽계일사(竹溪逸士) 안동(安東) 김소행(金紹行)이고 홍석주(洪奭周)·홍길주(洪吉周)·홍현주(洪顯周)·김매순(金邁淳)·무태거사(無怠居士) 제가(諸家)의 발(跋)이 있다.

제4장 대문호 박지원(연암)과 그의 작품

제1절 위인 박지원의 출생과 생애(1737~1805)

원조(遠祖)는 여말의 일류 문호 박상충(朴尙衷)이었고, 그 후 이조에 들어서도 박동량(朴東亮)·박미(朴瀰)와 같은 시문(詩文) 대가를 조선(祖先)으로 두었으며, 문장으로 선조의 부마(駙馬)가 되었던 금성위(錦城尉) 박미는 실로 그의 6대조였다. 혈통이 이미 이와 같으니 문호의 후예에 다시 큰 문호를 낳았던 것도 우연한 일은 아니며, 영조 13년 경성(京城) 서대문 사제(私第)에서 고고(呱呱)의 소리를 질렀다. 열다섯 살까지 책을 보지 아니하고 열여섯 살에 장가를 들어 처숙(妻叔) 이교리(李校理)가 안상(案上)에서 던져준《신릉군전(信陵君傳)》을 구두(句讀)하기 시작하여 즉시 논설(論說) 수백 언(言)을 지어 교리를 경도(驚倒)시켰다. 그 후 연암(燕巖)은 발분하여 3년 동안 문(門)에도 나지 아니하고 공부하여 제자백가를 섭렵하니 다시 오하(吳下)의 아몽(阿蒙)이 아니었다. 그 절륜한 정력과 탁월한 재능으로 열아홉 살에는 벌써 당대의 문단(文壇)에 두각

을 빼내었다. 이제 이응익(李應翼)의 찬(贊)을 빌려 말하면

> 선생은 용모가 헌걸차고 의기가 활달해서 천하의 일을 바라봄에 못할 일이 없었다. 그러나 하찮게 과거나 봐서 벼슬을 구하는 일은 하려고 하지 않았다. 술을 거나하게 마셔 귀가 불그레해지면 또한 당대의 지위가 높고 귀한 사람들과 세상을 기만하고 거짓된 학문을 하는 사람들을 비웃으며 배척하였다.[169] (《연암집》 서(序))

이는 분명히 선생의 사진(寫眞)이다. 그는 심박(深博)한 포부를 가지고 베풀 곳이 없어서 당세에 융성한 송우암(宋尤菴) 학파를 기자(譏刺)하며 현학적인 부유노학(腐儒老學)을 기롱(譏弄)하며 번문욕례(繁文縟禮)의 누습(陋習)을 공격하며 당국자(當局者)들의 무능을 통매(痛罵)하여 도저히 세상에 용납되지 못하고, 그러한 문벌과 문장으로도 감가불우(轗軻不遇)로 반생(半生)을 침륜(沈淪)하였다. 그리하여 44세에 비로소 종형(從兄) 명원(明源)(입연정사(入燕正使))을 따라 포의(布衣)의 학자로서 북경으로 향할 적에

書生白首入皇京(서생백수입황경)

---

[169] 先生魁顔貌, 意氣軒豁磊落, 視天下事, 無不可爲, 然不肯碌碌爲時文, 以干有司, 酒酣耳熱, 亦或縱談譏斥當途貴人及欺世僞學之流.

서생이 머리가 희어 연경에 가는데

服着依然一老兵(복착의연일노병)

복색은 그대로 일개 늙은 병사로구나.

又向熱河騎馬去(우향열하기마거)

열하를 향해 말을 타고 가는데,

眞如貧士就功名(진여빈사취공명)

가난한 선비가 공명을 이룬 듯하네. (〈열하도중시(熱河途中詩)〉)

얼마나 비장한 어조이냐? 그가 노병(老兵)의 복색으로 연경에 들어가서 그 문물제도(文物制度)를 목격하며 명류석학(名流碩學)과 접촉하여 흉금을 넓히고 돌아와서 보고 들은 대로 기록한 것이 《열하일기(熱河日記)》 26권이다. 태서(泰西)의 지구공전설을 신(信)하여 지구의 일전(一轉)으로 1일을 삼으며, 중국의 음악을 듣고 이조 아악(雅樂)을 비판하며, 포의(布衣) 왕민호(王民皥)들과 담론한 후에 이같이 훌륭한 인물이 등용되지 못한다고 청조 정치의 폐해를 논하여, 사회·풍속·경제·병사·천문·문학의 각 부문에 나아가 서리(犀利)한 안광(眼光)과 예리한 쾌도(快刀)로써 난마(亂麻)를 끊는 듯 언언개절(言言剴切)한 우국개세(憂國慨世)의 문자 아님이 없다. 그러나 불후의 명저에 대하여 부유들의 소매(笑罵)를 받을 뿐이었다. 연암이 어느 날 족손(族孫) 남수(南壽)의 집에 가서 취하여 《열하일기》 원고를 들고 월야(月夜)에 여성대독(厲聲大讀)하니 남공철(南公轍)·이덕무(李德懋)·박제가(朴齊家) 들도 함께 앉아서 듣고 있었다. 연암의 득의한 얼굴을 간취한 남수는 연암을 비소(鼻笑)하면서 말하되 "선생의 문장이 아무리 능(能)하나 패관기서(稗官奇書)를 좋아하니 무엇 하랴?" 연암은 단박에 "네가 무엇을 아느냐" 하고 꾸짖었다. 남수는 노하여 그 원고를 빼앗아 촉(燭)불에 태우고자 할 적에 남공철이가 이것을 거지(拒止)시켰다. 연암은 노하여 자다가 이튿날 아침에 술이 깨어 의관을 정돈하고 남수를 불러 말하되

산여(山如)[170]야, 이리 오너라. 내가 세상에서 궁한 지 오래되어서 문장을 빌려 가슴 속 가득한 불평한 기운을 쏟아내며 놀았을 뿐이다. 어찌 좋아서 한 일이겠느냐?[171]

라고 하였다. 남공(南公)이 없었더라면 경세(經世)의 대문자(大文字)인 《열하일기》가 후인에게 전(傳)치 못할 뻔하였다(《수시록(隨示錄)》). 낙척불우한 반생(半生)에 깊은 감분(感憤)을 가진 연암옹이 외뢰불평(磈礧不平)한 심사를 해학으로써 탕파(蕩破)코자 한 것이 또한 비장침통(悲壯沈痛)치 아니한가? 하물며 그 글은 패관자류(稗官者流)와 동일(同一)히 보게 되어 일찍이 정조의 천람(天覽)에 달(達)하여 정조까지도 연암을 패관문학자로 취급하였다. 정조가 "남공철의 문체가 연암의 영향을

---

170 박남수(朴南壽)의 자(字).

171 山如來前, 吾窮於世久矣, 欲借文章, 一瀉出磈礧不平之氣, 恣其游戲爾, 豈樂爲哉.

받았다"라고 하면서 연암에게 순정(醇正)한 글을 지어 속죄하라고 명하였다. 그 후 수년 만에 선생은 면천군수(沔川郡守)가 되었을 때에 정조가 널리 중외(中外)에 좋은 농서(農書)를 구할 적에 선생은 지어 두었던 《과농소초(課農小抄)》를 올렸다. 《과농소초》야말로 병제(兵制)·경제(經濟)의 대법(大法)을 논한 저술이요 연암이 가진 바 포부의 일단을 피력한 것으로서 정조의 기쁨을 사서 인제야 연암의 진인물(眞人物)을 알게 된 정조는 장차 크게 쓰려고 하였으나 정조 이미 돌아가고 연암도 그 후 5년 만에 69세를 일기(一期)로 하고 역책(易簀)하여버렸다.

제2절 연암의 저술

연암은 그처럼 국가사회에 공헌코자 하였으나 국가사회는 너무도 그를 오랫동안 냉대하였다. 그의 문집(文集)은 유자(儒者)의 탄핵을 받아서 연암의 손(孫) 규수(珪壽)가 벼슬이 영상에 이르면서도 오히려 그것을 출판하지 못하였으나, 그 전집(全集)을 보기 힘든 일이지만 그 일부씩 유전(流傳)하는 것은

《연암집(燕巖集)》 6권 (서울 진신(縉紳)의 갹금(醵金)으로 연암 몰후(歿後) 96년 만에 출판)
《열하일기(熱河日記)》 26권 (광문회본(光文會本) 1책)
《연암집(燕巖集)》(발췌) 2책, 김창강(金滄江)이 선발(選拔)한 것

《담총외기(談叢外紀)》 1책 (소설) (사본(寫本))

《연암문초(燕巖文鈔)》 1책 (소설) (사본)

등이 있다. 연암전집 속에서 가장 재미있는 소설만을 발췌하여《담총외기》와《연암문초》라는 단행본으로 유행된 것은 또한 작품에 대하여 무형(無形)한 찬사라고 할 것이다. 그러나 형산백옥(荊山白玉)이 저절로 진가(眞價)가 나타남과 같이 연암문(燕巖文)의 진가는 매몰되지 아니하였다. 연암을 저훼(詆毁)하는 때는 사라지고 연암시대(燕巖時代)는 닥쳐 왔다. 연암이 사랑하던 민중은 이제야 가지가지의 찬사를 봉정(捧呈)하였다. 민병석(閔丙奭)은

선생은 삼교(三敎)에 출입하며 구류(九流)에 엄관(淹貫)하였으며 문장(文章)에 있어서 좌씨(左氏)·장자(莊子)·사마천(司馬遷)의 정수(精髓)를 모두 얻었다. …… 장강대하(長江大河)가 일사천리로 호호(浩浩)히 흐르는 듯도 하여 우리나라 제가(諸家) 중의 위상이 당송(唐宋) 제가 중의 한퇴지(韓退之)·소동파(蘇東坡)와 같으니 어찌 기이하지 아니한가.

라고 하고, 홍길주(洪吉周)는

기운이 육합(六合)에 차고 재력(才力)이 천고에 비할 자 없어서 만군

(萬群)을 압도하겠다.

라고 하며, 김택영(金澤榮)은

예원(藝苑)의 이른바 신품(神品)이라.

라고 하고, 심종우(沈鍾禹)는

문장 중의 신선(神仙)이라. (이상《연암집(燕巖集)》서(序)에 의함)

라고 하였다. 제우스의 전당에서 신공(神功)을 찬송하는 무리와 무엇이 다를까? 동방에 한자가 수입된 후 처음 보는 찬사이리라. 그러나 이는 연암의 시문(詩文)에 대한 비평이요 물론 소설에 대한 비평은 아니므로 연암의 전모를 평한 것은 아니다. 차라리 과거의 연암은 소설 때문에 헐가(歇價)로 대우하여왔다. 조선이 낳은 퇴지·자첨을 단박에 셰익스피어·톨스토이와 같은 대작가와 한가지로 논하기를 주저하면서도 정치·경제의 운동에 실의(失意)한 약소민족이 문예운동에 효과를 얻었다는 것과 같이 영달에 절의(絶意)한 연암은 그의 여업(餘業)인 문장에 성공하였다. 그러므로 나는 경세가(經世家)인 연암을 그의 일면인 문장가·소설가로서 보고자 하며, 그리하여 그 전집 속에 있는 단편물을 적구(摘究)코자 한다. 그런데 이 귀중한 문집이 금년에 박다산(朴多山)의 손에 출판된 것은 경하할 일이다. 연암의 소설로는 《열하일기》 속에 있는 〈호질(虎叱)〉·〈허생원전(許生員傳)〉 등 수편과 《연암외전》 속에 있는 〈마장(馬駔)〉·〈민옹(閔翁)〉·〈김신선(金神仙)〉·〈예덕(穢德)〉·〈양반(兩班)〉·〈광문(廣文)〉·〈우상(虞裳)〉 제전(諸傳)과 기타 〈열녀함양박씨전(烈女咸陽朴氏傳)〉 등이 있다. 또 《외전》에는 〈역학대도(易學大盜)〉·〈봉산학자(鳳山學者)〉 등편도 있었다고 하나 썩은 사회, 썩은 관면(冠冕), 썩은 유학을 몹시도 기매(譏罵)한 것이어서 직후에 떼어버렸다고 한다.

제3절 연암소설 제편(諸篇)

1. 〈허생전〉의 경개와 고평(考評)

묵적동(墨積洞)에 사는 허생(許生)이 10년 예정으로 공부하다가 7년 만에 마누라 살림꾸중 때문에 중파(中破)해버리고 그 근처 변(卞)부호의 집에 가서 십만 금을 빌려 가지고 해도(海島)로 건너가서 장사를 해서 큰돈을 저축하였다. 그리해서 그 돈으로 빈민과 해적을 구제하며 혹은 바다에 던지고 나머지 이십만 금을 변씨에게 올리니 변씨는 깜짝 놀라서 그 뒤를 따라간즉 남산 밑 어느 조그마한 오막살이로 들어간다. 인제야 그 인물의 정체는 알았으나 이름도 알 수 없었다. 변씨는 그의 동무 이(李)정승 완(浣)에게 고하였다. 이정승이 허생을 찾아간즉 허생은 시사삼난(時事三難)을 묻고 가능성의 유무를 육박하였다. 이정승은 대답하지 못하고 돌아와서 그 이튿날 다시 가서 찾으니 집은 텅텅 비고 허생은 간 곳 없었다.

　이 일편은 《열하일기》의 〈옥갑야화(玉匣夜話)〉 속에 들어있는 말로, 최근 이춘원(李春園)이 〈허생전〉을 개작해서 더욱 〈허생전〉이란 말을 일반인에게 넓게 소개하였다. 연암보다 39세를 뒤져 나서 순조 때에 예판(禮判)까지 한 이희준(李羲準)의 《계서야담(溪西野談)》에도 연암의 것과 비슷한 〈허생전〉을 볼 수 있으니

　허생은 방외인(方外人)이라. 기막히게 가난해서 읽던 책을 집어던지고 송도 백부호(白富豪)를 찾아 천금을 취해 가지고 평양에 내려가서 명기(名妓) 초운랑(楚雲娘)을 만나서 다 불어먹고 다시 백부호에게서 삼천 금을 취해 가지고 또 다 불어먹고 네 번 만에는 다시 삼천 금을 얻어 가지고 운랑의 집에 가서 명구(名駒)와 전대(纏袋)와 오동로(烏銅爐)를 얻어 가지고 오동화로는 편편(片片)이 깨쳐서 전대에 넣어 허리에 띠고 명구를 타고 회령(會寧)으로 가서 고물상을 열었다.
마침 물계(物計)를 아는 서역고호(西域賈胡)가 지나가다가 즉시 십만 금을 주고 사 가지고 갔다. 허생은 곧 십만 금을 가지고 백부호에게 주니 깜짝 놀란 백부호는 그 자취를 따라가보았다. 그는 자각봉(紫閣峯) 아래 오막살이로 들어가는 것이었다. 그 후 백부호는 이(李)정승 완(浣)으로 더불어 찾아가니 허생은 시사삼난을 제출(提出)하여 이정승을 꾸짖었다. 이정승은 그 이튿날 다시 가서 보니 그 집은 텅 비어

있었다.

그런데 허후산(許后山)이 전한 와룡정(臥龍亭) 허호(許鎬)의 유사(遺事)[172]가 너무도 《연암집》에 나타난 설화와 부합한즉 실재 인물인 허호[173]의 남해경략(南海經略)에 관한 설화가 사실(事實)이 진기하기 때문에 각색(各色)으로 변하여 구비(口碑)로 훤전(喧傳)된다. 《허후산문집》에 〈와룡선생유사(臥龍先生遺事)〉가 있는데

공의 이름은 호(鎬), 자는 경원(京遠), 성은 허(許)로 김해인(金海人)이다. 창주(滄洲) 허돈(許燉) 선생의 손자이고, 도암(道庵) 허훈(塤) 공의 아들이며, 태계(台溪) 하진(河溍) 선생의 외손이다. 태어나면서부터 영리하고 준수했고, 장성해서는 침잠하여 독서하기를 좋아했으나 과거 보기를 달갑게 여기지 않았다. 병자·정묘 호란의 국치를 절통하게 여겨 항상 중국 연운(燕雲) 지역을 직접 쳐야 한다는 뜻을 가지고 있었다. 스스로 호를 와룡(臥龍)이라 했는데, 이는 주자(朱子)의 와룡암(臥龍庵) 고사(古事)에서 느낀 바가 있어서였다. 공은 약관일 때에 호서(湖西)의 한 절에 머물렀는데, 거기에 한 노승(老僧)이 있어서 용력

---

172 원저의 '허후산(許后山) 유사(遺事)'를 '허후산(許后山)이 전한 와룡정(臥龍亭) 허호(許鎬)의 유사(遺事)'로 수정함. 1925년 1월 14일자 《동아일보》에 게재된 최익한(崔益翰, 1897~?)의 글 〈허생의 실적(實跡)〉 참조.

173 원저의 '허후산'을 '허호'로 수정함.

을 자부하여 불법(不法)한 일을 많이 저질렀으나 관리들이 두려워하여 감히 그를 잡아가려고 하지 않았다. 공이 그 절에 이르자 그 중이 공의 나이 적음을 얕보고 매우 무례하게 대하자 공이 죄를 낱낱이 열거하고는 그 중을 몽둥이로 때려 죽였다. 이 일을 들은 사람은 통쾌하게 생각하지 않음이 없었고, 옛날의 허신(許愼)으로 여겼다. 공은 절의 몇몇 행자들이 원수로 여겨 덤벼들면 불측한 일을 당할 수도 있다고 생각하고 해도(海島)로 피신했다가 돌아와 남산 아래에 세 들어 살았다. 거적문을 단 흙집이어서 서리가 끼고 눈발이 들이쳤지만 해진 의관 차림으로 《중용》 읽기를 그치지 않았다. 그때 조정에서는 북벌을 은밀히 논의하면서 인재를 찾고 있었다. 마침 어떤 장군이 공의 사람됨이 남다름을 듣고 밤에 종복을 물리고 찾아와서 천하의 일을 같이 논의했다. 공은 세 가지 방책을 제시하고 물어보았는데 장군은 시행하기가 어렵다고 대답했다. 공이 정색을 하고 "이와 같아서야 어찌 일을 이루겠는가?"라고 하니 장군은 우물쭈물하더니 물러갔다. 공도 다음날 살던 집을 없애고 다른 데로 가버렸다.[174] (박윤원(朴潤

---

[174] 公諱鎬, 字京遠, 姓許氏, 金海人, 滄洲先生諱燉之孫, 道菴公諱塤之子, 台溪河先生諱溍之外孫也, 生而英秀峻拔, 旣長, 沉潛好讀書, 而不屑爲擧子事, 痛國家丙丁之恥, 常有直擣燕雲之志, 自號臥龍, 蓋有感於朱夫子臥龍菴古事也, 公弱冠時, 遊湖西一寺, 寺有一老僧, 以勇力自負, 多不法事, 而官吏畏不敢捕, 公至, 僧易其年少也, 甚無禮, 公數其罪而椎殺之, 聞者, 莫不快之以爲古之許愼也, 惟童行輩數人爲敵, 幾不測, 公遂避身海島中, 旣歸, 僦居終南山下, 席門土屋, 霜雪凜如, 而弊衣冠, 讀中庸不撤也, 時朝廷密議北擧, 搜訪人才, 時將臣某, 聞公之爲人異之, 夜屛騶從至門, 與論天下事, 公設三策以詰之, 將臣以爲難, 公正色曰, 如此尙可有爲乎, 將臣逡巡而退, 公亦明日, 拔宅而去.

元) 씨에 의함)

허호[175]는 김농암(金農巖)과도 십여 차씩 이학(理學) 문답이 있던 도학자요 경륜가이며 이완(李浣)과 함께 숙종 때 사람이니, 연암은 당시에 전하는 《계서야담(溪西野談)》 속에 있는 이야기와 같은 소박한 전설에 점철(點鐵)하여 금(金)을 만들어 놓은 셈이다. 이제 양자의 비교를 하여 본다면

1. 《계서야담》에는 방외인(方外人)으로 씌어있는 허생(許生)이 〈옥갑야화〉에는 기이한 일 유생(儒生)으로 적혀 있어서 그만큼 현실묘사에 충실코자 하였고
2. 《야담》에는 호사스러운 규염류(虯髥流)의 인물과 서역고호(西域賈胡)와 같은 사적(史的) 인물을 가지고 일시(一時) 고견(高見)으로써 일확만금(一攫萬金)한 상태를 그렸고, 〈야화〉에는 일개 한유(寒儒)가 때로 실과(實果)를 전매(專賣)하며 때로 해외에 무역하여 대금(大金)을 모은 것이니 이는 《반계수록》과 《성호사설》 같은 실학(實學)의 영향을 많이 받은 것이며, 조선 농촌의 구제와 미래사회의 예언이라고도 볼 수 있으며, 유생(儒生)도 상고(商賈)와 실업(實業)을 경영할 수 있다는 것은 연암(燕巖) 독특한 평등사상의 발로

---
[175] 원저의 '허후산'을 '허호'로 수정함.

이다. 대금을 헤쳐서 해적을 준 것도 《수호전》의 백팔영웅을 충의인(忠義人)으로 귀결(歸結)한 것과 같은 필법으로, 도적이란 원래부터 종자가 있는 것이 아니요 의식의 결핍에 의한 것이며 빈궁과 도적은 악정(惡政)의 산물이라는 견해에서 출발한 것이다. 그만큼 〈야화〉 속에 있는 허생의 행동은 실사회의 지침이 된다.

3. 이정승에게 발문(發問)한 시사삼난(時事三難)이 서로 다르니 〈야담〉에는 당론탕평(黨論蕩平)과 경상(卿相) 자제에게도 역포법(力布法)[176]을 시행할 것과 동방(東邦) 어염무역(魚鹽貿易), 호복(胡服) 선전(宣傳) 등이며, 〈야화〉에는 와룡선생(臥龍先生)을 천거할 터이니 임금으로 하여금 삼고초려시킬 것과 이발호복(理髮胡服)하고 자제를 중국에 유학시키며 상고(商賈)를 강남에 보내어 중원의 허실을 수탐(搜探)하고 중원의 영웅을 교결(交結)하여 병란(丙亂)의 원수를 갚고 남만추결(南蠻椎結)의 유물인 상투와 문약의 상징인 광수백의(廣袖白衣)를 폐지할 것을 역설하였다. 〈야담〉보다 규모가 크고 식견이 훨씬 초월해서 언언구구(言言句句)마다 경세종(警世鍾) 아님이 없다. 지금으로부터 150년 전의 옛날에 오히려 외국유학·외국무역을 장려하며 단발여행(斷髮勵行)과 백의폐지(白衣廢止)를 고창한 것을 생각하면 연암은 가히 천추(千秋)의 사표(師表)가 되리라고 아니할 수 없다.

---

176 원저의 '역법(力法)'을 '역포법(役布法)'으로 수정함.

2. 〈호질〉

어느 날 산중왕(山中王)으로 이름 높은 대호(大虎)가 궁금한 생각이 나서 수육(獸肉)을 가릴새 "의(醫)는 의(疑)라, 자세치 않은 것으로써 사람을 죽이는 것, 무(巫)는 무(誣)라, 혹세무민(惑世誣民)으로 직업을 삼는 것 …… 모두 불의(不義)의 성혈(腥血)이며 죄악(罪惡)의 훈육(葷肉)이니 차마 먹을 것이 없다." 그러자 유자(儒者)의 육(肉)을 먹을 토론이 났다. 그 촌중(村中)에는 학문과 도덕이 높은 북곽선생(北郭先生)이 있는데 그이는 일찍이 천자(天子)의 표창도 받은 분이었고, 또 그 곁에는 동리자(東里子)라는 소년과부(少年寡婦)가 수절을 하고 있어서 또한 천자의 표창이 있었으나 그 과부는 각각 성이 다른 다섯 아들을 두었다. 북곽선생이 동리자에게 사통(私通)하다가 그 다섯 아들에게 쫓겨 목숨만 집어가지고 달아나다가 선육회의(選肉會議)를 하고 있는 큰 호랑이를 만나서 "관대한 폐하여, 살려줍소서" 하고 애걸하였다. 범은 당장에 북곽을 꾸짖는 말이 "유(儒)는 유(諛)라, 평시에는 범을 가지가지로 조매(嘲罵, 욕설)하다가 형편이 급해지니까 아첨하여 목숨을 구하며, 평시에는 인간(人間)에 있어서 모든 포악한 일을 감행하고도 죄명을 범에게 전부 돌리느냐"라고! 그러자 해가 뜨니 범은 어디론가 가버리고 아침 밭을 갈려고 오던 농부들이 와서 "선생은 무슨 일로 이처럼 혼자 황야에 서서 기도를 하고 계십니까?" 하고 물었다.

이 〈호질〉 일편은 《열하일기》의 '관내정사((關內程史)' 조(條)에 있다.

모든 인간사회의 이면을 갈파하였다. 그중에도 가장 절실한 비유로서 당세에 횡행하는 유관(儒冠)의 양두구육(羊頭狗肉)의 허식과 인면수심(人面獸心) 같은 언행을 힘 있게 풍자하였다. 순전한 소설이라고 할는지는 의문이지만 가구적(假構的) 작품으로는 성공한 것이다. 인간의 허위와 가면을 여지없이 폭로하고 있는 것이다.

3. 〈양반전〉

정선군(旌善郡)에 한 양반이 있어서 현명하고 정직하지마는 매우 빈궁해서 취(取)해먹은 군세(郡稅) 천 석을 갚을 도리가 없었다. 하루는 관찰사가 순행(巡行)하다가 이것을 알고 양반을 잡아들여 형벌코자 하였다. 그 근처에 있던 천부(賤富) 하나가 돈은 많아도 양반들에게 갖은 학대를 받아오다가 이 기회에 양반권(兩班權)을 사두려 결심하고 그 양반 대신에 스스로 그 천 석 세미(稅米)를 갚았다. 그 후 양반은 복색(服色)과 언사(言辭)를 일체 상놈 모양으로 하니 군수(郡守)는 크게 놀라서 "군자로다 부인(富人)이여, 양반이로다 부인(富人)이여. 인색치 아니할손 인(仁)이요, 난(難)을 구할손 의(義)요, 존(尊)을 사모할손 지(智)라"라고 하였다. 양반이란 동서반(東西班)(문무반(文武班))의 총칭이요 사족(士族)의 존칭이니 한갓 형식에 구니(拘泥)하며 속습(俗習)에 악착(齷齪)하여 조선(祖先)의 번영을 자랑하며 교오도식(驕傲徒食)하는 것이 양반이 아니다.

이리하여 당시에 엄격한 계급관습(階級慣習)을 타파코자 한 것이며,

일면으로 돈 많은 사람이 양반이라는 봉건붕괴 사상을 암시한 것이며, 전(傳) 속에 실린 양반 백행(百行)은 조선 예의(禮儀)가 너무도 형식에만 나아가서 말세적 습관을 이루었다고 비소(鼻笑)한 것이다.

4. 〈민옹전〉 기타(경개 약(略))

〈민옹전(閔翁傳)〉은 기괴하고 탕일(蕩佚)한 민옹(閔翁)의 일화(逸話)·기변(奇辯)을 점철(點綴)하여 간간 해학과 전설을 섞어서 타락한 사회의 일생(一生)을 그린 것이며, 해서(海西)의 황해(蝗害)보다는 종로(鍾路) 길 위에 어물어물하는 칠척대황(七尺大蝗, 사람)이 잔곡(殘穀)을 해(害)하는 것이 더 큰 근심이라고 하였다. 그가 얼마나 감분(感憤)하였는지 알겠다.

〈마장전(馬駔傳)〉도 세속의 허위(虛僞) 일면(一面)을 논하여 우교(友交)의 난(難)을 말하였으며,

〈예덕선생전(穢德先生傳)〉[177]은 빈곤한 예덕선생이 궁하면 똥도 먹지마는 입은 매우 깨끗하다 하여 그 순진한 천성과 불우한 환경에 깊이 동정하였으며,

〈김신선전(金神仙傳)〉에는 김홍기(金弘基)의 담박한 성격을 드러내어 신선벽곡(神仙辟穀)은 다른 게 아니라 불우한 선비가 굶주려서 산에서 노는 것을 말함이라 하고,

---

[177] 원저의 '〈예덕전(穢德傳)〉'을 '〈예덕선생전(穢德先生傳)〉'으로 수정함.

〈광문전(廣文傳)〉에는 걸인 광문의 괴행(怪行)을 말하였고,

〈우상전(虞裳傳)〉에는 박학능시(博學能詩)한 우상(虞裳) 이언진(李彦瑱)이 일본에 수행(隨行)하던 이야기와 조선이란 소천지(小天地)에서 허례(虛禮)에 빠진 것을 비웃은 곳이 있다.

이처럼 《방경각외전(放璚閣外傳)》은 사회의 모든 불의를 대적(大敵)으로 하여 사회규율의 희생자-걸인, 선인(仙人), 학자, 지사(志士) 등을 위하여 만장(萬丈)의 기염을 토하였다. 그 날카로운 안광(眼光)에 비쳐오는 사회의 모든 불의적 존재-허위, 타락, 당론, 계급 등을 예신(藝神) 혼자가 갖은 마수(魔手)로써 완전히 그려내었다. 구호(驅虎)의 의기와 대하분류(大河奔流)의 형세와도 같이 파란곡절과 돈좌억양(頓挫抑揚)이 매우 풍부한 것은 소설가로서는 한 이채(異彩)라고 할 것이다.

제5장 《장화홍련전》과 기타 공안류[178]

제1절 《장화홍련전》

1. 저작과 그 작자

《장화홍련전(薔花紅蓮傳)》은 한문본 원본은 가재(佳齋) 전동흘(全東屹)의 후손 전기락(全基洛)이 편찬한 《가재사실록(嘉齋事實錄)》[179] 속에 있다. 원본에 의하면 그 경개는 거의 근일 경향에 유전(流傳)하는 한글본과 틀림이 없다.

'순치(順治) 중 평안도 철산(鐵山)에!', '전동흘로 철산부사를 삼아 그 일을 처리하고', '세(歲) 무인(戊寅) 납월길(臘月吉) 반남(潘南) 박인수(朴

---

[178] 제5장과 제6장의 절 번호와 절 제목을 이 책 전체의 체재에 부합하도록 변경함.

[179] 원저의 '전동흘(全東屹)의 저(著) 《가재집(嘉齋集)》'을 '가재(佳齋) 전동흘(全東屹)의 후손 전기락(全基洛)이 편찬한 《가재사실록(嘉齋事實錄)》'으로 수정함.

仁壽) 근서(謹書)'¹⁸⁰

등등의 구가 수미(首尾)에 있으니 《장화홍련전》에 담겨있는 사실은 순치(順治) 연간, 즉 효종 연간(1644~1661, 아마 1649년 기축(己丑))에 평안도 철산에서 생긴 계모(繼母) 하의 비극이었던 것이요, 전동흘은 전라도 진안(鎭安) 출생으로 효종 2년(1651) 신묘(辛卯)에 무과에 급제한 후 선전관(宣傳官)으로서 6품으로 흥덕현감(興德縣監)을 지낸 후 효종 7년 병신(丙申, 1656) 8월 수사(水使) 이익달(李益達)의 수군(水軍) 연습이 폭풍우 때문에 복몰(覆沒)될 것을 예언하였다가 조신(朝臣)의 주상(奏上)으로 철산사건 해결의 대명(大命)을 받고 익년에 도호(都護)로서 좌우수사(左右水使) 포장(捕將)까지 되었다가 다시 출사(出仕)하여 총융사(摠戎使)로서 삼도통제사(三道統制使)까지 겸하였다. 그리하여 숙종 10년 갑자(甲子, 1684)¹⁸¹에는 그가 삼도통제사 겸 경상우도 수군절도사로 있을 적에 우악(優渥)한 유서(諭書)를 받았는데, 그 발미(跋尾)에

옛날 강태공은 80년간 궁하게 살다가 80년간 영달하였다고 하거늘

---

180 원저의 '세(歲) 무인(戊寅) 납일고(臘日古) 반남(古潘南) 박경수(朴慶壽) 근서(謹書)'에서 '납일고(臘日古)'를 '납월길(臘月吉)'로, '박경수(朴慶壽)'를 '박인수(朴仁壽)'로 각각 바로잡음. '납월길(臘月吉)'은 '납월(臘月) 길일(吉日)', 즉 '음력 섣달 초하루'를 가리킨 것으로 추정됨.
181 원저의 '숙종 5년 기미(己未, 1679)'를 '숙종 10년 갑자(甲子, 1684)'로 수정함.

우리 전동흘은 40년간 궁하게 살다가 40년간 영달하였으니 어찌 아름답지 아니할까.[182]

라는 농설(弄說) 같은 이야기가 씌어 있다. 아마 그는 76세를 일기로 몰시(歿時)까지 통제사로 있었던 것 같다. 아마 이 한문본《장화홍련전》은 숙종 24년 무인(戊寅)이 아니라면 영조 34년 무인(戊寅, 1758) 12월에 반남(潘南) 박인수(朴仁壽)[183]의 손에 서술된 것을 알 것이다.

박인수 씨는 전동흘보다 그리 후배는 아닌 것 같으나 자세한 전기는 알 수가 없다.《장화홍련전》의 원저자는 박인수라는 것만을 알 수가 있다. 다만 그 후 퍽 부연해서 한글로 번역되어 있다. 그것이 이야기책으로 변하기는 퍽 후대의 일인 듯하여 별로 문헌에도 나타나지 않으니 순조·철종 이후의 번역일 것이다.[184]

2.《장화홍련전》의 골자

지금으로부터 삼백 년도 전 옛날이었다. 철산(鐵山) 배좌수(裵座首)의 아

---

182 昔有姜太公, 窮八十達八十, 予之全東屹, 窮四十達四十, 豈不美哉.

183 원저의 '박경수(朴慶壽)'를 '박인수(朴仁壽)'로 수정함. 바로 다음 문단에서도 마찬가지로 수정함.

184《장화홍련전》이 한문본으로 먼저 저작되고 나서 한글본으로 번역됐다고 이 절에서 지은이는 기술했지만, 거꾸로 한글본으로 먼저 저작되고 나서 한문본으로 번역됐다는 설도 있다.

내 장씨(張氏)가 애처로운 두 딸을 남기고 병으로써 세상을 떠났다. 좌수는 그 근처에서 요악(妖惡)한 허씨(許氏)를 맞아 후실을 삼았더니 허씨는 멍텅구리 삼형제를 낳아 그 장남을 이름 지어 장쇠라고 하였다. 계모 허씨는 벌써 전실이 낳은 두 딸 장화(薔花)·홍련(紅蓮)을 매우 미워하여 하루바삐 죽여버릴 계교를 하고 있었다. 하루는 쥐를 잡아서 털을 빼고 피칠을 해서 장화가 잠자고 있는 이불 속에 놓고 좌수에게 낙태라고 참소하여 곧 그날 밤에 장쇠를 밀명(密命)하여 장화를 말에 싣고 외가에 가자고 핍박하여 데리고 심산유곡을 지나서 다다르니 중추 팔월 보름달이 뚜렷하게 비치는 못이었다. 장쇠의 육박으로 장화는 몸을 물에 던지니 난데없는 호랑이가 나와서 장쇠의 다리를 베어 먹었다. 이상한 꿈에 잠을 깬 홍련은 장화의 죽은 자취를 알고 청조(靑鳥)의 안내를 받아 또한 그 못에 가서 언니 죽은 곳을 찾아 몸을 던졌다. 형제의 원혼은 자주 부사(府使)의 공청(公廳)에 나타나서 신원하여달라고 애소(哀訴)하니 새로 도임한 부사는 오는 족족 기절해서 죽는다. 새로 발탁되어온 부사 정동호(鄭東祜)가 비로소 그 원혼의 말을 듣고 배(裵)부부와 그 낙태를 가져오라고 명하였다. 낙태를 해부하니 이론보다 증거! 쥐똥이 많이 나온다. 부사는 곧 허씨를 베고 그 형제의 유골을 잘 매장하였다. 그 후 좌수는 다시 그 근처의 숙녀(淑女) 윤씨(尹氏)에게 장가들어 그 형제의 후신인 사랑스러운 쌍녀(雙女)를 낳아서 그와 동일(同日) 동시(同時)에 쌍남(雙男)을 낳은 평양 이연호(李連浩)의 두 아들과 결혼시켰다.

3. 박인수(朴仁壽)의 원저본(原著本)과 한글번역의 차이[185]

박인수 원본은 도무지 수식이 없는 서술이다. 박본(朴本)은 부사 전동흘의 행장(行狀)처럼 된 만큼 계모의 악(惡)을 기록하는 일면(一面)에 전동흘의 갸륵한 처결(處決)을 칭송하였다. 거기는 '청조(靑鳥)의 안내'도 없고, '호랑이가 장쇠의 다리를 베어 먹은 일'도 없고, 홍련이가 꿈으로써 형(兄)의 죽음을 알지도 않았다.

형제의 원혼이 나타나는 장면 같은 곳도 좀 더 심각하게 하려고 한 자취가 현저하다.

그 후실 윤씨가 그 형제의 후신인 2녀를 낳아서 그와 동년 동월 동일에 평양서 낳은 이연호의 두 아들과 혼인하였다는 것도 끝은 희극(喜劇)으로 맺으려는 당시 소설의 상투(常套)가 보인다. 다른 소설에는 많은 남녀를 낳고 부귀공명 대단원 결막(結幕)이 보통인지라 결말의 필조(筆調)를 구하여 이처럼 허구를 꾸민 것은 한글본의 그만큼 진보를 보여주는 것이다.

한글본은 박인수 저 한문본을 기초로 하고 많이 수식을 가해서 된 소설이다.

4. 의의

이 소설은 철산 배좌수의 실담(實談)을 기초로 하고 《영응전(靈應傳)》이

---

[185] 원저의 이 문단에 나오는 '박경수'를 모두 '박인수'로 수정함.

나 《두아원(竇娥寃)》[186](원곡(元曲)) 같은 데서 볼 수 있는 원혼(寃魂)의 공청출현(公廳出現) 설화와 《숙향전(淑香傳)》과 진(晉)·당(唐) 소설 등에 볼 수 있는 청조(靑鳥)의 길안내 등 전설을 부회(附會)해서 이룬 계모소설이니 무릇 봉건사회의 가족에 있어서 계모의 포학이란 흔히 있을 일로서 일본의 《낙와(落窪)》·《주길(住吉)》·《추월(秋月)》·《복옥(伏屋)》·《미인교(美人較)》·《암옥초자(岩屋草子)》·《조희(朝姬)》·《화야희(花夜姬)》도 이에 속할 것이지만 조선에서도 《콩쥐팥쥐》·《정을선전(鄭乙善傳)》·《장풍운전(張風雲傳)》·《어룡전(魚龍傳)》 등 계모소설이 적지 아니하다.

　대체 계모라면 마땅히 악의 권화(權化)처럼 생각하게 된 것은 동양 봉건시대의 가족제도에 부대(附帶)한 필연적 산물이 아니라 하면 안 된다. 가족제도는 부부를 단위로 한 것이지만 옛날에는 위에 시부모를 모시고 곁에 누이동생들과 시형제를 거느려서 그 복잡한 세대(世帶)의 일원이 되어 한갓 폭군 같은 남편 또는 독사 같은 시모의 중압에 신음하는 주부로서의 '아내'의 존재가 있을 뿐이니 시집살이의 고초가 간단한 것이 아닌데, 더구나 남계사회(男系社會)에 있어 남편의 지위가 높고 남편은 황음무도(荒淫無道)한 짓을 마음대로 하니 아내 된 주부의 불평이 한두 가지가 아닐 것이다. 더구나 어찌어찌 되어 그 남편의 후실이 된 무지한 부녀가 죽은 전실에 대한 증오와 남편의 애정의 분산에 대한 시기와 모녀 간에 호양(互讓)치 않으려 하는 아량 없는 다툼이 날이 지날수록 도(度)

---

186 원저의 '《두아귀(竇娥鬼)》'를 '《두아원(竇娥寃)》'으로 바로잡음.

를 가(加)하여 나중에는 전실 소생의 자녀를 가해하려고 하는 데 이르는 것이니 이것은 거의 우리 사회의 다반사라고 하여도 과언이 아니다.

이런 제재(題材)를 가려서 계모소설을 지은 것은 그 의도가 일(一)은 권선징악에, 다른 일은 부녀소한(婦女消閑)의 구(具)에 공(供)코자 한 것일 것이다.

이조 말엽—순조·철종·이태왕(李太王)— 당시에 이르러서는 종래에 보던 다수(多數)한 한문본이 모두 이야기책으로 변하였다. 많은 이야기책은 다시 일변해서 연극으로 변하였다. 이 일서(一書)도 그 많은 이야기책 중에서 선발된 양서(良書)였던 것이다. 한 개의 계모소설로서만 아니라 고대소설의 전면(全面)을 통하여 이만큼 체재와 서술법이 정돈된 것도 적다. 단 한 계모 사실의 서술인지라 그를 통하여 그 당시의 사회성의 일편(一片)을 볼 수는 있으되 역사성 고찰의 대상까지는 되지 않는다.

제2절 기타 계모형의 소설

순전한 계모소설로는 《장화홍련전(薔花紅蓮傳)》《문헌비고(文獻備考)》에는 '한문본《장화홍련전(長花紅蓮傳)》'으로 씌어있다)뿐이지만 기타 《콩쥐팥쥐》·《정을선전》·《장풍운전》·《어룡전》 등과 같은 것도 또한 계모형에 속할 것이다. 《정을선전》을 보건대

가정(嘉靖) 연간에 경북 계림부(鷄林府) 자산촌(慈山村)에 있는 정을선

(鄭乙善)의 아내 유추년(俞秋年)의 결혼 로맨스. 추년의 아버지 유상서(俞尙書)는 후처 노씨(盧氏)를 맞아 추년을 구박하더니, 추년이 을선과 가연(佳緣)을 맺어 벌써 첫날 저녁이었다. 동방(洞房)에 원앙의 잠이 깊었을 때에 심술 고약한 노씨는 깊은 밤에 간부(奸夫) 모양으로 사람을 시켜 "나의 애인을 누가 데리고 자느냐"라고 부르짖게 하니 을선은 왕녀(王女)에게 장가들고 추년은 원을 품은 채 자살하였다. 그 원혼으로 노씨와 그 가족이 모두 죽고 한황(旱荒)이 계속하니 임금께 주(奏)하여 그에게 충렬부인(忠烈夫人)을 봉하고 원상(寃狀)을 풀어준 후에 약으로써 추년을 회생시켰다. 을선은 두 부인을 데리고 일가가 번창하게 살았다.

이는 《장화홍련전》처럼 취미가 단조치 아니하고 일편(一篇)의 어통(語統)이 초현실한 부분은 적으나 문장은 졸(拙)하다. 《어룡전(魚龍傳·漁龍傳)》도 계모의 이야기니

송나라 기주(冀州) 어처사(魚處士)는 처(妻)가 한 아들 '용(龍)'과 한 딸 '월(月)'을 남기고 죽었다. 어처사가 벼슬길로 서울에 간 후 후처 강씨(姜氏)는 월과 용을 하룻밤에 쫓아냈다. 월은 표랑(漂浪)하여 아황여영묘(娥皇女英廟)에 이르러 자진(自盡)코자 하다가 신령의 인도로 월백동(月白洞) 윤시랑(尹侍郞)의 양녀가 되고 용은 서역(西域) 통천도사(通天道士)의 지도 하에 문무병서(文武兵書)를 보았다. 때는 흘러 십

년 후였다. 월의 남편 임선(林仙)은 장원급제로 우승상이 되고 용은 북흉노의 난을 물리치고 좌승상이 되어 뜻밖에 남매가 서로 만났다.[187]

《장풍운전(張豊雲傳)》(조성기(趙聖期)의 작?)에는

송(宋) 금릉(金陵) 땅에 승상 장희(張熙)의 아들 풍운(豊雲)이 난중에 도망하다가 부모를 이별하니 이운경(李雲敬)이란 이가 데리고 가서 자기의 딸 경패(慶貝)와 혼약을 말하여 두었다. 운경이가 죽으니 계모 호씨(胡氏)의 구박이 심해서 풍운은 운경의 아들 경옥(慶玉)을 데리고 연성사(延城寺)에 들어가 지극한 정성으로 아버지 장희를 찾고 경패는 여남(汝南) 승당(僧堂)에 들어 풍운의 어머님을 찾게 되었다.

이것은 《장풍운전》과 《양풍운전(楊風雲傳)》의 공통성을 말함이니 《양전》에는 삼남매가 그 서모(庶母)에게 쫓겨나고 나중에는 그 아버지도 서모에게 구축(驅逐)을 당하는 차제(次第)이다. 그러나 《장전》은 기적(奇蹟)이 많으며 그 신괴(神怪)는 모두 도불혼합(道佛混合) 사상의 발현이요 주인공은 신(神)·몽(夢)·점(占) 세 가지의 지휘대로 행동하는 것이어서 전반(前半)은 《숙향전》과 기맥이 서로 통하는 듯하다.

---

[187] 원저의 이 문단에서 4번 언급되는 '재룡(才龍)'을 모두 '용(龍)'으로 바로잡음.

제3절 공안류

공안류(公案類)란 사법관청(司法官廳)의 법정에서 자라난 소설을 말함이니 위에서는《장화홍련전》이 그 일례어니와 더욱 현저한 것으로는《옥낭자전(玉娘子傳)》·《진대방전(陳大方傳)》 등이 있다.

《옥낭자전》

함남(咸南) 고원(高原) 땅에 이시업(李時業)이란 청년은 영흥(永興) 김좌수(金座首)의 딸 옥낭자(玉娘子)와 결혼하였다. 시업의 말 타고 지나가는 것을 건방지다고 본 영흥 토호(土豪)는 일부러 싸움을 청하여 일대 격투가 일어 토호의 종 한 명이 죽었다. 그러므로 시업은 감옥에 잡혀가서 죽을 날을 기다리고 있었다. 옥랑(玉娘)은 굳은 결심으로 남복(男服)하고 옥문에 이르러 독주가효(毒酒嘉肴)를 옥졸에게 주면서 그의 평생지기(平生知己)인 이시업을 잠깐 뵈어달라고 빌었다. 옥랑은 이에 옥졸의 허가를 맡고 옥중에서 신음하는 낭군을 보고 일장 오열하다가 스스로 낭군을 대신하여 형벌을 받기로 하고 낭군더러 나가서 시가(媤家)를 상속하라고 극권하였다. 이랑(李郎)은 마침내 옥졸이 체번(替番)하는 때이므로 무사히 나와서 양편 부모를 효양(孝養)하였다. 그러자 사형집행의 날이 절박(切迫)하여 부사(府使) 앞에 나타난 죄인 얼굴을 보니 전일에 보던 그 사람이 아니었다. 부사는 노하여 옥랑을 고문하니 연약한 자질로 형벌에 이기지 못하여 자백하였다. 열녀의 자백에 감동한 부사는 정부(政

府)에 사뢰어 정렬부인(貞烈夫人)을 봉하고 시업은 벼슬하여 이판(吏判)까지 되었다.

옥랑이란 명칭을 보면, 영조 때에 종성(鍾城) 비녀(婢女)로서 정을 통하고 가기(佳期)를 기다리다가 그만 신랑이 장가들기 전에 죽은 후로 과부로 자처하고 일생을 보낸 열녀 '옥랑'을 연상케 한다(《북궐지(北闕誌)》, 이능화(李能和) 씨의 《조선여속고(朝鮮女俗考)》에서 인용함). 다 같이 함경도에서 생긴 일이니 어떤 인연이 있는지도 모르겠다. 향토적 기분이 농후하고 연인을 위해서 죽기를 아끼지 아니하는 애정이 열렬한 것은 실로 고대소설에 비류(比類)가 적겠다. 사랑을 위하여 일신을 희생코자 하는 옥랑은 남원 옥중에서 신음하고 있던 춘향과 같이 다분(多分)의 열정을 가졌다. 그러나 옥랑으로 하여금 옥중에서 죽게 하였더라면, 그리고 그 후 이랑도 순사(殉死)하게 하였더라면 더 한층 심각한 비극을 연출하였을 것이다. 그러나 예전 작가들은 주인공을 사지(死地)에 두었다가 마지막에는 주인공으로 하여금 득의(得意)한 생활을 시켜 보이는 것이 동양윤리의 정취요 시대정신의 요구였다.

《진대방전(陳大方傳)》

송(宋) 탁주(涿州) 사람 진대방(陳大方)은 만득자로 자라나서 주색에 빠져 가사를 살피지 아니하더니 잔악한 양씨녀(楊氏女)를 맞아 집안이 화목치 못하고 가족을 모두 내쫓으니 그 모친도 대방의 동생을 데리고 정처 없는 길을 떠났다. 태수(太守) 김장백(金莊伯)이 그 가족을 전부 잡아다가 앉히고 그 어머님께는 가르치지 못한 죄를, 대방에게는 불효의 죄를, 양씨에게는 칠거지악을 발알(發訐)하여 일일이 힐책하니 이에 느낀 가족들은 그 후부터 화목할 뿐 아니라 천자(天子)가 대방의 효행을 표정(表旌)하였다.

이 설화의 핵심은 태수가 대방의 가족을 징계한 곳에 있을 것이니 법창(法窓)의 한화(閑話)에 지나지 못할 것이며, 법정에서 설유(說諭)한 설명도 많이 전고(典故)를 인용하여 실증하며 동양윤리로써 비판한 것이다. 그러나 대방이라는 토민(土民)의 가정에 생긴 일을 솔직하게 표백(表白)한 것인 그만큼 일반계급의 실생활에 나아가 직관비판(直觀批判)한 것이다.

그 외의 공안류로는 《와사옥안(蛙蛇獄案)》·《응앵송안(鷹鸚訟案)》, 혹은 백사(白沙) 이항복(李恒福)의 《유연전(柳淵傳)》이라든지 《월봉기(月峯記)》·《박문수전(朴文秀傳)》·《흠흠신서(欽欽新書)》 등을 들 수 있으며, 우연한 유사(類似)일는지 모르나 《박문수전》은 《포룡도공안(包龍圖公案)》·《흠흠신서(欽欽新書)》·《당음비사(棠陰比事)》와 자매적 작품이다. 《흠흠신서》는 다산 정약용의 작으로 소설이라기보다 옥안법례(獄案法例)를 모은 공안적 유서(類書)이다.

제6장 걸작 《춘향전》의 출현[188]

제1절 머리말

고전의 해석은 먼저 그 고전의 문학사상 위치를 천명하여야 하기 때문에 그 문학이 의존하며 발달하여온 경제력의 발전과정을 먼저 알아야 하는 것이요, 또 문학의 발전형(發展型)에서 그 경제적 구조를 역판단(逆判斷)할 수도 있는 것이다. 경제적으로 발전된 기반 위에 생장된 서양문예가 18~19세기에 많은 걸작을 산출할 적에 아직도 중세기적 경제상태에서 벗어나지 못한 쇄국주의 국가로서의 이조 말엽에 겨우 이 《춘향전》을 냈다는 것은 아무 불가사의가 없는 일이다. 더구나 문예적 관심을 무시하여온 유교국이었음에랴! 그렇다고 해서 나는 《춘향전》을 일개의 저속한 이야기책으로 일축(一蹴)하여버리려는 것이 아니라, 그나마 조

---

[188] 원저에는 이 장 각 절의 번호와 제목에 일부 오류와 누락이 있다. 지은이가 《동아일보》 1935년 1월 1~10일자에 연재한 글 '춘향전의 현대적 해석'에 의거해 수정하고 보충한다.

선 최고의 수준에 달한 조선고전이었다는 것을 선양(宣揚)하는 동시에 그 시대성(時代性)과의 관련 밑에서 과학적으로 정당하게 파악·평가·계승할 것이라는 것을 지시(指示)하려 한다. 왜 그러냐 하면 그는 고전이기 때문에 그 고전을 산출한 시대성을 빼고서는 이야기할 수 없는 것이요, 또 한댔자 엉터리 형이상학과 마찬가지가 되기 때문이다.

과거의 조선 예원에 커다란 작품이 없었다고 해서 조선어를 사용하는 사람들은 문학적 소질이 없다고 단정하려는 것은 마치 신라에서 여조, 여조에서 이조 이후까지의 국권(國權) 변혁이 모두 일전(一戰)을 교(交)해보지 못하고 평화리에 양여했다고 해서 단박에 평화적 국민이니 비겁한 민족성이니 하고 그 선천성을 따지려는 이와도 같다.

그 사물의 본질과 현상을 분리하여 말미암아온 원인을 구명하지 못하고 그저 피상지견(皮相之見)으로 본다면 모든 것은 수박껍질 핥는 것과 같으리라. 박약한 경제력과 부자연한 예단(藝壇)에서 《춘향전》이라도 산출된 것이 장하다 할 것이다.

《춘향전》은 가장 방간(坊間)에 애독되며 노래로서 가창되며 연극으로서 구경되어오는 것이기 때문에 그 종류도 여러 가지로 되어 있으니 《수산광한루기(水山廣寒樓記)》(한문본), 《한문춘향전》, 《고본춘향전》(최창선(崔昌善) 편, 신문학관(新文學館) 판), 《언문춘향전》(유철진(兪喆鎭) 편 등), 《열녀춘향수절가》(전주토판(全州土版)), 《별춘향가》[189](박이양(朴頤

---

189 원저의 '시역 별춘향가'를 《별춘향가》로 수정함.

陽) 편),《옥중화(獄中花)》(이해조(李海朝) 개편(改編)),《옥중향(獄中香)》(송헌석(宋憲奭) 개편,《옥중가화(獄中佳花)》(?),《옥중가인(獄中佳人)》(홍순필(洪淳泌) 개편,《한문가극(漢文歌劇) 춘향전》(여규형(呂圭亨) 개편,《윤리소설(倫理小說) 광한루기)》(김용제(金用濟) 편,《우리들전》(일명《별춘향전, 심상태(沈相泰) 편),《특별무쌍(特別無雙) 춘향전)》,《오작교(烏鵲橋)》(고유상(高裕相) 편),《춘향전》(한림서림((翰林書林) 편, 송경환(宋敬煥) 편,《회중(懷中) 춘향전)》(김천희(金天熙) 편,《일선문(日鮮文) 춘향전》(홍순필(洪淳泌) 편,《일설(一說) 춘향전)》(이광수(李光秀) 개편,《스프링 퍼퓸(Spring Perfume)》등 십여 종을 불하(不下)한다. 그리하여 소설로 된 것과 가극으로 된 것과 최근 개편된 자들의 사이에는 적지 않은 차이가 있으나 그 전체를 통하여 일관된 경개(梗槪)는 이와 같다.

산도 곱고 물도 맑은 남원(南原)! 이 남국(南國)에 봄이 와서 꽃빛이 무르녹는 때에 남원에도 유명한 광한루(廣寒樓)에 올라 춘흥을 못 이겨 시를 읊는 예쁜 소년은 귀족 이부사(李府使)의 아들 몽룡(夢龍)이었다. 때마침 광한루 앞 시냇가로 산보하는 가인(佳人)은 귀족들의 노류장화(路柳墻花)로 인제는 시들어빠진 퇴기 월매(月梅)의 외딸 춘향(春香)으로 그 나이는 열여섯 한창때라 추기(雛妓)의 신분인 그는 인간(人間)에 나자 벌서 기적(妓籍)에 이름을 실은 것이다. 몽룡은 방자를 시켜 곧 춘향을 불러다 놓고 시와 노래로 숨은 정을 속삭이며 한 잔술로 의(誼)를 맺어 날이 갈수록 그들은 사랑이 깊어졌던 것이다. 그러자 부사의 영전으로 몽룡은 아버지를 따라가게 되니 그들에게는 쓰라린 이별의 날이 닥쳐왔다. 몽룡은 석경(石鏡)을, 춘향은 옥지환(玉指環)을 서로 주고 다시 만날 약속을 굳게 하였다. 그 후 흘러가는 세월은 덧이 없어 너무도 춘향의 운명을 희롱하였다. 그동안 몽룡은 문과에 급제하고 호남암행어사가 되어 공교히 남원으로 가게 되었고, 남원에는 변부사(卞府使)란 자가 새로 도임하여 부기(府妓) 오십 수(首)가 하나도 눈에 안 맞아 재색구비한 춘향을 불러오라고 성화같이 호령하니 잡혀간 춘향은 죽기를 각오하고 "창녀(唱女)의 천가(賤家)에는 정절도 없어야 옳으냐"고 버틴다. 성낸 변부사는 그를 옥에 던졌다. 그리하여 춘향의 앞에는 오직 죽음이 기다리고 있었다. 이튿날 변부사는 성대한 생일연(生日宴)을 열었다. 그동안 춘향의 소식을 탐지한 몽룡은 거지로 변장하고 부사의 잔치에 대어 들어 '금준미주천인혈(金樽美酒千人血)'의 시구를 지었다. 잔치가 끝나자 춘향의 사형을 집행하라는 부사의 명령이 내렸다. 동시에 암행어사 출도(出道)라는 마패소리가 청천벽력처럼 내려서 부사는 해직되고 형장에 나가던 춘향은 다년 그리던 몽룡(이제는 어사)과 반가운 재회의 막이 열린다. 두 사람은 함께 서울로 올라와서 영화스러운 일생을 보냈다고 한다.

수많은 《춘향전》 속에 어느 것이 원본에 가깝다는 고증이 없는 한 정당한 테스트를 선택하기도 어려우나, 나는 편의상 가장 오랬으리라고 생각되는 전주토판《춘향전》(《열녀춘향수절가》)에 의하여 이 논고(論稿)를 쓴다.

《수산광한루기》는 을사(乙巳) 단양(端陽) 운림초객(雲林樵客)의 서(序)와 소엄주인(小广主人) 장욱(張旭, 혼(混)의 아들)의 제사(題辭)가 있는데 해수(海瘦)의 작이라 하였으나 상세(詳細)는 알 수 없다.《서상기》체의 8막 창곡(唱曲)으로 되어 있다.

다만 작자가 사곡(詞曲)에 대한 수양(修養) 부족으로 일률(一律)로 절구(絶句)와 율시(律詩)를 사용하였다.《스프링 퍼퓸》은 시극(詩劇)으로 꾸몄는데 구상(構想)과 번역이 전연 엉터리지만 춘향전을 외국어로 옮겼다는 데 의의가 있다.

제2절 작자·연대 고증에 관한 몇 마디

《춘향전》은 작자를 알지 못하는 작품이다. 소설자류를 멸시하던 때라 괴이할 것도 없지만, 또 오늘의《춘향전》은 어느 한 사람의 손에 된 것이 아니요 여러 사람의 손에 구전(口傳)되며 전사(傳寫)되는 동안에도 적지 않은 윤색을 보았을 것이지만, 더구나 고본(古本)《춘향전》을 가극으로 개작할 때에 더 많은 부연(敷衍)과 개찬(改纂)이 있었으리라는 것을 잊어서는 안 된다. 중국의《삼국연의》·《수호지》·《서유기》 같은 대작이 모두 여러 백 년 동안 여러 사람 사이에 된 것이라는 것을 말하는 것처럼 우리의 이《춘향전》도 또한 그러한 것이라 추정한다. 문헌을 연구하

는 이가 말하기를

1. 《춘향전》은 벽오(碧梧) 이시발(李時發)의 실제담(實際譚)이라고[190]
2. 《춘향전》과 같은 사실이 《박문수집(朴文秀集)》 속에 있다고[191]
3. 《춘향전》은 옥계(玉溪) 노진(盧禛)의 사실을 소설화한 것이라는[192]

등이니 이 이·박·노는 모두 영조 이전 사람이며, 또 현행 각종 《춘향전》의 벽두에 실려 있는 연대를 종합하여보면 '중종 즉위의 명년', '인조시절', '숙종 초', '숙종대왕 즉위 초' 등으로 적혀 있는 것이 모두 숙종 이하까지 내려오지 아니하고(《수산광한루기》에는 공민왕대(恭愍王代)로 되었으나 이는 예외), 전북지방 전설에는

1. 남원에 얼굴이 매우 추하여 시집갈 수 없어서 자살해서 원혼이 된 처녀 춘향이가 있었는데 그 후 남원부사는 부임 오는 족족 죽는 고로 어느 대작가(大作家)가 이 소설을 지어 원혼을 위로한 이후로

---

[190] (원저의 주석) 용인인(龍仁人) 이삼현(李參鉉)의 《이관잡지(二官雜誌)》.

[191] (원저의 주석) 동상(同上).

[192] (원저의 주석) 《계서야담(溪西野談)》. 남원인 노진(盧禛)이 중종 때에 그 숙부인 선천부사(宣川府使)를 찾아갔다가 부기(府妓)와 친밀한 사이가 되었는데, 노진이가 그 후 어사가 되어 자기를 위하여 수절한 그 부기를 심산(深山) 절 속에서 찾아 고향 남원에 데리고 가서 해로(偕老)한 이야기다.

는 무사하여졌다는 말

2. 남원에 양진사(梁進士)가 있어서 과거에 급제하고 돌아와서 창주(倡侏)를 데리고 유가(遊街)할새 집이 적빈(赤貧)해서 그 비용을 보상치 못하고 이에 이 노래를 지어 함께 창(唱)하였으니 이것이 《춘향전》의 고본이었다는 말.

우리는 여기서 영조·정조 시절에 완전치 못하나마 《춘향전》의 고본이 있었다는 것을 추상(推想)하려 한다. 그러나 그 후

3. 거금(距今) 117년 전에 순조 12년(1812) 생(生)인 고창군(高敞郡) 신재효(申在孝)(자는 백원(百源), 벼슬은 오위장(五衛將)) 씨가 재예(才藝)가 있고 가창(歌唱)을 잘하므로 그가 40세 전후쯤에 《춘향전》의 고본을 가지고 부연하고 윤색을 해서 남창조(男唱調)·여창조(女唱調)·동창조(童唱調)를 만들었으니 금속(今俗) 《춘향가》는 곧 그의 작이라고 하는 말

4. 최창선(崔昌善) 씨 《고본 춘향전》에 의하면 그 165엽(頁)에 '영조 시절에 났더면 인물 장사 어대 가며'라는 말이 있고, 또 그 57엽에 정조 8년에 된 《대전통편(大典通編)》 이야기가 있고, 또 영정조 간에 된 《춘면곡(春眠曲)》·《황계타령(黃鷄打令)》이 그 149엽에 있고, 그 177엽에는 '신이년(辛巳年) 팔월 통에 떨어졌으면'이라 한 것은 순조 21년(1820) 양서(兩西)·경성(京城) 일대에 많은 생명을

잡아간 괴질을 말하는 것이다.

5. 신재효보다 2년 뒤떨어져 난 귤산(橘山) 이유원(李裕元)(1814~1888)의 《임하필기(林下筆記)》에 춘향가극 보는 이야기를 썼을 뿐 아니라, 또한 그 저(著)인《가오악부(嘉梧樂府)》에〈관극팔령(觀劇八令)〉이 있는데 기일(其一)에 왈〈광한춘(廣寒春)〉제1령(令)

廣寒五月綠楊垂(광한오월녹양수)
광한루는 오월이라 푸른 버들 드리웠고
娘子鞦韆絳碧紗(낭자추천강벽사)
낭자는 청홍 줄 그네를 타네.
手折一枝橋上贈(수절일지교상증)
버들가지 하나 꺾어 주며 다리 위에서 이별하니
風流御史不勝悲(풍류어사불승비)
풍류어사가 슬픔을 이기지 못하네.

라 한 것은 분명히 가극 본 이야기어니와 이 이유원보다 4년 후에 난 봉화현감(奉化縣監) 윤달선(尹達善)이가 철종 3년(1852)에《광한루악부》를 지었는데 그 발(跋)에 "신시랑(申侍郎) 위(緯)가 관극시 수십 수를 지었다"라고 하였는데, 신위(申緯)(호 자하(紫霞), 1769~1845)가 순조 26년 병술(丙戌) 춘하(春夏)간에〈관극절구십이수(觀劇絶句十二首)〉를 지었는데 배열(排列)·장치(裝置)·관객(觀客)이 벌써 완비된 것을 보여주

고 고소관(高素寬)[193]·송흥록(宋興祿)·염계량(廉季良)[194]·모흥갑(牟興甲)
등의 가극 전문의 광대(廣大)까지 생긴 것을 말하였다. 그중 일수(一首)

春香扮得眼波秋(춘향분득안파추)
춘향이 분장하고 그윽한 눈길 보냈지만
扇影衣紋不自由(선영의문부자유)
부채 들고 옷 입은 맵시가 어색도 하구나.
何物龍鐘李御史(하물용종이어사)
어떤 인물이기에 저 이(李)어사는
至今占斷劇風流(지금점단극풍류)
지금까지 극풍류를 독차지하고 있는가.

신위는 정조·순조 간의 인물이며 그와 동시(同時)의 인(人) 옥산(玉山) 장지완(張之琬)의 〈광한루시(廣寒樓詩)〉에도

十年振觸南州夢(십년진촉남주몽)
십 년을 지녀온 남원의 꿈으로
一曲春香淚滿巾(일곡춘향누만건)

---

[193] 고수관(高壽寬)이라고도 한다.
[194] 염계달(廉季達)이라고도 한다.

춘향가 일곡에 눈물이 수건을 가득 적시네.

라고 한 것이 있고 순조 때 사람 조재삼(趙在三)의 《송남잡지(松南雜識)》에 '춘향타령(春陽打詠)'에 대한 기록이 있는데

옛 악부(樂府)에는 이런 곡조가 없는데, 부채를 치며 길게 읊조리는 고로 세상에서는 타령이라고 일컫는다. …… 우리나라에서 창을 하는 배우를 속칭 창부(唱夫)라고 하고 광대라고도 하는데 '춘양타령(春陽打詠)'을 제일의 곡조로 삼는다. 호남에서 전해 내려오는 말로는 남원부사의 아들 이도령이 동기(童妓) 춘양(春陽)을 곁눈질했고, 춘양은 나중에 이도령을 위하여 수절하였다. 이에 새로 온 부사 탁종립(卓宗立)이 춘양을 죽였다. 호사자(好事者)가 이를 애처롭게 여겨 연의(演義)하여 타령으로 만들어서 춘양의 원한을 풀어주고 그 절개를 널리 드러냈다. 이런 까닭에 〈동동곡〉의 뜻이 있다.[195]

라고 하였다. 이는 귀중한 문헌으로 당시에 조재삼이가 사는 충북 괴

---

195 古樂府, 無此調, 而打扇長詠, 故俗謂打詠……我國倡優, 俗謂唱夫, 亦曰廣帶, 以春陽打詠, 爲第一調, 而湖南諺傳, 南原府使子李道令, 眄童妓春陽, 後爲李道令守節, 新使卓宗立殺之, 好事者哀之, 演其義爲打詠, 以雪春陽之寃, 彰春陽之節云, 即蠹蠹曲之意也. 인용문의 맨 끝 부분에 나오는 '여여곡(蠹蠹曲)'은 옛 가사 〈동동곡(鼕鼕曲·動動曲)〉을 지칭한 것으로 보고 한글로 옮겼다.

산 지방에까지 '춘양'(춘향, 음상사(音相似)로 적은 것)의 광대타령이 있었다는 것과 그 연기설화(緣起說話)는 남원부사의 외아들 이도령이가 동기 춘양을 면(眄)한 후 이도령이 상경한 뒤 기생의 몸으로 꾸준하게 수절하다가 신임 사또(使道) 탁종립(卓宗立)에게 타살(打殺)된 후 호사자(好事者)가 부연해서 만든 것이라는 일설(一說)을 얻은 것인데, 신(新) 부사(府使)가 변학도(卞學道)가 아니요 탁종립이라는 것은 아직 《남원읍지(南原邑誌)》 관원목(官員目)을 조사치 못한 나로서는 할 말 없으나 벌써 당시에 여러 설이 있었다는 것을 말함이며 동시에 얼마나 인기를 끌었는지 알 수 있다. 더욱 정조 시절에 지은 정범조(丁範祖)의 《해좌집(海左集)》에 있는 〈춘랑사(春娘詞)〉 일수(一首)

芙蕖生淤泥(부거생어니) 연꽃은 진흙탕에서 나지만
不受淤泥濁(불수어니탁) 그 더러움은 받아들이지 않네.

운운(云云)의 시는 또한 춘향 설화의 시초가 아닌가 한다.
이리하여 춘향전의 고본(古本)은 옛날이야기책 모양으로 전해오던 것을 광대들이 입으로 옮기기 시작하여 신위·장지완 당시엔 벌써 상당한 체재를 갖춘 가극이 되었고 조재삼·이유원·윤달선 때로부터 신재효 때까지에 가극으로 완성된 모양이니 정조 시절에 일어난 춘향전 이야기가 순조·헌종·철종 때까지 가극으로 완성된 것이다.

제3절 춘향전의 시대성(1)

그런데 춘향전에는 그 시대의 모든 사회층이 모두 무대에 오르는 만큼 각층의 생활의 단면을 명백하게 보여준다. 거기에는 우선 간간이 보이는 물산명(物産名)을 보아도 방(房) 세 칸으로

용장(龍欌), 봉장(鳳欌), 가께수리 등속(等屬)[196],
요리와 과실 명으로 가리찜, 제육찜, 숭어찜, 매초리탕, 동래·울산 대전복, 염통산적, 양볶이, 춘(준?)치자명, 생치다리, 생률, 숙률, 잣송이, 호도, 대추, 앵도, 석류, 유자, 준시 등과,
기물 명으로 대모장도, 청동화로, 산호병, 오동병, 당화병, 죽절병, 쇄금병, 백옥병 등과,
주류로 포도주, 자하주, 송엽주, 과하주, 방문주, 천일주, 백일주, 금로주, 화주, 약주, 연엽주 등이요,
장신구류로 한산세저, 백박사, 은비녀, 밀화장도, 옥지환 등[197]

실로 놀라울 종별(種別)에 미쳐 의식기완(衣食器玩)의 호사(豪奢)를 다한 시민(市民)들의 손에 근대적 소유관계의 맹아를 보게 되는 것이요,

---

196 (원저의 주석) 《원본춘향전》 58엽(頁) 참조.
197 (원저의 주석) 《원본춘향전》 66~67엽 참조.

이러한 의식기완도 다소 종래보다 개량된 기계로 다소 상품적(商品的) 전제(前提) 하에 가공하는 수공업의 맹아도 보게 된 것이다. 화폐와 상품에 지배권을 다소라도 획득하면 그만큼 신흥세력을 이루는 것이요 그가 정치적 권력을 잡지 못하였다 할지라도 봉건적 구권력으로는 제어하기 어려운 신세력을 이루는 것이니, 이것이 시민 즉 중인(中人)들이요 그들의 오락용인 연극문학도 반드시 그 비위에 맞게 하는 것으로 스스로 봉건적 구세력에 대립한 의식(意識)을 띠고 나온다.

거기다 춘향전을 가극으로 각색한 신재효를 위시하여 그 후 지금까지 이를 가창(歌唱)하는 사람들은 일반민중의 열(列)에도 참여치 못하는 기생·광대들이므로 이러한 예술영역에서만 되는 대로 부연해서 기염을 토할 수 있기 때문에 지배적 사상과의 충돌·주저(呪咀)·경멸·반항·풍자의 여러 가지 장면을 보여주는 것이다. 거기는 방자(房子)·패두(牌頭)·왈짜·한량·농부 들이 다 등장하여 춘향의 원상(冤狀)을 호소하고, 암행어사의 출도를 보고 탐학한 변부사를 잡아내는 것이다. 대저 조선의 암행어사의 역할은 국왕의 밀명을 받고 지방에 파견되어 지방행정을 염찰(廉察)하는 것이었으니 그 직권(職權)의 대상은

1. 수령이 민재(民財)를 탐탈(貪奪)하는 자
2. 협륵구사(脅勒驅使)하여 민력(民力)을 사역(私役)하는 자
3. 원옥(冤獄)에 걸린 자
4. 토호(土豪)가 농장을 광점(廣占)하고 전결기은(田結欺隱)하고 인민

을 사역하는 자

5. 결부(結賦)와 요역(徭役)을 가징(加徵)하는 자
6. 윤기(倫紀)를 문란(紊亂)하고 풍속을 파괴하는 자 등이다.[198]

이러한 어사를 필요로 한 것은 당시의 권력계급이 당시의 법전인 《경국대전》과 《대전통편》 등을 무시하고 얼마나 범람(氾濫)한 짓을 하였다는 것이다. 남원에 신임(新任)된 변부사는 당시의 대표적 혹리(酷吏)를 묘사한 것이지만 그는 부임한 날부터 탐재호색(貪財好色)밖에 모르는 위인이다. 그는 환상(還上)·민폐(民弊)·전결(田結)·복수(卜數)·피수(被囚)·도안(徒案)·대무(大務)·읍사(邑事)를 처결은커녕 일고(一顧)도 하지 아니하고 토색(討索)으로 시사(是事)한다. 그렇게 횡렴(橫斂)해서 배설(排設)한 잔치라 술잔마다 백성의 피땀이요 안주마다 백성의 기름이다.

金樽美酒千人血(금준미주천인혈)
금동이의 맛좋은 술은 천 사람의 피요
玉盤佳肴萬姓膏(옥반가효만성고)
옥쟁반의 좋은 안주는 만 백성의 기름이라.
燭淚落時民淚落(촉루락시민루락)

---

[198] (원저의 주석) 《대전통편》 권1~2의 잡령(雜令) 참조.

촛농 떨어질 때 백성의 눈물 떨어지고
歌聲高處怨聲高(가성고처원성고)
노랫소리 높은 곳에 원망의 소리 높도다.

이 얼마나 절창일까. 그러므로 철종 2년 윤팔월 좌의정 김흥근(金興根)이 탐묵(貪墨)의 폐(弊)를 말하되

전후(前後)의 수계(繡啓)를 보니 열 가운데 일고여덟은 다 장오(贓汚)입니다. 대개 탐종멸법(貪縱蔑法)의 유(類)는 가짓수가 한둘이 아니어서 결세(結稅)를 빼돌리기도 하고, 자리를 팔아먹기도 하고, 뇌물을 받고 송사를 처리해주기도 하고, 백성을 위협해 재물을 빼앗기도 하고, 창곡(倉穀)으로 장난질을 해서 이익을 취하기도 하고, 심지어 절용(節用)하지 못해 관청 빚이 많아지면 임기를 마치고 돌아갈 때 적당히 꾸며놓는 등 약탈과 다를 게 없으니, 필경 그 화(禍)를 받는 자는 오직 가난하고 힘없는 백성일 따름입니다.[199] [200]

당시의 시인 이양연(李亮淵)은 이를 시로 읊었으니 〈전가고(田家

---

199 以前後繡啓, 見之, 十之七八, 皆贓汚也, 盖貪縱蔑法之類, 其端不一, 偸結也, 賣任也, 受賂訟也, 威脅取財也, 幻弄倉穀, 立本取利也, 甚者, 不能節用, 債帳寢多, 臨歸彌縫, 無異搶奪, 畢竟, 受其禍者, 惟殘民而已.

200 (원저의 주석) 《국조보감(國朝寶鑑)》 철종 2년 조(條).

苦)〉²⁰¹·〈해계고(蟹鷄苦)〉²⁰²가 그것이다. 철종 당시에 얼마나 수많은 '변부사'가 있었는지 알 수 있다.

제4절 춘향전의 시대성(2)

그뿐 아니라 그들 양반계급은 이 세계가 모두 그네들을 위하여 되어 있는 만큼 반드시 농민 부녀들의 정조 유린쯤은 식전(食前) 일이요, 숙종 5년 2월 남구만(南九萬)의 상소에도

> 요즈음 세력가들이 남의 처첩(妻妾)을 빼앗아 간교하게 속이며 갖가지 추욕(醜辱)을 다하고 있다는데 …… 이 역시 고금에 들어보지 못하던 일입니다.²⁰³ ²⁰⁴

---

201 耕田賣田糴(경전매전적): 밭을 갈고도 그 밭을 팔아야 세미를 내니
　　來歲耕何地(내세경하지): 내년에는 어느 땅에 농사를 지을까.
　　願生伶俐兒(원생영리아): 바라건대 영리한 아들이나 나서
　　學書作官吏(학서작관리): 글을 배워 벼슬아치가 되었으면 하네.

202 太守賦一蟹(태수부일해): 태수가 게 한 마리를 바치라고 한다면
　　未足爲民瘠(미족위민척): 백성을 여위게 할 정도는 아니지만,
　　一蟹爲一鷄(일해위일계): 게 한 마리가 닭 한 마리로 된다면
　　萬鷄凋八域(만계조팔역): 만 마리 닭이 온 나라를 여위게 할 테지.
　　苟然充王廚(구연충왕주): 그렇더라도 임금님 부엌 창고를 채운다면야
　　耕牛吾不惜(경우오불석): 밭갈이 소를 내라 해도 나는 아깝지 않네.

203 近日, 勢力之家, 掠人妻妾, 奸騙狙詐, 醜辱萬端……此亦古今所未聞.

204 (원저의 주석)《국조보감(國朝寶鑑)》숙종 5년 조(條).

신임(新任)한 남원부사 변학도가 부임한 첫날 '기생도안(妓生都案) 들여놓고' 수청기생(守廳妓生) '오십 수(首)'를 차례로 점고(點考)할새 이것도 부족되어 퇴기의 딸 춘향을 불렀다. 그들의 횡욕(橫慾)은 가히 상상할 수 있다. 불탈불염(不奪不厭), 음학무도(淫虐無道)! 실로 언어에 절(絶)한 자(者)다. 더구나 기생의 딸 춘향이를 능겁하는 것쯤은 당시 수령으로서는 극히 'Normal'이었다. 차라리 이에 반항하려는 춘향이가 'Abnormal'이었고, 그만큼도 시대의 힘이었다. 그리하여 "원님은 노망(老妄)이요, 좌수는 주망(酒妄)이요, 아전은 도망(逃亡)이요, 백성은 원망(怨望)"[205]이었다. 원래 이들은 서로 결탁하여, 아니 이서(吏胥)가 원님의 조아(爪牙)가 되어 위에서 말한 가렴주구를 하기 때문에 또한 백성의 원부(怨府)가 되는 것이었다. 그리하여 그들은 양반만 보면 증오심이 앞선다. 몽룡이가 어사 되어 남원에 갈 때에도 길가의 농부들은 손가락질하며 비웃었다.

손길이 희면 다 양반인가요. 이놈을 뜯어보니 움 속에서 송곳질만 하던 갓바치 아들이 분명하오.[206]

하였다. 또 농부들은 춘향의 이야기를 하면서 전(前) 남원부사의 아

---
205 (원저의 주석) 《고본춘향전》.
206 (원저의 주석) 동상(同上).

들 이공자(李公子)가 "신이년(辛巳年) 통에나 떨어졌으면 모르거니와 살아있고 그러하면 그런 맵고 독하고……"[207]라고 춘향을 동정하며 공자(公子)를 훼욕(毁辱)한 것이다. 아무 까닭 없는 몽룡에게도 그러하거든 하물며 변부사랴! 그들은 위에서 말한 변부사의 발악(發惡)에 골이 나서 한량·왈짜들이 부사를 습격하기로 하였다. 또 별본(別本)에는 전라도 53주(州)의 머슴들이 남원부사의 횡포를 응징하기 위하여 사발통문을 돌렸다고 하였다. 사발통문은 보부상이나 민중들이 민요(民擾)를 일으킬 적에 비밀(祕密)을 빨리 각지에 통지하는 일종의 통신방법이다.

제5절 《춘향전》에 보여주는 사상

봉건 이조말기의 양반들이 자기가 기생하는 모체인 농민의 생활을 파괴해서까지 수탈을 하지 않으면 그들의 생활을 유지할 수 없었다는 것은 그 역(亦) 자체모순의 성장을 말하는 것이니 실로 쓰러져가는 고목의 반복(半腹)을 쪼고 있는 탁목조(啄木鳥)와 같다. 그들은 그 고목이 다 쓰러지면 다시 어디 가서 탁식(啄食)할 곳도 없는 것이다. 그리하여 이는 농민생활의 도괴(倒壞)와 함께 양반들의 몰락을 반증하는 것이며 새로 일어나는 것이 상인(商人)으로 된 시민(市民)이니 봉건적 신분관계의 동요

---

[207] (원저의 주석) 동상.

됨을 따라서 종래의 보수적 제 이데올로기에도 커다란 파탄이 생길 것은 당연한 일이다.

대저 조선의 문화·사상의 주조(主潮)는 유·불 두 교(敎)였으나 불교는 현실에 이와 같이 고민에 빠진 민중을 위하여 극단의 금욕주의·무저항주의로써 찰나적으로 그 고민과 불평을 마비·망각시키려는 데 불과하고 현실적으로 사회모순의 제거와 거기서의 해방을 탐구하여주지 아니하고, 여조(麗朝) 때부터 인상 깊은 추루(醜陋)와 죄악으로 충만된 불교가 인제는 완전히 민중의 귀의(歸依)와 신뢰(信賴)를 잃어버리고 산간으로 도망하였으나 유교는 봉건사회기구에 가장 적합함으로써 이조 이래 국교로 정하여왔으나 당초부터 민중을 지배하는 실제철학(實際哲學)으로 된 것이라 고뇌와 불평에 헤매는 민중과는 원래 인연 먼 것이었기 때문에, 영·정 이후로 '천당·지옥'이라는 요지경을 들고 조선에 새로 들어와서 일사천리로 팔도에 유행하려던 것이 천주교다. 영·정 이후 실사구시의 학풍이 대두한 것은 일(一)은 국내의 사회경제의 소사(所使)라고 하지만 일(一)은 그 학자들―《지봉유설(芝峯類說)》의 저자 이수광(李睟光), 《홍길동전(洪吉童傳)》의 저자 허균(許筠), 《성호사설(星湖僿說)》의 저자 이익(李瀷), 《천학문답(天學問答)》의 저자 안정복(安鼎福), 《열하일기(熱河日記)》의 저자 박지원(朴趾源), 《이계집(耳溪集)》의 저자 홍양호(洪良浩), 《여유당집(與猶堂集)》의 저자 정약용(丁若鏞), 기타 이가환(李家煥) 등등 모두 천주교의 신자이거나 적어도 천주교에 대한 이해는 모두 있는 사람이었다. 실로 천도교(天道

敎)²⁰⁸의 '시천주조화정(侍天主造化定)'하는 천주(天主)도 천주교의 천주를 모셔온 것이다. 그리하여 당시의 민중은 당시의 어느 종교에도 귀의할 수 없이 실망해 있던 중에 양이(洋夷) 즉 천주교사(天主敎師)들이 재래(齎來)한 천주가 우리를 구제할 복음인가 하고 믿었기 때문에 천주사상(天主思想)은 상품(商品)과 함께 큰 압력을 가지고 봉쇄한 국가의 문호를 두드리고 들어왔던 것이다.

  이 과정의 민중들은 종래에 천시하던 조선문자로 기록된 책을 퍽 더 읽게 되었다. 그리하여 종래의 이야기책의 일부분이 가극(歌劇)으로 개편되었다. 신위(申緯)의 관극시들이²⁰⁹ 윤달선(尹達善)의 말대로 사실이라면 《춘향전》을 각색하기 전에 《토간(兎肝)》·《흥부전》·《장끼전》·《심청전》 같은 것이 벌써 연출(演出)되었던 모양이다. 이는 확실히 주방문학(厨房文學)(귀족의 주방(厨房), 궁정(宮廷))에서 해방되어 민중문학(民衆文學)으로 도시에, 가두에 진출한 것이다. 그리고 《흥부전》이나 《장끼전》에 모두 관리와 토호들의 가렴주구를 통매(痛罵)하고는 기염을 토한다. 《춘향전》도 종래는 유가(儒家)의 권징적(勸懲的) 의미에서 기녀(妓女)까지라도 정렬(貞烈)을 고취하려던 상투적 염정소설(艶情小說)이 이제 와서는 양반을 모멸하며 매도하는 연극이 되었다.

  "충신불사이군(忠臣不事二君), 열녀불경이부(烈女不更二夫)." 이는 춘

---

208 원저의 '천주교(天主敎)'를 '천도교(天道敎)'로 수정함.
209 원저의 '신위(申緯)의 관극시 수백 수가'를 '신위(申緯)의 관극시들이'로 수정함.

추(春秋) 때 제인(齊人) 왕촉(王蠋)의 말로서 부녀를 주방(廚房)에 유폐하여 두고 그의 정조를 독점하려는 욕망에서 출발한 것으로 남자의 정조를 운위한 일은 없었다. 그러나 방탕하고 호화로운, 그러나 풍류문채(風流文彩)가 이성(異性)의 매혹(魅惑)을 끌었던 귀족공자 이몽룡이 파리 목숨만도 못한 추기(雛妓) 일수(一首)를 위하여 문과급제로 어사가 되기까지 정절을 지켰다는 것도 그 시대의 압력이요 연출하는 사람과 관중들의 요구였던 것이다. 아직도 엽기적(獵奇的) 스토리를 좋아하는 때이므로 당시의 엄격한 신분관계 하의 양반으로서 계급을 초월하는 결혼 같은 것을 생각조차 할 수 없는 때였으나 이런 생각이 나왔다는 것도 또한 사회정세(社會情勢)의 압력에 의한 것이 아닐까? 그런지라 춘향은 일개 기녀의 신분으로 천상랑(天上郎) 같이 우러러보이는 신임 부사 변모(卞某)의 앞에서 당돌하게 기녀의 인격을 주장하며 또 그 정절을 내세웠던 것이다.

"예의는 양반의 집에만 있어야 옳으냐. 기녀의 천가에는 정절도 없어야 옳으냐." 사실상 춘향은 정절보다 인격을 주장하였다. 인간적으로 평등대우를 절규하는 것이 개성(個性)에 눈뜬 춘향, 아니 자유를 찾는 민중들의 구호였던 것이다. 그러고 보면 왜 당초에 호탕한 귀공자 이몽룡이 광한루에 앉아서 방자를 시켜 거만한 구조(口調)로, 표면으로는 유연한 감언(甘言)으로 춘향을 부를 적에 어린 양 같이 모든 것을 제공하고 말았던가? 더구나 연소하고도 기민하며 총혜(聰慧)해서 감정과 이성을 아울러 가진 춘향으로서 어쩌면 그와 같은 농락에 떨어졌을까? 아니 춘향이가 제아무리 총명하여도 여성의 몸으로 이팔청춘에 파과(破瓜)의 시절이라 풍류문채가 놀라운 이성의 매혹에 빠졌던 것일까? 그러나 여기에는 좋은 해답이 있다. 그는 몽룡을 보고 그 이지(理智)로 충분히 몽룡이가 장래에 변부사 같은 악인이 아니고 민중의 보호가 될(?) 어사라도 될 만한 인격을 간파하였으며, 여성 유혹의 상투수단에 빠졌다기보다 몽룡의 견고한 의지를 간출(看出)한 것이며, 또 그 재예(才藝) 비교에 있어서 수승(殊勝)한 재학(才學)에도 감복하였다는 심리가 춘향더러 커다란 계급의 경계(境界)를 중간에 두고 결혼모험을 하게 한 것이요, 그는 또한 유교서적의 풍부한 소양이 있었던 만큼 튼튼한 신념과 반석 같은 우주관이 있어서 강포(强暴)한 혹리(酷吏)가 그 목숨을 빼앗으려 하여도 초조한 바 없이 불을 토하는 백 퍼센트의 백열(白熱)한 항변이 있었고, 영달하였으리라고 믿던 연인 몽룡이 거짓 걸인 모양을 하고 옥중에 있는 그의 면전에 나타났을 때에도 그 모(母)는 그더러 변부사에게 귀순(歸順)하라고 권함에 불구하고 이 효도와 애욕의 갈등에 있어서도 "차라리 불효는 될지언정 마음을 고치지 못한다" 버텼으니 강렬한 열정의 일면에 자율성 강한 이지(理智)를 가졌다. 그리하여 그 용감한 정렬(貞烈)의 부동신(不動身)인 춘향은 암담한 앞길에 뜻하지 않은 승리의 날이 있었다. 여기에서 춘향 또는 그를 위요(圍繞)한 민중의 승리의 서광을 본 것이다.

제6절 춘향전의 문학사적 의의

그러면 춘향전의 사회사적 의의는 이로써 알았을 것이다. 그는 평범한 서사적(敍事的) 체재가 아니라 그 문장의 미(美)가 전고(前古)에 없는 진보를 보였다. 누가 "셰익스피어의 작품은 말마디마다 격언으로 나열한 것"이라 하더니 이 작품도 한 곳도 허솔(虛率)한 틈이 없다. 물론 가극(歌劇)으로 된지라 종래 가사(歌詞)의 '3·4' 혹은 '4·4' 혹은 적어도 음절(音節)이 이와 근사한 어구를 집대성한 것이 형식으로서도 일대 비약이라 하겠다. 신흥(新興)되는 사회계급의 사이에 맹아한 가극으로서의 《춘향전》은 그 내용에서만이 아니라 형식에 있어서도 스스로 새로운 방향을 요구하였던 것이다. 물론 춘향전 외에도 꼭두각시극·배뱅이굿·산대도감극(山臺都監劇) 등의 각본이 구전으로나마 전해왔었고 이런 종류의 어구(語句)가 모두 시적(詩的) 세련(洗練)을 받은 것은 상상(想像)하지만 《춘향전》의 문장이 그전에 생긴 소설(小說)·장편가사(長篇歌詞)의 집대성으로 된 것이다.

《춘향전》의 작자는 《서상기》·《삼국연의》를 암송할 뿐 아니라 《구운몽》과 같은 조선소설에도 정통하였고 기타 정송강(鄭松江)이 지은 〈권주가(勸酒歌)〉와 〈춘면곡(春眠曲)〉·〈상사별곡(相思別曲)〉·〈처사가(處士歌)〉·〈황계타령(黃鷄打令)〉 등 이조의 12가사(歌詞) 같은 것은 물론 숙달하였다. 숙달뿐만 아니라 아마 그전의 장단편 가사를 집찬(集纂)(영조 때 김수장(金壽長)·김천택(金天澤)·김성기(金聖器) 등의 집찬)한 《청구영언(靑丘永言)》·《해동가요(海東歌謠)》 같은 것을 암송하였기 때문에 도처에 저절로 인용되었다. 이야말로 이전 연문학을 잘 계승한 자(者)라 하겠다.

그런 의미에서 자연경제(自然經濟) 위에 부자연하게 조잡하게 발달된 조선의 연문학을 봉건붕괴 과정에서 집성(集成)하였기 때문에 이는 이후 자본주의시대[210]와 깊은 내용적 관련을 가지게 되는 것이다. 아닌 게 아니라 근세의 신문예운동의 발단(發端)에 있어서 한문학을 배제하고 조선문자로 조선 과도형태의 사상을 표시할 적에 제일 도움이 되었던 것이다. 다만 이러한 고전수양이 없는 이가 최근의 작가들에 많다.

그는 마치 외국산인 화초의 씨를 조선의 토질·기후도 고려하지 아니하고 조선의 적토(赤土) 위에 뿌려두는 것과 같이 그가 일시 싹이 틀지라도 잘 성장할는지 의문이다.

이 국제적 영향이 적은 저 시대의 《춘향전》 작자들은 도리어 국내적 생산만은 잘 저작(咀嚼)하고 소화시켰던 것이다.

그뿐 아니라 자유자재하게 전례 없이 유창한 조선어의 사용법을 보여주었다. 그는 조선어가 가진 내재적 특질을 잘 알아서 도처에 기교적(技巧的) 경구(警句)[211]와 미언(謎諺)을 나열한다. 그 대화에 유머가 풍부하고 어조가 쾌활한 것은 말할 여지가 없다.

그뿐 아니라 《춘향전》 작자는 장기, 바둑, 골패, 각색 잡기까지라도 모르는 것이 없었다. 그리하여 반드시 숫자로 '풀림(타령)'을 부르는 것이 상례다.

---

210 원저의 '자본시대'를 이 글의 《동아일보》 연재 시 표현인 '자본주의시대'로 수정함.
211 원저에서 '경구(警句)' 다음에 부기됐던 '(才酒レ)'를 삭제함.

더구나 춘향이가 형장에서 볼기를 맞을 적에 한 개에서 열 개까지 타령을 하는 것은 '신(Scene)'으론 부자연하나 '레제드라마(Lesedrama)'로는, 또는 당시의 광언극(狂言劇)으로는 통쾌한 승작(勝作)이다. 그러므로 나는 머리말에 한 바와 같이 조선과 같이 천박한 생활배경에서 이만한 이상(以上)의 고전을 생산치 못한 것도 용혹무괴(容或無怪)라 하였다. 《춘향전》은 영·정 연간에는 한 개의 한문소설, 그중의 염정소설로서 봉건귀족의 오락물로서의 이야기책으로 존재하던 것이다. 그 내용도 봉건문학의 엽기적 스토리로서 춘향 혹은 그를 에워싸고 있는 민중의 유순과 굴종을 강요하였던 것이다. 그러나 순·헌·철 이후에 신재효 같은 광대들의 손으로, 혹은 노래 부르는 기생·광대들의 입으로 자꾸만 부연해서 특권층의 생활의 폭로와 그에 대한 반항의 구호를 제한 없이 담아서 도리어 역선전(逆宣傳)으로 기염을 토하는 도구가 되었다. 몇천 몇만의 시민이 이것을 보고 감읍(感泣)하였을 것인가. 신흥계급의 승리를 대변하는 《춘향전》은 봉건붕괴 과정의 산물이라는 것을[212] 확증하는 것이다.

가극(歌劇)으로서의 《춘향전》은 종래의 봉건적 형식을 전수(傳受)하여 집대성한 저수지를 이루어서 다음 시대의 중계적 역할을 한 것이었다. 《춘향전》은 갑오(甲午) 이전 백여 년간의 시대의 거울이요 그 시대가 낳은 문학적 보전(寶典)이다.

---

212 '봉건붕괴 과정의 산물이라는 것을'은 원저에서는 빠졌으나 《동아일보》 연재 시에는 있었던 구절이어서 집어넣음.

제7장 《춘향전》 이후의 염정소설

《춘향전》은 조선 문화의 난숙기인 숙종 이후에 울발(鬱勃)히 새로 일어나는 영정시대의 전(全) 문운(文運)을 등지고, 혹은 그 왕성한 문원(文苑) 속에서 자라난 대표적 걸작이었다. 영정시대를 지난 조선의 문운(文運)은 점점 침체의 상태였다. 그러므로 《춘향전》보다 우월한 정염류(情艶類)라든지, 혹은 《춘향전》과 비견할 만한 것이라든지 전혀 보기가 드물다. 강잉(强仍)하여 구한다면 《숙향전(淑香傳)》·《숙영낭자전(淑英娘子傳)》·《백학선전(白鶴扇傳)》·《양산백전(梁山伯傳)》 등이 있을 뿐이다.

제1절 《숙향전》의 경개와 잡고

경개(梗槪)

송말(宋末) 김전(金銓)이라는 착한 군자가 있어서, 그는 어느 날 어부가 거북을 잡은 것을 보고 가련히 여겨 사서 놓아주었다. 20살에 장씨(張氏)를 맞아 귀여운 딸 숙향(淑香)을 낳았다. 갑자기 금인(金人)의 난을 만나 피란하다가 그 부부는 숙향의 품에 진주 두 알과 사주(四柱)를 넣어 주고 창궐한 적세(賊勢)에 못 이겨 헤어져버렸다. 숙향은 청조(靑鳥)의 안내로 선궁(仙宮)에 갔다가 사슴(鹿)의 등에 업혀 알지 못할 심산(深山)에 달하여 흠남군(欽南郡)[213] 장승상(張丞相)이 발견하고 데리고 가서 양육하다가 그 시비(侍婢) 사향(麝香)의 시기로 그 집을 떠나 항아(嫦娥)와 화덕진군(火德陣君)의 옹호를 받다가 천태산(天台山) 마고(麻姑)의 집에 들어 수를 놓아 팔고 있었다. 이 수를 산 도적 한 명이 낙양(洛陽) 이상서(李尙書)의 아들 이선(李仙)에게 제목을 써달라고 원하였다. 이선은 재덕과 풍채가 당세의 제일이었다. 그는 그 수 놓은 사람을 찾아 천신만고하여 숙향을 만나 숙모(叔母)의 주례로 혼인을 이뤘다. 서울로 간 이상서(선(仙)의 부(父))는 그 말을 듣고 노하여 낙양령(洛陽令) 된 김전에게 명하여 숙향을 죽여버리라고 명하였다. 많은 곡절을 지낸 후 김전은 그의 딸 숙향을 찾게 되고 이선과 숙향은 사주가 같으므로 그가 청정연분(天定緣分)인 것을 이상서까지도 인정하였다. 이선은 그 후 문과에 장원급제하고 병부상서가 되었다. 황태후의 병이 위급하니 선은 회회국(回回國)·호밀국(好蜜國)·유구국(琉球國)·교지국(交趾國)·부의국(浮蟻國)을 지나 봉래산(蓬萊山) 밑에 선관(仙官)이 위기(圍棋)하는 곳에 가서 약을 구하여 가지고 돌아오니 공(功)으로써 초왕(楚王)이 되고 숙향은 정렬부인(貞烈夫人)이 되어 부귀와 영화를 누렸다.

---

[213] 원저의 '남부(南部)'를 '흠남군(欽南郡)'으로 수정함.

잡고(雜考)

본서는 언문《숙향전》2종과 한문《숙향전》1종이 있으니 상당히 넓게 오랫동안 읽힌 것인 줄 알겠다. 일본의《상서기문급습유(象胥記聞及拾遺)》에 의하면(가영(嘉永) 3년 전사본(傳寫本)에 의함) '조선의 통속물어(通俗物語)' 조(條) 하(下)에

《최충전(崔忠傳)》,《임경업전(林慶業傳)》,《백룡전(伯龍傳)》, 기타 송대(宋代) 물어(物語),《옥교리전(玉嬌梨傳)》,《숙향전(淑香傳)》,《이백경전(李白慶傳)》,《삼국지(三國志)》등 통속물(通俗物) 다(多)

라고 하였으니 그《상서기문》이 순조시대의 작이라고 가정할지라도《숙향전》의 저작은 영정시대에 소급한다.《상서기문》은 조선에서 도일(渡日)한 사신(使臣)의 필담을 기재한 것이니 소설을 무시하는 한학자인 사신들의 뇌수(腦髓)에까지 깊은 기억을 주려면 그 소설이 여간한 보편화한 것이 아니면 안 될 것이며 또 근세작(近世作)이라고 보는《배비장전(裴裨將傳)》에도

《삼국지》·《수호전》·《구운몽》·《서유기》·《춘향전》·《숙향전》······

등을 열거한 것을 보나니 그가 상당히 인기를 끌고 있던 것을 알 수 있다.

그런데 이 작품 속에는 염정적 색채는 아주 적다. 작자는 숙향이라는 여성의 난업고행(難業苦行)을 그리려고 퍽 애쓴 것 같으니, 우선 중국의 공유(孔愉)·양소(梁沼)·모보(毛寶)와 일본의 《복옥물어(伏屋物語)》에 볼 수 있는 방구보은(放龜報恩) 설화에서 비롯하여

1. 청조(靑鳥)의 안내로 선궁(仙宮)에 이르고
2. 항아(嫦娥)의 지휘로 월궁선녀(月宮仙女)를 보고
3. 여동(女童)의 연엽주(蓮葉舟)를 타고 선녀의 옹호(擁護)로써 용궁에 나가 태을진인(太乙眞人)을 보고
4. 남천문(南川門) 밖에 화덕진군(火德陣君)의 보호로 재액(災厄)을 면하고
5. 도사(道士)들의 인도와 복자(卜者)·상자(相者)들의 예언을 받으며
6. 요지(瑤池)[214]에 가서 서왕모(西王母)를 보며
7. 청의동자(靑衣童子)의 안내로 연엽주를 타고 선경(仙境)에 이르며
8. 봉래산(蓬萊山) 밑 선궁(仙宮) 앞에서 약을 구하며
9. 천태산(天台山) 마고(麻姑)의 집에 함께 거(居)하며
10. 사시(死時)에는 여동빈(呂洞賓)이 와서 봉래산 구류선이 준 약을 먹으라고[215] 권하더니 공중으로 올라갔다.

---

214 원저의 '암지(巖池)'를 '요지(瑤池)'로 수정함.
215 원저의 '봉래산 구류선을 먹으라고'를 '봉래산 구류선이 준 약을 먹으라고'로 수정함.

이는 조선사람의 도불혼용(道佛混用)한 정신생활을 거의 전부 드러내고 있는 것이며 주인공 이선이 회회국(回回國)(정성(井星)), 호밀국(好蜜國)(필성(畢星))[216], 유구국(琉球國)(기성(箕星)), 교지국(交址國)(규성(奎星))[217] 등을 지나 봉래산 하에 가서 약을 가져온 설화는 《서유기》에 당(唐) 삼장(三藏)이 사자국(獅子國), 규룡국(虯龍國), 여인국(女人國)을 지나 서천(西天)에 가서 불경을 가져온 이야기와 《걸리버 물어(物語)》[218]에 대인국·소인국을 여행하는 설화와도 같으니 대저 《숙향전》에서 이와 같은 몽환적·비현실적 부분을 제외한다면 아무것도 나머지가 없을 것이며 몽환(夢幻) 그것이 반드시 나쁜 것은 아니나 정염류에는 그다지 반갑지 아니하다.

제2절 《숙영낭자전》(일명 《재생연》)

경개

세종 시절이다. 경상도 안동(安東) 땅에 백선군(白仙君)이라는 수재가 있었다. 하루는 서당에서 글을 읽다가 잠깐 조는 동안에 천상선녀(天上仙女)가 자기의 화상(畵像)과 금동자(金童子) 한 쌍을 주고 갔더니 그 후

---

216 '(필성(畢星))'은 원저에서 누락된 것인데 추가함.
217 정성(井星), 필성(畢星), 기성(箕星), 규성(奎星)은 각 해당국 왕의 이름.
218 영국 작가 조너선 스위프트의 풍자소설 《걸리버 여행기(Gulliver's Travels)》를 가리킴.

부터 선군은 일심으로 천녀(天女)를 연모하여 거의 병이 되려 하니 이를 어여삐 본 낭자(신녀(神女) 숙영(淑英))는 그를 위안코자 옥련동(玉蓮洞)[219]에서 해후할새 천시(天時)가 아직도 이르지 않은 것을 인력으로써 만나 집에 돌아와서 부인을 삼고 선군은 과거에 응코자 서울로 올라간 사이에 실총(失寵)되어 있던 시비(侍女) 매월(梅月)은 질투심이 불붙듯 하여 필경 낭자를 암살하였지마는 원혼의 덩어리인 그 잔해는 움찍동(動)치 아니하고 반석 같았다. 선군은 장원으로 급제하고 돌아와 시녀 매월의 죄를 다스리고 갱생(更生)하여 온 신녀 숙영의 유혼(幽魂)에 다시 접(接)하였다. 선군과 숙영은 부귀영화 팔십 년에 다시 용을 타고 올라갔다.

잡고

본서는 한문본 《재생연(再生緣)》과 한글본 《숙영낭자전》의 2종이 있으니 그 양자의 차이를 보건대

1. 《재생연》에는 "이선근(李宣根)이 옥련동에서 천녀(天女)를 만났다"는 것이 《숙영낭자전》에는 "백선군(白仙君)이 옥련동에서 낭자 숙영을 만났다"고 하고
2. 《재생연》은 장회(章回)가 있는데 《숙영낭자전》는 6회로 된 장회소

---
[219] 원저의 '옥련당(玉蓮堂)'을 '옥련동(玉蓮洞)'으로 수정함.

설이다.

이런 예로 보아도 간단한《재생연》에서 복잡한《숙영전》으로 변역(變譯)되었다고 보는 것이 가하겠다. 중국에는 한(漢) 무제(武帝)와 이부인(李夫人)의 고사(故事)를《재생연》연극으로 한 예도 있지만 그와는 전혀 관계가 없으며, 소설의 무대도 조선의 추로향(鄒魯鄕)이라고 전하는 안동(安東)이며 연대도 세종시절이라고 하였은즉《춘향전》보다도 앞서 숙종·영조의 사이에 안동 사람 혹은 안동을 잘 이해하는 작가의 손으로 구래(舊來)의 전설을 기록한 것이 아닐까 한다. 대저 이와 같은 전설은 어느 나라이든지 흩어져 있는 것으로 중국에서도〈채지처(蔡支妻)〉와〈동래인녀(東萊人女)〉(《광기(廣記)》권375) 같은 재생설화(再生說話)는 가장 이에 가까운 것이다. 그러나 선근(宣根)이가 과거를 보고자 떠나다가 그리운 낭자를 잠깐이라도 더 보고자 두 번씩이나 다시 집에 들어온 장면 같은 것은 남주인공의 무돈착(無頓着)한 애정을 힘 있게 그렸으며 동화(童話) 형식을 떠나서 상당히 소설화한 것이라고 본다.

제3절《백학선전(白鶴扇傳)》개평(槪評)

《백학선전》의 경개

홍무(洪武) 연간이다. 남경(南京) 유상서(劉尙書)의 아들 유백로(劉伯魯)는 열 살에 도학(道學)을 배우고자 성남(城南) 운수선생(雲水先生)에게 찾아갈새 상서는 가보로 전하던 백학선(白鶴扇)을 주었다. 길 위에 조상서(曹尙書)의 애녀(愛女) 조은화(曺銀花)[220]를 만나서 유자(柚子) 한 개를 건네준 인연으로 백로는 은화에게 백학선을 주며 성명을 통하였다. 그 후 백로는 금방(金榜)에 장원(壯元)을 빼고 남방순무사(南方巡撫使)가 되어 은화를 찾고자 하다가, 칙명을 받고 가달의 난을 평정하러 나가 싸우다가 포로가 되었다. 그동안 조은화는 이부상서(吏部尙書) 최국양(崔國陽)의 구혼을 거절하고 그의 참소를 받아서 일가족은 유리멸망(流離滅亡)하여버리고 나머지 은화는 사방에 유리(流離)하면서 여러 번 생사의 난관을 지내서 가달의 난에 포로가 된 백로를 구코자 스스로 상소하여 삼만군(三萬軍)의 원수가 되어 가달을 쳐부수고 돌아오니 유원수(劉元帥)는 연왕(燕王)을 봉(封)하고 조원수(曹元帥)는 해로정렬충의왕비(偕老貞烈忠義王妃)를 봉하였다.

개평(槪評)

전반(前半)은 백로(伯魯)와 은화의 결연(結緣) 로맨스요, 중간에는 은화의 고행담이요, 후반(後半)은 또한 군담(軍談)이다. 전체로 보아 평범한 저작이나 백로와 은화가 처음에 서로 만나서 인연을 맺던 단(段) 같음은 필법(筆法)이 묘하며, 은화의 재지(才智)와 덕행(德行)이 구존한 인물의 이상화에는 성공하였다.

---

220 '조은화(曺銀花)'를 '조은하(曺銀河)'라고 한 판본도 있다.

제4절 《양산백전》[221]

《정사(情史)》에

> 양산백(梁山伯)과 축영대(祝英臺)는 모두 동진인(東晋人)으로 양가(梁家)는 회계(會稽) 지역의 집안이고 축가(祝家)는 상우(上虞) 지역의 집안이었다. 일찍이 함께 공부하다가 축이 먼저 집으로 돌아갔다. 나중에 양이 상우를 지나가다가 축을 방문하고 그가 여자임을 처음으로 알게 되어 돌아가 부모에게 아뢰고 축을 아내로 맞이하고자 했으나 축은 이미 마씨(馬氏)의 아들에게 결혼을 허락한 상태였다. 양이 창연하여 정신이 나간 듯하였다. 그로부터 3년 뒤에 양은 은령(鄞令)이 되었다가 병이 들어 죽게 되자 청도산(淸道山) 아래에 묻어달라고 유언했다. 그 다음 해에 축이 마씨에게 시집가서 그 근처를 지나는데 바람과 파도가 크게 일어나 배가 나아가지를 못하였다. 이에 축이 양의 무덤에 나아가 목이 쉬도록 통곡하던 중 땅이 갑자기 갈라지는 것을 보고 거기에 몸을 던져 죽었다.[222]

---

221 원저의 '양산백(梁山伯)과 축영대(祝英臺)'를 '《양산백전》'으로 수정함.
222 梁山伯, 祝英臺, 皆東晉人, 梁家會稽, 祝家上虞, 嘗同學, 祝先歸, 梁後過上虞, 尋訪之, 始知為女, 歸乃告父母, 欲娶之, 而祝已許馬氏子矣, 梁悵然若有所失, 後三年, 梁為鄞令, 病且死, 遺言葬清道山下, 又明年, 祝適馬氏, 過其處, 風濤大作, 舟不能進, 祝乃造梁塚, 失聲哀慟, 地忽裂, 祝投而死.

라고 한 것이 《양산백전(梁山伯傳)》의 본거(本據)가 된다. 작가들은 양(梁)·축(祝)의 로맨스를 다시 소설적으로 윤식(潤飾)하여 《정사(情史)》와 《영파지(寧波志)》에 전하는 전설 원형을 퍽 변개(變改)하고 있다.

원형	소설
1. 동진(東晉) 연간	대명(大明) 성화(成化) 연간
2. 축영대(祝英臺)―상우인(上虞人)	추양대(秋陽臺)―평강인(平江人)
3. 마씨(馬氏) 자(子)	심재상(沈宰相) 현(賢)의 아들 의량(義良)
4. 양(梁)―회계인(會稽人)	양(梁)―남양인(南陽人)
5. 양(梁)이 축(祝)의 집을 찾아 그가 여자인 줄 알게 된 것	양(梁)·추(秋)[223]가 동학(同學) 중에 양이 남복한 추를 여자인 줄 알게 된 것
6. 축이 양의 무덤에 빠져 동사(同死)하고 만 것	양·추가 동사한 후 수삭(數朔) 만에 갱생하여 영화를 누린 것

1에서 4까지의 차이는 어찌 생겼을까? 이는 작가가 고유명사에 구니(拘泥)치 아니하고 생각나는 대로 전기(傳記)를 기록함이요, 동진(東晉) 연간을 대명(大明) 연간, 그중에도 성화(成化) 연간이라고 한 것은 대개 이조 말엽 작가들의 버릇과 같이 되었던 일이며, 더구나 모명배청(慕明排淸)의 심리로서 청조를 배경으로 한 것은 《징세비태록(懲世否泰錄)》

---

[223] 원저의 '양축(梁祝)'을 '양(梁)·추(秋)'로 바로잡음. 이하 같음.

(이는 건륭(乾隆) 연간 절강(浙江) 안상문(安相文)을 주인공으로 한 소설)뿐이다. 축영대가 추양대로 변한 것은 언어학적 변화에 속한 작용이니 장구한 시일 동안 전사(傳寫)하는 사이에 저절로 변개(變改)한 것이다. 5와 6의 변개는 작자의 기교라고 한다. 축영대의 설화는 중국에서도 동진(東晉) 이후[224] 오랫동안 시인의 구설에 올라서 원대(元代)에는 《축영대잡극(祝英臺雜劇)》, 명대(明代)에는 《양산백보권(梁山伯寶卷)》(불전(佛典)), 청대(淸代)에는 《방우기(訪友記)》(전기(傳奇))까지 되었다. 영대(英臺)가 산백(山伯)의 무덤에 곡(哭)한 것은 로미오가 불붙는 듯한 피끓는 가슴을 가지고 연인의 총상(塚上)에 곡함과 같이 순결한 사랑의 권화(權化)인 양·축의 간단한 기록을 부연하여 방대하고도 역량 있는 대작품에까지 진전시킨 곳에 작자의 기교(技巧) 일반(一班)을 엿볼 수가 있다.

끝으로 본서는 《양산백(梁山伯)》·《양산백(楊山伯)》·《축영대(祝英臺)》의 여러 명칭으로 전독(傳讀)되어오는 것을 말하여 둔다.

제5절 《옥단춘전》

《옥단춘전(玉丹春傳)》은 숙종 때에 두 재상 이정(李楨)과 김정(金楨)의 두 아들이 있으니 각각 이혈룡(李血龍)과 김진희(金眞喜)라고 이름 지어

---
224 원저의 '명·청 이후'를 '동진(東晉) 이후'로 수정함.

함께 공부를 하였으며 또 누구든지 먼저 성공하면 서로 천인(薦引)하기로 하였더니, 소년(少年)에 득의(得意)하여 평안감사가 된 김진희가 바로 연광정(練光亭)에서 뱃놀이 하는 날 이혈룡은 걸인 행색으로 감사를 찾아갔더니 진희는 구제는커녕 죽이고자 하였다. 당시에 기생으로 접대하고 있던 옥단춘(玉丹春)은 사람 알아보는 지혜 있는 미인이라, 그는 혈룡에게 생활비를 제공하고 가지가지로 위로하여주었다. 혈룡은 그 후 암행어사가 되어 김진희의 포악을 벌하였다.

옥단춘! 예천(醴泉)·군위(軍威) 지방의 민요(民謠)에는 아직도 '춘아, 춘아, 옥단춘아'라는 노래가 있으며(학우(學友) 이재욱(李在郁) 씨 조사(調査)[225]), 고려 적에 발원(發源)한 산대도감(山臺都監) 각본에도 '옥단춘이가 죽었느냐'(학우 김재철(金在喆) 씨 원본(原本))라는 가구(歌句)가 있다.[226]

양자강변(楊子江邊)의 서시촌(西施村)을 연상시키지만 경북 청도군(淸道郡) 음지동(陰地洞)에 옥단춘의 생지(生地)라고 하는 전설까지 있다.

그러면 평양 기생인 옥단춘이 종으로는 영남 민요와, 횡으로는 산대도감 각본과 어떤 관계를 가졌을까? 민요나 각본이 모두 노래다. 노래는 가장 솔직하고 진실한 표현인 만큼 어느 옛날에 평양에 유명하던 옥단

---

[225] 원저의 '조(調)'를 '조사(調査)'로 수정함.
[226] 원저에서 누락된 '라는 가구(歌句)가 있다'를 《동아일보》에 연재된 글에 의거해 추가함.

춘이 전국적으로 화제가 되고 찬사가 붙고 따라서 노래에도 오른 듯하다. 옥단춘이 과연 실재하였다고 하면 남(南)은 남원을 무대로 한《춘향전》에 대하여 북(北)은 서경(西京)을 배경으로 한 옥단춘의 호일대(好一對)가 될 것이며, 《옥단춘전》의 후반이 《춘향전》의 후반과 서로 문합(吻合)하는 것도 양자의 사이에 어떠한 교섭이 있지 않은가 하고 의심한다.

암행어사 혈룡과 몽룡, 춘향과 옥단춘, 구상의 유사……, 체재로 보든지 내용으로 보든지 《춘향전》과 바로 한 쌍의 자매편이라고 하겠다.

《월영낭자전(月英娘子傳)》[227]도 최희성(崔喜星)과 호월영(胡月英)의 정사(情事)를 그린 승작(勝作)이다.

---

227 원저의 '《여걸월영낭자전(女傑月英娘子傳)》'을 '《월영낭자전(月英娘子傳)》'으로 바로잡음. '여걸 월영'은 흔히 제갈량의 아내 '황월영(黃月英)'을 가리킬 때 사용돼온 호칭이며 《월영낭자전》과는 무관하다.

제8장 전대(前代) 계승의 문학

제1절 《소운전》《월봉기》)과 《옥소전》의 유행

《태평광기(太平廣記)》에 있는 〈최위자전(崔尉子傳)〉이 변하여 명대(明代)의 소설 《소지현나삼재합(蘇知縣羅衫再合)》[228]이 되었으며, 소지현(蘇知縣)은 즉 소운(蘇雲)이다. 청대(清代)에 이르러서 이로써 다시 《백나삼(白羅衫)》이라는 전기(傳奇)를 지었다. 대저 비극적 요소를 많이 가진 복수류(復讎類)는 가장 독자의 마음을 끄는 것으로 정염류(情艶類)와 병행하여 일시(一時)의 세호(世好)에 던져 문단(文壇)을 풍미하는 것이니, 종래와 같이 취미와 형식이 단조한 소설계에 이 소설의 수입이야말로 일대 파문을 던졌다. 그러므로 그는 즉시 번역되어 여러 가지 명칭을 가지게 되었다.

---

228 원저의 '《소지현나삼복합(蘇知縣羅衫復合)》'을 '《소지현나삼재합(蘇知縣羅衫再合)》'으로 수정함.

1. 《소운전(蘇雲傳)》(《소학사전(蘇學士傳)》·《월봉산기(月峯山記)》·《월봉기(月峯記)》)
2. 《옥소전(玉簫傳)》(《옥소기봉(玉簫奇逢)》·《강릉추월(江陵秋月)》·《봉황금(鳳凰琴)》)

《소운전》의 경개

명나라 숭정(崇禎) 연간이다. 소승상(蘇丞相)의 두 아들 소위(蘇渭)와 소운(蘇雲)(명인(明人)의 소설에는 형이 소운이요 동생이 소위이다)은 천자(天子)의 총애가 깊어서, 소위는 항주자사(杭州刺史)로 배명(拜命)되어 노모와 형 운을 이별하고 수로(水路)로 항주에 향하다가 중간에 서준(徐俊)이라는 수적(水賊)을 만나 자사(刺史)는 물속에 던져지고 부인은 황천탑(皇天塔) 서준의 집으로 잡혀갔다가 은인(恩人)의 도움으로 호구(虎口)를 벗어나서 산사(山寺)에 의거할새 유복자를 낳으니 중들이 불상사라고 배척하므로 아이를 나삼(羅衫)에 싸서 봉채(鳳釵)를 품에 넣어 길에 버리고 가져가는 사람을 엿보니, 필경 서준의 집 종 아이가 가지고 가서 서준을 주니 서적(徐賊)은 그 이름을 서운경(徐雲敬)이라고 지어 자기의 자식을 삼았다. 운경은 명민하여 십여 세에 과거를 보고자 서울로 향하다가 절강(浙江) 소학사(蘇學士)의 집에 이르니 소학사의 노모와 소비(小婢)들이 십칠 년 전에 집을 떠난 소학사의 얼굴과 같다고 하며 그 전날 밤에 진부모(眞父母)를 찾으라고 몽탁(夢托)도 있었다고 하고 운경의 연령이 십칠 세이므로 소학사가 떠난 후에 낳은 유복자가 아닌가 스스로 의심이 생겼다. 운경은 과거에 미쳐 장원급제로 암행어사가 되어 돌아오니 소학사의 노모가 소위 부부와 그 부부를 찾으려고 나간 소운을 찾아달라고 부탁하였다. 집에 돌아오는 중로(中路)에 신원장(伸寃狀)을 드린 소위 부부와 소운을 만나서 이에 자기의 부모와 계부(季父)인 줄 알고 서준을 일도(一刀)에 베고 고향으로 돌아왔다.

《소운전》 잡고

이는 대개(大槪) 어느 실담(實譚)일는지도 알 수 없으나, 소위(蘇渭)가 수적에게 봉변하여 그의 자식이 아버지의 원수를 갚은 대통(大統)은 《금고기관(今古奇觀)》의 〈채소저인욕보구(蔡小姐忍辱報仇)〉의 장면을 새겨 보게 한다. 지나(支那)의 지리와 이국적 취미를 이해치 못하는 이에게는 부자연한 느낌을 많이 준다. 본서는 민간(民間)에 흔히 《월봉기》·《월봉산기》·《소학사전》의 명칭으로도 유행되지마는 연대가 숭정(崇禎)이므로 숙종 이후, 즉 영정시대나 혹은 그 후에 된 것이 아닌가 한다.

《옥단춘전》과 《소학사전》의 이동(異同)

《소운전》이 많이 환영되는 것을 본 작가들은 명민하게도 《월봉기(月峯記)》의 고유명사를 변(變)하고 다시 그 위에 윤식을 더하여 《옥소전(玉簫傳)》이라고도 하였으며, 《옥소전》은 다시 《옥소기봉(玉簫奇逢)》·《강릉추월(江陵秋月)》의 두 별명을 가지고 있다. 《옥소전》과 《소학사전》의 이동(異同)을 비교하여 보면

《소학사전》	《옥소전》
소위(蘇渭)	이선군(李仙君)
이부인(李夫人)	조낭자(曹娘子)
유복동(遺腹童) 서운경(徐雲敬)	유복동 장해룡(張海龍)
기아(棄兒) 품에 봉채(鳳釵)	기아 품에 옥소(玉簫)

이처럼 주인공들의 이름만 다르고는 상세한 점까지 대동소이하지만, 그래도 조금 다른 것은

1. 운경은 서준을 죽이고(《소학사전》), 해룡은 가부(假父)를 용서한 것(《옥소전》)
2. 《옥소전》은 장회소설(10회)로 된 것
3. 《옥소전》은 인명·지명·연대를 조선으로 옮긴 것. 예컨대 권두(卷頭)에 '신라 시절에 강릉 사곡봉(斜谷峯) 하(下) 이춘백(李春白)……' 등.

물론 《옥소전》에까지 개작하기는 최근의 일이겠지만, 향토적 정조(情調)에 비약적으로 창일(漲溢)하여 있다.

《봉황금(鳳凰琴)》 잡고

이는 《소운전》의 내용과 전연 문합(吻合)하므로 《장진전(張晋傳)》[229]이

라고 명명하여도 좋을 것이다. 장운조(張雲祖)가 부임 도중에 수적(水賊) 마학(麻鶴)에게 약탈을 당하고 그의 가보인 봉황금(鳳凰琴)도 마학이가 가지고 가서 운조의 유복자인 마학의 가자(假子) 마용(麻勇)에게 전한 신물(信物) '봉황금(鳳凰琴)'으로 명명하였다. 장운조가 물에서 나와서 계양(桂陽) 소지현(蘇知縣)의 집에 우거(寓居)하였으니 소지현과 《소운전》의 소학사(蘇學士)는 어떠한 관계가 있을는지 일고(一考)를 요한다. 최근에 와서 개정되어 읽히지마는 또한 《소학사전》《월봉산기》의 변형인 듯하다.

그런데 《옥소전》의 별칭을 《옥소기봉》이라고 함은 기술한 바이니와 당시에는 이와 같은 기봉류(奇逢類)·기연류(奇緣類)도 많이 유행하였으니 쿠랑 씨의 서목(書目)에 있는 것만 하더라도

기봉류(奇逢類): 《옥환기봉(玉環奇逢)》·《명주기봉(明珠奇逢)》·《황한기봉(黃韓奇逢)》·《옥쌍환기봉(玉雙環奇逢)》·《쌍천기봉(雙釧奇逢)》·《계심쌍환기봉(桂心雙環奇逢)》·《벽파금천쌍환기봉(碧坡金川雙環奇逢)》·《기봉정취보(奇逢正聚譜)》·《기봉장애(奇逢長涯)》·《옥연재합록(玉緣再合錄)》·《김상서재합록(金尙書再合錄)》·《금환재합록(金環再合錄)》·《진주삼재합록(眞珠三再合錄)》

---

229 장진(張晉)은 《봉황금》의 등장인물 마용(麻勇)이 자신의 진짜 아버지가 누구인지를 알게 된 후 스스로 고쳐 부른 이름.

기연류(奇緣類): 《옥소기연(玉蘭奇緣)》·《쌍주기연(雙珠奇緣)》·《명주기연(明珠奇緣)》·《황주기연(黃珠奇緣)》·《난조재세기연록(鸞鳥再世奇緣綠)》 등

제2절 기타 작품과 계승되어오는 작풍(作風)[230]

이때에는 장회소설의 장편물도 상당히 발달되어 《임화정연(林花鄭延)》의 번역, 《한당유사(漢唐遺事)》의 창작(상술)도 이때의 일이다. 《하진양문록(河陳兩門錄)》 같은 것도 이때의 작(作)이 아닌가 한다. 당시의 장회소설을 예거한다면

《석화룡전(石化龍傳)》(7회본): 대명(大明) 정관 연간에 소주(蘇州) 석화룡의 사실

《이학사전(李學士傳)》(12회본): 대명 가정 연간에 청주(靑州) 이현경(李賢慶)의 사실

《사대장전(史大將傳)》(6회본): 진(晉) 소흥현(紹興縣) 사안(史安)[231]의 사실을 와철(訛綴).

---

230 원저의 '기타 계승되어오는 작풍'을 '기타 작품과 계승되어오는 작풍'으로 수정함.
231 원저에 '사안(謝安)(?)'이라고 부기된 것을 삭제함.

기타 《장국진전(張國鎭傳)》(일명 《모란정기(牡丹亭記)》): 이와 같은 장군전기(將軍傳記)는 장회소설이 아닐지라도 필마단기로 송(宋) 천자(天子)를 구원하는 만고충신 위왕(魏王) 현수문(玄壽文)을 다룬 《현수문전》과, 부인 장애원(張愛媛)[232]과 함께 장(張)은 관장(官將)으로, 자기는 의병장으로 전장에 임하여 개선(凱旋)한 후 연애의 숙원을 달(達)한 이대봉(李大鳳)을 다룬 《이대봉전》(일명 《봉황대(鳳凰臺)》) 같은 것과 함께 이때의 작이 아닌가 한다.

이리하여 영정시대에 잠깐 청신(淸新)한 맛을 보여주던 문학은 순조로부터 철종 때까지 약 백 년 동안 침체하여버리고 고대의 것을 되풀이함에 지나지 못하고, 약간 특색을 가진 것으로는 신괴(神怪)한 《금방울전》, 역사소설인 《금산사몽유록(金山寺夢遊錄)》, 희곡적 체재를 가진 《배비장전(裵裨將傳)》과 가곡(歌曲) 절반인 《채봉감별곡(彩鳳感別曲)》 등이 있다.

《금령전(金鈴傳)》(《금방울전》): 동해 용왕의 아들 해룡(海龍)과 용녀(龍女) 금방울의 결혼 로맨스이니, 원곡(元曲)의 《장생자해(張生煮海)》와 《서유기》 같은 데서 환탈(幻脫)한 듯한 설화가 많다.

《금강산몽유록》(일명 《금화사기(金華寺記)》): 청 강희(康熙) 말년 능주

---
[232] 판본에 따라 '장애봉(張愛鳳)'이나 '장애황(張愛凰)'이라고도 한다.

(凌州) 명사(名士) 성허(成虛)(한문본에는 지정(至正) 말 성처사(成處士)라고 함)가 한 고조, 당 태종, 명 태조, 송 태조의 창업연(創業宴)에 의(擬)하고 지나(支那) 역대 군신과 치란득실(治亂得失)을 종횡으로 담론한 희작(戱作)이다.

《배비장전》: 색(色)에 녹지 않는다는 장담 하던 서울 배비장이 제주도에 가서 애랑(愛娘)의 미(美)에 빠져 동무들의 조소를 받은 이야기이다.

《채봉감별곡》: 김진사의 사랑하는 따님으로 태어난 채봉은 선천부사로 가는 장필성(張弼成)[233]을 만나 월하(月下)의 인연을 굳게 맺었다(3회). 그러자 김진사는 다른 곳에 혼의(婚議)를 정하고 내외 양주는 딸을 데리고 서울로 올라갔더니 채봉은 다시 평양으로 내려와서 기생이 되어 이감사(李監司) 집에 모시고 있었다(10회). 이 눈치를 알게 된 장생(張生)도 감사댁에서 일을 보고 있으면서 예전 기약(期約)을 이루도록 기다리고 있었다. 채봉은 별당(別堂)에서 〈추풍감별곡〉을 지어 남모르게 장생을 주었다. 이 일이 알려져서 장생과 채봉은 다시 구연(舊緣)을 잇게 되고 김진사도 다시 딸을 찾았다(12회).

그런데 당시의 정세를 일별하건대 유해(儒害)와 정폐(政弊)로, 혹은

---

233 '장필성(張弼成)'을 '강필성(姜弼成)'이라고 한 판본도 있다.

정적(情的) 교육의 부족으로 인심은 적막·건조하여 황폐한 산하 그대로였다. 원래 인생문제와 이상적 경지(境地)와 혹은 자안애장(慈眼愛腸)의 매개와 활동사회의 활세력(活勢力)을 그 아무것도 보여주지 않는 유교(儒敎)도 인제는 완전히 부란(腐爛)하여버리고 유교사회의 일면을 방조(幇助)하고 있던 도불(道佛) 사상도 허다한 잡술이 인심을 고현(蠱眩)하므로 그가 지지하고 있던 정신계도 백귀야행(百鬼夜行)의 상태가 되어 이로 인하여 생긴 숙명론적 견해, 즉 팔자선천론(八字先天論)은 인심을 공포, 퇴영, 가식, 안일의 심연으로 던졌다. 이 사조(思潮)를 배경으로 한 문예는 외래문화의 세례를 전기(轉機)로 하고 반드시 혁명하여야 할 기운(氣運)에 향하였다.

제7편

신문예운동 40년간의 소설관(小說觀)

제1장 서론(緒論)

이조 말엽, 특히 순(純)·헌(憲)·철(哲)·광무(光武) 시절까지는 조선의 봉건적 금자탑(金字塔)의 붕괴와 양반 대신에 신흥(新興)하는 시민—중인·서얼·서리·평민·천민(칠반천역(七般賤役)) 등—에 의하여 그들 자신의 오락에 공(供)코자 다수(多數)한 소설·연극을 필요로 하였던 것이다.

　우선 가두(街頭)에는 원사(諢詞)·타원(打諢)·야기(夜寄) 같은 것이 유행하여 조추재(趙秋齋)의 《기이(紀異)》에 전기수(傳奇叟) 이야기가 있는데

　수(叟)가 동문(同門) 외(外)에 거(居)하여 언과패설(諺課稗說) 《숙향전》·《소대성전》·《심청전》·《설인귀전》 등과 같은 전기(傳奇)를 구송(口誦)하는 것이었다. 매월 초일일에 제1교(초교(初橋)) 하(下)에 앉고 2일에는 2교 하에 앉고 3일에 이현(梨峴, 배오개)에 앉고 4일에 교동(校洞) 구(口)에 앉고 5일에 대사동(大寺洞, 인사동(仁寺洞)) 구(口)에 앉고 6일에 종루(鐘樓, 종로 네거리)에 앉아 소상(遡上)하다가 이미 7

일부터 연(沿)해 내려오고 내려와서는 올라가고 올라왔다가 또 내려가서 그 달을 마치고 달을 고쳐서는 또 이와 같이 하여 선독(善讀)하는 고(故)로써 방관잡위(傍觀匝圍)하여 있는지라. 대개 가장 끽긴(喫緊)하게 심(甚)히 들을 만한 구절에 이르러서는 문득 묵묵(默默)히 하고 소리가 없으니 사람이 그 하회(下回)를 듣고자 다투어 돈으로 던져주어, 말하되 이것이 요전법(邀錢法)이라.[234]

하였다. 그뿐 아니라 당시의 시정(市井)에는 《추재기이(秋齋紀異)》에 나타난 '혜금수(嵇琴叟)'·'삼첩승가(三疊僧歌)'·'손고사(孫瞽師)'·'설낭(說囊)'·'통영동(統營童)' 같이 이야기책·가곡(歌曲)만 가지고 생계를 세우는 자가 상당히 많게 되었다. 지방에서도 서리 출신의 신재효 씨 같은 이는 순조 시절부터 이야기책을 광대의 소리로 개작하였다 하거니와 신시대에 새로 등장하는 시민들은 좀더 새로운 형태의 복잡한 소설·연극을 요구했던 것이다. 이때에 종래까지 무당의 서방이나 재혜(才慧) 있는 서리(胥吏), 우댓사람들 사이에 간신히 명맥이나 보존하여오던 가곡이 소설을 가극화해서 광대소리 〈수궁가〉·〈심봉사〉·〈춘향가〉로 되고 그

---

234 추재(秋齋)가 쓴 원문은 다음과 같다. 叟居東門外, 口誦諺課稗說, 如淑香蘇大成沈淸薛仁貴等傳奇也, 月初一日坐第一橋下, 二日坐第二橋下, 三日坐梨峴, 四日坐校洞口, 五日坐大寺洞口, 六日坐鍾樓前, 溯上旣, 自七日沿而下, 下而上, 上而又下, 終其月也, 改月亦如之, 而以善讀, 故傍觀匝圍, 夫至最喫緊甚可聽之句節, 忽默而無聲, 人欲聽其下回, 爭以錢投之日, 此乃邀錢法云.

전문가 고수관(高壽寬)·송흥록(宋興祿)·염계달(廉季達)·모흥갑(牟興甲) 등 소위 고송염모(高宋廉牟)를 필두로 하고 조의달(趙宜達)·방칠룡(方七龍)·최계광(崔啓光)·홍원득(洪元得)·조판길(趙判吉)·공성주(孔聖周)·고소득(高小得)·방한종(方漢宗)·방응국(方應國)·정윤대(鄭允大)·김계철(金啓喆)·이운이(李云伊)·성대욱(成大郁)·이흥록(李興祿)·고원득(高元得)·박순엽(朴舜燁)·한종욱(韓宗郁)·유관득(柳寬得)·이성록(李成祿)·최영담(崔英淡)·임은손(林殷孫)·황만빈(黃萬彬)·김난득(金蘭得)·하종문(河宗文)·손자근춘(孫者斤春)·김판종(金判宗)·정사벽(鄭師壁)·하복득(河福得)·경윤대(慶允大)·김치달(金致達)·임춘학(林春鶴)·박득관(朴得寬)·조봉국(曺鳳國)·문신원(文臣元)·조덕순(曺德順)·조덕황(趙德黃) 등등(이태왕(李太王) 24년 정해(丁亥) 〈팔도재인등장(八道才人等狀)〉에 의함)의 구연(口演)으로 원각사(圓覺社)·광무대(光武臺)의 정기적 흥행(興行)에까지 진출되었던 것이다.

　이러는 사이에 갑오경장을 경계로 조선의 역사는 이분(二分)되어 대략 갑오 이후는 신흥하는 시민이 사회의 중추를 이루고 소설·연극은 물론이요 모든 문화형태가 낡은 것을 버리고 새것을 요구하는 기운(機運)에 당착(當着)하였다. 그 새것이란 것은 낡은 것 속에 배태되어 낡은 것을 부정하고 나온 것이다. 이때부터 조선의 신문예운동 내지 문화운동이 출발되는 것이다.

　여기에 문예운동이라고 한 것은 문예 자체의 발달을 도모하는 부분도 포함하거니와 가장 넓은 의미로 가장 일반적으로 말하고자 하는 것이니 대체로 문예나 혹은 문학적 형식으로 하는 문화운동, 적게 말하면 문명운동·계몽운동·교화운동을 총칭할 것이나, 나는 명제(命題)에 의하여 최후에는 소설에 초점을 두고서 말하고자 한다. 그리고 이에 신문예 혹은 신소설이라고 하는 것은 문학적 표현방법이 재래의 그것과는 형식과 내용에 현저히 판이하다. 대체 모든 사물의 발생에는 우연이 없고 모든 사물은 고립한 존재가 아니며 고정불변한 것도 아니요 운동불식(運動不息)하는 것도 아니므로 오늘의 '테제'는 명일의 '안티테제'를 예기(豫期)하여야 하고 오늘의 새것도 명일의 진부한 것이 되나니 사회현상을 그 생성에 있어서, 또는 그 필연적 소멸에 있어서, 또는 그의 동적상태에 있어서, 또는 전체와의 불가분한 연락(連絡)에 있어서 고찰을 요한다. 문학은, 넓혀 예술은 산업상태가 발달된 사회가 아니면 볼 수 없는 인류의 정신적 소산이다. 우리는 산업이 극히 발달치 못한 고대사회에 있어서도 조각·회화·건축 등의 예술품이 산출되었던 것을 고대 유물의 파편에서 보고 느낄 수 있으나, 그것을 오늘날 구미의 그것에 비하여 얼마나 원시적인지는 누구든지 이미 아는 바이다. 그러므로 인간의 정신적 소산—의식상태는 그 시대의 산업상태와 사회제도에 적응한다. 서양에 있어서도 십팔 세기 산업혁명 이후에야 비로소 일반문예의 신천지를 개척하였다는 바와 같이 동양에 있어서도 동점하여오는 근대사조의 세례를 받으며 자본주의 문명을 그대로 직수입하여 고대의 구각(舊殼)인 봉건적 이데올로기를 부인함에 미쳐 중국에서는 호적(胡適)·진독수(陳獨秀) 등을 선구로 한 문학혁명—사자(死字) 폐지, 백화문학(白話文學) 통용-의 기치를 세우고 일본에서도 일찍이 명치유신 이후에 근대자본주의의 수입에 의하여 근대적 상공업을 보게 되고 문학·예술의 미증유(未曾有)한 발달을 보게 되었으며 자연주의의 승리와 화단(畫壇)에 있어서 인상파 전성(全盛)을 보게 되었다. 그러므로 일 국가 일 사회의 문학예술은 어느 시대를 물론하고 그 사회의 지배계급의 독점물이며 특권계급의 완롱물(玩弄物)이었다.

  동양에 있어서 중국과 일본의 중간에 있어 문예도 항상 이 양자를 추수(追隨)하며 전후(前後)하던 조선에 있어서도 또한 그와 같은 경로를 밟지 아니할 수 없어서 경제상으로는 이천여 년이나 변동 없이 지속하여 온 봉건적 산업상태는 기미(驥尾)에 붙어서 유치하나마 근대국가적 산업상태를 모방하기 시작하여 외래자본의 여루(餘累)를 받으면서 급전직하적으로 대중을 무산화(無産化)하여왔으며 정치상으로도 갑오경장의 선언으로 근대국가의 정치제도를 모방하여오다가 한일합병[235]과 삼일운동의 일대 변동을 지나서 현금에 이르렀은즉 시대를 반영 혹은 예언하여주는 문예가 또한 그의 전철(前轍) 혹은 후철(後轍)을 밟지 않을 수가 없었다. 그리하여 갑오경장기 이후 신문예운동의 요람기에 있어서는 근대 문예사조의 세례를 받아 구시대의 유전(遺傳)인 봉건적 이데올로기에 반항하여 열렬하고 자유스러운 신사상(新思想)을 표현하는 신형식(新形式)을 안출(案出)하였고, 또 신문예운동이 점점 사회적 지위를 획득하

---

[235] 원저의 '일한합병'을 '한일합병'으로 수정함. 이하 같음.

게 되자 선진 각종의 문예사조를 비판 없이 수입하여 혼돈한 속에서 인도주의·예술지상주의를 고조(高調)할 적이었다. 1923년 이후 돌연히 일각에서 기성문단에 향하여 도전의 일탄(一彈)[236]을 던진 것이 무산계급 문예운동이며 1925년 7월에 '조선프로예술동맹(카프)'까지 성립되어 1935년 해산 때까지 이론과 창작의 양면으로 기성문단을 압도하여 완전히 대치(對峙)의 형세를 지속하여 일장일이(一張一弛)의 상태로 현 계단(階段)에 이르렀다. 이를 시대별로 나누어본다면

    1894(갑오경장)~1910(한일합병) 계몽운동시대
    1910~1919(기미운동) 발아기
    1920~1922(신경향파 대두)
    1923년 이후 지금까지의 문단 추세

의 4기라 하겠다. 그러나 지금까지의 문예운동은 통틀어 문예의 성숙기에 대한 여명운동(黎明運動)이었다. 여명 전의 암야(暗夜)로부터 욱일(旭日)이 찬란한 아침을 기다리고 있었다. 비록 위약(萎弱)하고 침체(沈滯)한 것 같지만 준비·발아·성장의 과정을 밟고 장차 도달할 성숙기를 향하여, 세계문단의 최고탑(最高塔)을 향하여 용진(勇進)하고 있다. 모두 서른 살 전후에 있는 조선 현재의 문인들뿐인 만큼 미래를 위하여 촉망

---

[236] 원저의 '일단(一端)'을 《동아일보》 연재 시의 표현인 '일탄(一彈)'으로 수정함.

(囑望)하는 바 많다. (월탄(月灘)·팔봉(八峯) 제씨(諸氏)의 제 논문 인용한 것을 사(謝)함.)

제2장 계몽운동시대의 문학

제1절 개화운동과 새로운 문예

갑오(甲午)의 개화운동은 확실히 신·구시대의 경계를 지었다. 이리하여 정치 방면에서만이 아니라 문예라는 부문에 나아가서, 다시 범위를 좁혀 말하면 소설에 대해서는 혁명을 유인하였다. 즉 번역과 국문운동(國文運動)을 통하여 신문예운동의 서막을 이뤘고, 언문일치(言文一致)로써 소설을 쓰고자 하는 운동이 생겼다. 이는 갑오 즉 명치 27년의 일청전역(日淸戰役)이 청국의 패배로 끝난 후 조선에서의 일체 우월권(優越權)이 중인(中人)의 손에서 일인(日人)의 손에 돌아가게 되어 명치유신(明治維新)의 놀라운 건설과 새로운 발흥에 눈을 깨인 당시의 인사(人士)들은 모든 것을 일본에서 배우고자 하였다. 이 개화운동을 기회로 일본문화가 도도히 흘러들고 중국문명은 완고한 학자의 손에 일부(一部)의 《음빙실문집(飮氷室文集)》(양계초(梁啓超) 작)이 유행될 뿐이었다.

그러나 세계의 사정(事情)에 눈을 뜬 당시의 인사들은 모두 과학상 지식, 위생상(衛生上) 지식을 열렬히 요구하고 신교육과 신문화에 접촉코자 하므로 사범학교·외국어학교·소학교 등이 무수히 설립되었으며 유학생을 외국에 많이 파견하고 기타 야소교 측의 배재학당(培材學堂)과 기타 교육회(教育會)·흥사단(興士團)·보성학교(普成學校)·휘문의숙(徽文義塾) 같은 학교가 다수(多數)히 설립되어 소위 '신학(新學)' 교육이 융성하여졌다. 자기의 불완전을 각성한 선배들은 연설로써, 신문으로써 민중의 각성환기(覺醒喚起)를 고취하였다. 건양(建陽) 1년 7월[237]에 안경수(安駉壽)[238]·윤치호(尹致昊)·서재필(徐載弼)·윤효정(尹孝定) 제씨(諸氏) 등이 독립협회를 세우고 개화주의를 표방하여 광무 2년에 《경성신문(京城新聞)》[239]을 발행하여 사장 남궁억(南宮檍) 씨의 손에 《황성신문(皇城新聞)》(일간)으로 개칭하게 되며 그 후 장지연(張志淵)·유근(柳瑾) 씨가 이를 역계(歷繼)하고, 또한 광무 2년에 이종일(李鍾一, 사장)·심상익(沈相翊) 씨들 손에 《제국신문(帝國新聞)》이 발행되고, 광무 8년에는 영인(英人) 배설(裵說)[240](다음은 만함(萬咸)[241])이 민

---

237 원저의 '건양(建陽) 2년 4월'을 '건양(建陽) 1년 7월'로 바로잡음.

238 원저의 '안구수(安駒壽)'를 '안경수(安駉壽)'로 바로잡음.

239 원저의 '주간 《경성신문(京城新聞)》'을 《경성신문(京城新聞)》으로 수정함. 《경성신문》은 주2회 간행됐음.

240 Ernest Thomas Bethel.

241 Alfred W. Marnham.

영익(閔泳翊) 씨의 원조(援助)를 얻어 《대한매일신보(大韓每日申報)》를 창간하고, 또 윤효정(尹孝定)·오세창(吳世昌)·정운복(鄭雲復) 씨들이 융희 3년에 대한협회(大韓協會)의 기관지로서 창간한 《대한민보(大韓民報)》는 광무 10년 창간인 일진회(一進會) 기관지 《국민신보(國民新報)》에 꾸준히 저항하였고, 기타 정부의 기관지 《대한신문(大韓新聞)》도 광무 10년에 손병희(孫秉熙) 씨 일파의 《만세보(萬歲報)》를 매수하여 사장 이인직(李人稙) 씨의 손에 발행되고, 기타 전촌만지조(田村萬之助) 씨의 《한성신보(漢城新報)》와 천주교 발행의 《경향신문(京鄉新聞)》이 있었다. 이 신문들은 모두 언한혼용체(諺漢混用體)로 문장의 힘과 문학의 취미를 통하여 인민을 감화시키고 각성시키는 데 많은 공로가 있었다. 예컨대 "동포여 동포여, 지호(知乎)아 부호(否乎)아, 생호(生乎)아 사호(死乎)아" 하는 강개(慷慨)한 문구의 나열이었다. 그 신문의 한 모퉁이에는 지금의 '횡설수설(橫說竪說)'이나 '팔면봉(八面鋒)'란(欄) 모양으로 '사조(詞藻)'란과 '장회소설(章回小說)'란 같은 것이 있어서 이로써 독자의 문학적 취미를 만족시켰다. 또 광무 10년과 11년에 《조양보(朝陽報)》·《서우(西友)》(서북학회보(西北學會報))·《야뢰보(夜雷報)》·《태극학회보(太極學會報)》·《만세보(萬歲報)》 같은 것이 발행되었고, 교회 측으로서는 순종 19년(1882년) 누가(St. Luke)와 요한(St. John)의 2종의 복음서(Gospel)가 번역된 후 점점 바이블은 완역되는 동시에 'Tsway(최(崔))'라는 한인(韓人)의 손에 《천로역정(天路歷程, The Pilgrim's Progress)》이 번역되고, 1882년에는 'The Peep of Day'²⁴²가 번역되고, 《사민필지(士民必知)》·《안인거(安人車)》·《회도몽학(繪圖蒙學)》·《검둥의 설움》·《불상한 동무》 등이 번역되고, 윤치호 씨의 《우스운 이야기》(이색우화(伊索寓言))는 《Aesop's Fable》에서 나온 것이었고, 조너선 스위프트(Jonathan Swift)의 원작인 《Gulliver's Travels》도 이때에 번역되고, 유구당(兪矩堂)의 《서유견문(西遊見聞)》도 이때(광무 11년판)의 서양여행기로서 출색(出色)한 문자(文字)였다. 융희 2년에는 이와 같은 저작이 홍수 같이 쏟아져 나왔다. 현순(玄楯)의 《포와유람기(布哇遊覽記)》를 비롯하여 《후례두익대왕칠년전사(厚禮斗益大王七年戰史)》·《보법전기(普法戰記)》·《나파륜전사(拿破崙戰史)》·《파란말년전사(波蘭末年戰史)》·《월남망국사(越南亡國史)》·《라마사(羅馬史)》·《서사건국지(瑞士建國志)》·《미국독립사(美國獨立史)》·《법란신사(法蘭新史)》·《경제미담(經濟美談)》·《애국부인전(愛國婦人傳)》·《금수회의록(禽獸會議錄)》·《피득대제전(皮得大帝傳)》 등²⁴³이 그것이다. 당시에 양기탁·박은식 씨와 함께 《매일신보》의 필자가 되어 있던 성균박사 신채호(단재) 씨가 《이태리삼걸전(伊太利三傑傳)》·《을지문덕전》·《최도통전》·《몽견제갈량》·《독사여론(讀史餘論)》 같은 역사소설을 지어 신생면

---

242 원저의 'Peep of bay'를 'The Peep of Day'로 수정함. 이 책의 저자는 Favell Lee Mortimer.

243 여기서 '포와(布哇)'는 '하와이', '후례두익(厚禮斗益)'은 '프레드릭', '보법(普法)'은 '프로이센·프랑스', '나파륜(拿破崙)'은 '나폴레옹', '파란(波蘭)'은 폴란드, '라마(羅馬)'는 '로마', '피득(皮得)'은 '표트르'를 각각 음역한 표현임.

(新生面)을 개척한 것도 씨의 독창에서 난 것이며 융성한 정치사상과 국가관념을 반영한 시대적 산물이다.

그러나 이때까지는 시사를 개탄하는 정치언론을 중요시하고 순문학 같은 것은 아주 우습게 여겼다. 그러나 신문예운동의 요람기에 있어서 선진제국, 특히 일본의 문예사조 중에서 자가(自家)의 정론(政論)에 맞는 것을 수입하는 동안에 우리는 일찍이 시세(時世)의 목탁이 되고 문학운동의 급선봉이 되는 사람 국초 이인직, 이해조, 최찬식, 육당 최남선 제씨를 잊을 수가 없다.

제2절 문학운동의 선구 이인직 씨의 소설

조선의 신극운동·신소설운동에 있어서 누구보다 선구자였던 분은 국초(菊初) 이인직(李人稙) 씨인 것 같다. 삼십여 세에 일본 유학으로부터 돌아와 원래부터 문학혁명에 뜻을 두었던 그는 환국한 후 즉시 1909년부터 《귀의성》·《치악산》·《혈의 누》 등의 소설을 쓰며 일면 《설중매》·《은세계》와 '김옥균사건'을 각색하여 신극 창설의 포부로써 원각사(圓覺社)에다가 비로소 무대의 도구를 배치하고 면막(面幕)을 늘여놓고 연출(演出)하기 시작하였다. 조선에서 오늘에 말하는 바의 극(劇)다운 형식의 무대에 오르게 된 첫 기록이다. 이 신극운동에 국초를 돕던 이는 일재(一齋) 조중환(趙重桓) 씨이니 그는 《장한몽(長恨夢)》·《두견성(杜鵑聲)》·《추월색(秋月色)》·《단장록(斷腸錄)》·《쌍옥루(雙玉淚)》 같은 극본을 지어 국초와 함께 흥행하였다.

 이 조일재 씨와 백남프로덕션의 창립자였던 윤교중(尹敎重) 씨가 오늘은 모두 극계(劇界)의 원로급이지만 두 분이 다 초출연(初出演)으로 조 씨는《불여귀(不如歸)》의 '편강(片岡) 중장(中將)' 노릇을 하느라고 그 큰 키에다가 군복·군모에 장검을 차고 등장하였고, 윤 씨는 '무남(武男)'의 역을 맡아가지고 훌륭하게 미남자풍(美男子風)을 보였다는 일화까지 있다. 이와 같이 하여 당년에 일본문화는 수입되고 선각자들은 남모르는 고심을 한 것이었다.

 국초는《만세보(萬歲報)》기자로부터《대한신문(大韓新聞)》사장이 되었다가 나중에는 경학원(經學院) 사성(司成)으로서 몰(歿)하였지마는 정치생활에 득의치 못한 그는 꾸준히 문예생활에 분투하였다. 그리하여 신소설의 창작에도 노력하게 되었다. 그의 안공(眼孔)에 찬란히 흐르는 명치문화의 광망(光芒)이 굳게 비치고 그 가슴에는 희망과 포부, 이상과 실현의 미래를 투시하고 있었다.

 그가 지은 소설로서 가장 인기를 끈 것은《혈의 누》《모란봉》·《치악산》·《귀의 성》 등으로서 모두 융희 2~3년간에 지은 것이었다.《치악산》의 경개를 들면 이러하다.

 원주에 유명한 치악산 밑에는 양반으로 유명한 홍참의(洪參議)가 살았다. 참의는 처를 여의고 후실 김씨를 맞이하여 남순이라는 딸을 낳았다. 그런데 참의의 전실에는 백돌이라는 아들 하나뿐. 백돌은 서울서 개화운동으로 이름난 이판서(李判書)의 집에 장가들었다. 그리하여 며느리 이부인(李夫人)은 검홍이라는 여비(女婢)를 데리고 참의댁에 시집살이를 왔다. 계모와 전실자부(前室子婦)와의 사이에 어느새 질투는 높아가고 가정의 풍운은 일기 시작한다. 더구나 백돌이가 이판서의 지휘로 해외유학을 가게 되자 몹쓸 바람은 이부인의 규문(閨門)에 사정없이 불어온다. 계모 김씨와 남순과 여비 옥단(玉丹)은 일심합력하여 이부인을 음부(淫婦)로 몰아 쫓아내는 데 성공하였다. 이부인과 검홍은 집을 떠나 치악산 속 어느 도사(道士)의 집에 몸을 피하고 있었다. 그러자 참의 댁에는 이부인을 쫓아낸 간계가 드러나니 유학으로부터 돌아온 백돌은 자기의 아내를 찾아 데리고 풍파 많던 옛 마을에 다정하게 모여들었다.

우리는 그의 작품을 통하여 여러 가지 느낌이 있으니

1. 지금으로 30년 이전 갑오경장 당시의 조선사회를 여실히 보여주는 것이니 《치악산》에 나타나는 이판서의 가정과 후실 김씨의 악독(惡毒)이라든지 《귀의 성》에 나타나는 춘천(春川) 집의 말로와 김승지(金承旨) 마누라의 악독 같음은 그의 적례(適例)이며 고대인의 우화나 신비적 전설이 아닌 것.
2. 그의 붓은 어디까지나 사실적(寫實的)이었다. 자신 있는 외과의가 해부도를 들고 휘두르듯이 불합리한 주종관계와 악착한 본처와

서로 시기하며 반목하는 노예계급의 추태와 빈번한 양반가정의 음암(陰暗)한 생활상을 잘 그렸다.
3. 그는 객관적으로 쌀쌀하게 그리는 사실적(寫實的) 필치가 아니라 그의 붓 끝에는 뜨거운 열정과 엄숙한 비판이 있어서 지내는 잔해(殘骸) 속에서 새로운 세상을 보았다. 이것이 그의 사회관이요 인생관이다.
4. 소설이라면 신화·전설만큼으로 알던 당시의 독자와 작가 속에서 이러한 수법을 보인 것은 청천벽력이라고 할 만큼 진정한 의미의 소설과 어문일치의 신문체(新文體)를 보여주었다. 지금 같으면 문제도 안 되지만 한문투(漢文套)와 언한혼용투(諺漢混用套)가 상하를 지배하던 때요 국문(國文)을 언문(諺文)·내서(內書)·언역(諺譯)이라고 하여 배척하고 천시하던 때임에 불구하고 그는 엄연히 모든 인습을 벗어나서 어문일치의 새로운 문체를 지었으니 그 내용과 형식이 무릇 조선소설의 시조가 될 것이다. 비록 그의 소설과 문체가 일본에서 배워온 것이라 하여도 우리는 그의 작품에서 일본냄새와 일본격식을 찾지 못한다.

나는 이에 조선 문학운동사상에 있어서 첫 사람으로 추앙코자 한다. 물론 그의 작품에 결점이 없음은 아니나 그의 시대에 비추어보아서 위대하다는 말이다.

제3절 신소설과 구소설

예전부터 전하여오던 이야기책으로는 새로운 지식을 받은 청년들에게 환영될 수 없으니 고대의 소설은 어느새 형식을 변하야 장회소설(章回小說)로 되었고 내용도 천편일률한 군담류(軍談類)인 《소대성전(蘇大成傳)》·《양주봉전(梁朱鳳傳)》·《권용선전(權龍仙傳)》·《팔장사전(八壯士傳)》 같은 것으로는 만족할 수 없으니 개화된 신생활이거나 몰락된 귀족의 생활을 제재(題材)로 하였다. 그러나 중국식의 장회소설만으로도 만족할 수 없으니 설화의 취미를 좀더 풍부하게 하며 언문일치의 문체로서 어떤 한 개 사건을 취급하여 그 사건의 추이를 따라 순간순간의 행동과 대화까지 그대로 쓰는 것이었다. 이는 자발적이라기보다는 구미·일본 문예의 모방이었다. 그리하여 고대소설(구소설)에 대하여 신소설이라고 불렀다.

 이 신소설은 아직도 구미의 소설을 모방하여 아직 그 완비(完備)한 역(域)에 달(達)하지 못한 자(者)로서 기미운동 이후의 원숙한 소설작품을 소설이라고 부름에 대하여 이때의 소설풍(小說風)은 그대로 신소설이라고 불러 인제는 소설, 신소설, 구소설(고대소설) 3종의 구별이 있게 되었다. 그리하여 이 신소설은 기미 이전의 문원(文苑)에 유행되었다. 당시 동양서원(東洋書院) 발행 소설총서(小說叢書)만을 이에 열거할지라도

동양서원 발행 소설총서 (1913)

제1집: 《만월대(滿月臺)》·《홍도화(紅桃花)》(상·하)·《빈상설(鬢上雪)》·《고목화(枯木花)》·《십오소호걸(十五小豪傑)》·《화세계(花世界)》·《지환당(指環黨)》·《강상기봉(江上奇逢)》·《치악산(雉岳山)》(상·하)·《원앙도(鴛鴦圖)》

제2집: 《귀(鬼)의 성(聲)》(상·하)·《모란화(牡丹花)》·《구마검(驅魔劒)》·《추풍감수록(秋風感樹錄)》·《옥호기연(玉壺奇緣)》·《만인산(萬人傘)》·《행락도(行樂圖)》·《현미경(顯微鏡)》·《비행선(飛行船)》·《금지환(金指環)》

제3집: 《동정추월(洞庭秋月)》·《재봉춘(再逢春)》·《옥련당(玉蓮堂)》(상·하)·《마상루(馬上淚)》·《유화우(榴花雨)》·《화상설(花上雪)》·《지장보살(地藏菩薩)》·《모란봉(牡丹峯)》·《광한루(廣寒樓)》·《난봉기합(鸞鳳奇合)》

제4집: 《방화수류정(訪花隨柳亭)》·《삼촌설(三寸舌)》(상·하)·《일만구천방(一萬九千磅)》·《매화루(梅花淚)》·《석중옥(石中玉)》·《옥란기사(玉鸞奇事)》·《몽금조(夢金鳥)》·《용문추금(龍門秋琴)》·《경포대(鏡浦臺)》·《녹림월(綠林月)》

그리하여 당시의 기문(奇聞)과 3면기사(三面記事)에 지나지 못할 쇄사(瑣事)를 일일이 소설로 쓰는 동시에 조선 고대의 영웅·위인들을 소설화하기 시작하였으니 《최고운전(崔孤雲傳)》·《낙화암(落花巖)》(백제애화

(百濟哀話))·《무학대사(無學大師)》·《성삼문(成三問)》·《생육신(生六臣)》·《한명회전(韓明澮傳)》·《정충신(鄭忠信)》·《신립신대장기(申砬申大將記)》·《천강홍의장군(天降紅衣將軍)》·《녹림호걸임꺽정전(綠林豪傑林居正傳)》·《정도령전(鄭道令傳)》·《회심곡(悔心曲)》·《노처녀(老處女)의 비밀(祕密)》 등이 뒤를 이어 출판되었다. 또 신소설은 명칭도 구소설처럼 무슨 전, 무슨 전의 전기식이 아니요《유화기몽(柳花奇夢)》이니《농가성진쌍신랑(弄假成眞雙新郎)》이니《연광정(鍊光亭)》이니《화월야(花月夜)》니《애인(愛人)의 무덤》이니 하는 신기한 명칭을 사용하였다.

  이 신소설은, 사회가 많은 고대적 유제(遺制)를 포함한 채 근대적 구성을 이루어 이것이 이 나라의 사회의 특성을 이룬 만큼, 이도 시민의 단순한 오락과 소견(消遣)에서 시민들이 부르짖는 신문화의 계몽적 정신이 팽배한 이상주의였고, 이는 구소설 즉 이야기책에서 춘원(春園)·동인(東仁)·상섭(想涉) 제씨가 쓰기 시작한 현대적 의의의 소설에 이르기까지의 교량을 이루어 이른바 과도기적 혼혈아(混血兒)라, 이야기책에서 대번에 현대소설이 나온 것이 아니라 이러한 과정을 밟아서 현대소설은 발달하여온 것이다.

  춘원 이후의 여러 작가의 수법이 전혀 구라파적 수입에서가 아니라 이러한 전대의 전통을 토대로 하고, 즉 이야기책의 장구한 발전과 유명무명의 신소설 작가의 은은(隱隱)한, 그러면서도 막대한 노력의 성과 위에 입각함으로써 현대의 문학적 세계의 건설이 성공된 것이다.

제3장 발아기(1911~1919)의 소설

제1절 신소설의 작가들

이국초(李菊初)의 뒤를 이어 가장 소설계에 활약하던 이로는 우산거사(牛山居士) 이해조(李海朝, 일호(一號) 열재(悅齋))를 비롯하여 해동초인(海東樵人) 최찬식(崔瓚植)과 아속(啞俗) 김교제(金教濟)를 우선 꼽지 않을 수 없다. 이해조 씨는 1910년에 여자해방을 표방한 소설 《자유종(自由鐘)》을 필두로 하고 〈한씨보응록(韓氏報應錄)〉·〈홍장군전(洪將軍傳)〉·〈화(花)의 혈(血)〉·〈쌍옥적(双玉笛)〉·〈빈상설(鬢上雪)〉·〈누구의 죄〉·〈봉선화(鳳仙花)〉·〈모란병(牧丹屛)〉·〈홍도화(紅桃花)〉·〈소양정(昭陽亭)〉·〈원앙도(鴛鴦圖)〉 등 삼십여 종을 쓰고 불인(佛人) 쥘 베른[244]의 작인 《철세계(鐵世

---

[244] 원저의 '미인(美人) 가이위니(迦爾威尼)'를 '불인(佛人) 쥘 베른'으로 수정함. 1900년 전후에 중국에서 프랑스 작가 쥘 베른(Jules Verne)의 소설 《80일간의 세계일주》가 번역·출간될 때 '쥘 베른'의 한자 표기가 가이위니(迦爾威尼) 외에도 초사위이노(焦士威爾奴), 방주력사(房朱力士), 소이사발내(蕭爾斯勃內) 등으로 가지각색이었다고 한다(《창힐의 향연-한자의 신화와 유토피아》, 다케다 마사야 지음, 서은숙 옮김, 도서출판 이산, 2004년 참조).

界)》를 번역하였다. 그러나 씨의 작품은 아직도 고대소설의 격식에서 거리가 과히 멀지 아니한 것이었다. 〈소양정〉의 경개로써 보건대

강원도 낭천(狼川)[245] 사는 양반에 정세중(鄭世重)이란 이가 그 부인 조씨(趙氏)와의 사이에 혈육이라고는 채란(彩蘭)이라는 딸 하나뿐. 정세중은 회양군수(淮陽郡守) 오승지(吳承旨)의 총명한 아들 봉조(鳳朝)를 사위로 정하였으나 어느새 오승지 부부와 정세중은 모두 일시에 죽어버리니 봉조는 일시 정가(鄭家)에 의탁하였으나 조부인의 흉계로 그 집을 떠나게 된다. 봉조가 그 집을 떠난다는 소식은 어린 채란의 가슴을 놀랬다. 채란은 시비(侍婢) 금단(金丹)을 데리고 오랑(吳郞, 봉조)을 따라 오의 고인(故人) 신생원(申生員) 댁에 의탁하였다. 그러나 물을 피해 불에 든 격! 신생원은 채란을 첩 삼으려는 야심을 품고 봉조를 강도범이라고 관찰사에게 보내어 그 명(命)이 시각(時刻)에 달렸다. 이를 알게 된 채란은 남복으로 춘천에 다다라 승문고를 울렸으나 용납되지 못하고 소양강(昭陽江)에 투사(投死)코자 할 적에 박어사(朴御史)의 도움을 받아 그 원을 풀게 되었다. 신생원은 처참(處斬)하고 그 후 오랑은 강원도어사가 되었다.

최찬식 씨의 작품으로는 〈춘몽(春夢)〉·〈능라도(綾羅島)〉·〈경중화(鏡

---

[245] 낭천(狼川)은 지금의 화천(華川).

中花)〉·〈추월색(秋月色)〉·〈강상촌(江上村)〉 등의 장편을 비롯하여 1914년 전후로 《조선신문》·《조선일보》에 〈여(女)의 화(花)〉·〈안(雁)의 성(聲)〉·〈형월(螢月)〉·〈새벽달〉·〈일엽청(一葉靑)〉·〈열혈(熱血)〉 등의 단편을 많이 발표하였다. 〈춘몽〉의 경개는 이러하다.

의지할 곳 없는 혈혈단신의 고독한 사나이 안익상(安益祥)은 어린 가슴에도 배워야 하겠다는 결심이 엉키기 시작하여 적수공권으로 멀리 외국까지 유랑의 길을 떠났다. 그러나 닥쳐오는 갖은 고통을 당하면서도 결심만은 변치 아니하고 조도전(早滔田, 와세다) 정치과를 계속하고 있었다. 하지마는 갈수록 번민에서 실망으로 모든 것이 비관되어 이 세상을 떠나려는 결심으로 변하여 자살을 도모할 때에 뜻밖에 뜨겁게 구원하여주는 여성이 있으니 그는 보은(報恩) 서판서(徐判書)의 영양(令孃) 옥선(玉仙)이었다. 만리외국의 외로운 객창에서 동포애에 끓어오르는 열성은 필경 그 남아를 성공시키고 말았다. 그리하여 그 남녀는 정든 고국을 찾아오다가 무뢰한에게 포로가 되었고 젊은 여성에 욕심을 낸 무뢰한은 그 여성을 빼앗아갔다. 은인(恩人)을 구하기 위하여 의기 있고 쾌활한 남아의 피 뛰는 주먹은 대적을 물리치고 그를 구하여 청춘남녀의 타오르는 열정은 이성애(異性愛)로, 사랑과 사랑으로 실마리를 맺었다.

그는 시대정신의 지배도 받았겠지만 〈춘몽〉의 주인공 '옥선(玉仙)'과

〈능라도〉의 주인공 '도영(桃英)'과 같이 의리를 알고 열정 있는 주인공을 힘 있게 그렸다. 더구나 〈능라도〉의 변화 많은 장면은 탐정소설에서 보는 긴장미를 준다.

아속 김교제 씨의 〈난봉기합〉과 〈경중화〉는 아직도 퍽 떨어진다. 고대소설과 거리가 멀지 않다. 〈난봉기합〉은 안동 권질(權礩)이 이채봉(李彩鳳)이란 여성과 약혼한 후 조승지((趙承旨)와 딸 채란(彩鸞)의 도움을 받아 과거에 급제되어 새로난 한림(翰林) 댁(宅)에는 두 애처(愛妻)가 기다리고 있었다는 이야기다.

민준호(閔濬鎬) 씨의 〈행락도(行樂圖)〉[246], 남궁준(南宮濬) 씨의 〈정목란전(鄭木蘭傳)〉 등도 다 이때에 된 것이었고, 일본문학의 번역에 있어서도 하몽(何夢) 이상협(李相協) 씨의 〈해왕성(海王星)〉(불인(佛人) 뒤마 원저)·〈누(涙)〉·〈정부원(貞婦怨)〉, 우보(牛步) 민태원(閔泰瑗) 씨의 〈애사(哀史)〉·〈부평초(浮萍草)〉 등.

그리고 구소설은 구형(舊形) 그대로 간행하는 것도 있었고 체재와 명칭을 변개한 것도 있으니 《춘향가》를 《옥중화(獄中花)》, 《심청전》을 《강상련(江上蓮)》이라고 한 것도 바로 이때의 일이다.

육당 최남선 씨에 대하여는 이광수 씨의 〈육당론〉(《조선문단(朝鮮文壇)》 6호)을 빌려 말하면

---

246 원저의 '〈행락원(行樂園)〉'을 '〈행락도(行樂圖)〉'로 바로잡음.

1. 그는 새 문화운동의 첫 사람이다. 《소년》지는 융희 2년부터 명치 44년 5월까지 발행하고, 광문회(光文會)의 고본(古本) 발간, 《동명(東明)》과 《시대일보》 발간, 또 춘원 제씨와 함께 《소년》·《청춘》·《샛별》·《아이들보이》 같은 문예잡지를 발행하여 서양문학의 윤곽을 소개하고(예: 톨스토이 소개)
2. 철저히 조선주의(朝鮮主義)여서 〈소년시언(少年時言)〉, 〈해상대한사(海上大韓史)〉, 〈서사건국지(瑞士建國志)〉, 신체시(新體詩), 시조(時調), 위인전(偉人傳) 등으로 조선정신을 고취하며 최근까지도 〈단군론(檀君論)〉, 〈불함문화론(不咸文化論)〉, 〈백두산근참기(白頭山覲參記)〉, 〈금강예찬(金剛禮讚)〉 같은 씨의 저작이 전혀 이러한 정신에서 난 대문자(大文字)이다.
3. 씨의 이러한 혼(魂)은 문예 방면에도 나타나서 철저히 국주한종(國主漢從)과 언주문종(言主文從)의 문체로 쓰기 시작하였다. 그것은 씨가 십팔 세에 지은 〈구작3편(舊作三篇)〉의 신시(新詩)가 벌써 증명한다.

제2절 발아기를 독담(獨擔)하는 소설가 이춘원(1892~)

문예사조의 선전·보급을 사명으로 한 《태서문예신보(泰西文藝新報)》·《여자계(女子界)》·《학지광(學之光)》·《삼광(三光)》 등 제지(諸誌)가 《청춘》·《소년》의 뒤를 이어 발간되었으며, 이 시대의 문원(文苑)을 혼자 담

당하고 독왕독래(獨往獨來)하던 이는 춘원 이광수 씨이다.

씨는 국초보다 문예운동에는 10년쯤이나 뒤져 나서 육당과 함께 솔선하여 문예운동의 준비에 노력하여 많은 시련을 지나고 창작에 전력을 경주하였다.

이때는 씨의 해외 방랑과 일본내지(日本內地) 유학 때였다. 〈김경(金鏡)〉을 비롯하여 〈소년의 비애〉·〈어린 벗에게〉·〈윤광호(尹光浩)〉·〈방황〉 등과 같은 단편을 발표하였다. 조수(潮水) 같이 들어오는 해외문화는 우리네의 가정생활·사회생활에까지 파문을 던지지 않을 수 없는 것이 당시의 형세였으며, 이 시대를 잘 표현한 이가 춘원이요 또 춘원의 임무였다. 더구나 혼인·연애 문제가 테마의 전부였다. 〈어린 벗에게〉의 주인공이 "우리 민족은 사랑을 모르는 민족이외다"라고 부르짖은 것도 신연애(新戀愛)를 주창한 제일성이다. 조선사람으로서 서양사람이 말하는 의미의 소설을 쓰기 시작한 것도 씨요, 조선말로 평이하게 아름답게 사상·감정을 표현할 수가 있다는 것을 가르쳐준 것도 씨다. 또 씨에 이르러 구미의 개인주의는 철저히 고취되어 자유연애·자녀중심이 굳게 주장되었다.

그러나 봉건적 가족주의를 중심으로 한 사회를 타도코자 노력하던 그는 점점 인도주의로 변하였다. 이때에 《매일신보》에 연재한 〈무정〉·〈개척자〉와 같은 걸작을 발표하여 구도덕(舊道德)에 대한 반항과 이상주의·인도주의의 사상을 청소년의 머리에 꽉 부식(扶植)하였다. 그의 대표작 〈무정〉은 그 이전의 구소설과는 판이한 경계선을 이뤘고, 그 내용에 잠긴 사상도 당시인의 사상이었다고 보겠다.

〈무정〉—조선사람이 서로 사랑하고 동정하고 희생적 정신으로 조선의 산업과 교육을 개발해서 선진국가에 뒤지지 않게 복지를 누리자는 뜻이 전편에 넘쳤다. 물질문명에 대한 열망은 주인공 남녀가 미국유학 가는 길에 남선(南鮮)에서 수해(水害)를 만나가지고 동정음악회(同情音樂會)를 여는 장(章)으로 시작하여 마지막 교설(說敎) 속에까지 나타난다.

씨는 그 후 문학중용론(文學中庸論)[247]을 써서 일시(一時)의 물의를 일으켰고, 〈선도자(先導者)〉·〈금십자가(金十字架)〉·〈혈서(血書)〉·〈거룩한 죽음〉·〈H군을 생각하고〉 등 단편을 발표하고, 또는 〈허생전〉·〈재생(再生)〉·〈마의태자〉·〈군상(群像)〉·〈단종애사〉·〈이순신〉·〈혁명가의 아내〉 같은 장편도 끊임없이 발표하여온다. 씨는 외배(고주(孤舟))·장백산인(長白山人)·춘원이란 여러 필명을 가졌다. 평북 정주 산(産)이다. 독서로는 《창세기》, 《춘향전》, 톨스토이 작품이 좋다고 하는 씨인 만큼 씨의 작품 속에도 이러한 경향을 볼 수 있다. 그리고 씨는 〈허생전〉·〈마의태자〉·〈단종애사〉·〈이순신〉[248] 같은 영웅전을 쓰는 데 능하다.

씨는 문예와 정치를 양분하면서 실은 그의 소설이 즉 그의 계몽적 정론(政論)이다. 작품 〈흙〉에서는 변호사 허숭(許崇)을 시켜 전원에 돌아

---

247 이광수가 1926년 1월 2~3일 《동아일보》에 발표한 문학평론 〈중용(中庸)과 철저(徹底)〉에서 내세운 주장을 가리킴.

248 원저의 '허생, 마의태자, 단종, 이순신'을 '〈허생전〉·〈마의태자〉·〈단종애사〉·〈이순신〉'으로 수정함.

가 농장을 차려놓아 퇴폐(頹廢)한 조선 농촌을 구제한다는 춘원몽(春園夢)의 설파다. 그 후도 〈인생의 향기〉·〈무명〉·〈그의 자서전〉 등을 썼다. 〈그의 자서전〉엔 그의 성자적(聖者的) 생활이 동상화(銅像化)되어있다. 그는 주관적인 이상주의를 도덕적·윤리적 일면만을 묘사하는 데 그쳤다.

그것은 후진사회·문화의 불구성(不具性)이다. 요컨대 춘원은 형식으론 신소설의 계통을 계승해서 그를 극복하여 언문일치한 새 소설을, 그리고 단편소설까지를 처음으로 시험해서 성공한 분이요, 내용으론 종래의 권선징악을 완전히 초탈하고 개인주의 사조를 수립했다는 데 의의가 있다. 그러나 그것은 소전(所詮) 갑오경장, 이인직 제씨에 의하여 대변된 시민문화의 정신, 특히 산업자본적인 이데올로기의 산물이다.

사실 춘원이야말로 형식에 있어, 내용에 있어서 정통적인 당대 조선 시민의 이데올로기를 문학적으로 표현한 작가다.

제3절 기미 전후에 격변한 문예사조

기미(己未) 이전의 작품은 대개가 격변하는 인심(人心), 즉 과도기의 청년남녀의 심한 번민, 다시 말하면 개성에 눈을 뜨기 시작한 동시에 생기는 충돌과 번민을 재료로 삼은 시대적 심리를 그린 것이기 때문에 그 내용에는 구도덕에 대한 반항과 신연애 문제뿐이었다. 너무도 주관적 감정에 치우친 것이 많기 때문에 예술적 가치가 전연히 문제가 안 되는 것은 아니나, 일반 청년남녀들은 열광적으로 탐독하여 알지 못하는 사이에 신문학운동의 기초가 되고 개성의 자각을 크게 일으켰다. 그러므로 권선징악의 교훈적 의의를 벗어나서 낭만주의(浪漫主義)·감상주의(感傷主義)·신이상주의(新理想主義)로 달아났다. 그리하여 한일합병 당시에 정의·인도와 자유·평등만을 찾던 그때에 비하면 격변한 사회사정(社會事情)의 반영이라고는 할망정 일단(一段)의 진보라 하겠다. 그리고 기미 이전은 발아기의 특징이라고 할 만큼 '비평'이라고는 도무지 없었다(그야 개인의 욕설이야 있었지만). 아직도 회고적으로 구소설이 성하였지만[249], 전체로 보아서 희완(戱玩)의 벗을 삼지 아니하고 진실한 인생문제와 접촉하며 소설가도 왕일(往日)의 희작자(戲作者)와는 판연히 달라서 허구와 공상을 표현치 아니하고 직접 현실에 나가서 주관적으로 자기의 소신을 표백(表白)하는 것이었다.

    당시의 긴장하였던 사회적 공기(空氣) 가운데서 모든 기대가 틀려질 적에 그 각성하고 흥분되었던 민중의 생활운동이 발연(勃然)히 도처에 일어나는 일면(一面)에 벌써 지식계급의 가슴에는 무엇인가 내리누르는 것 같은 커다란 환멸(幻滅)을 아니 볼 수 없었다. 그리하여 무엇 무엇에 희망을 붙여 의기(意氣)가 충천하던 그들에게 환멸이 닥쳐올 때 그들의 어떤 부분은 회의와 데카당으로 달아나게 되어 이에 이상주의·허무주의·민주주의·감상·회의·퇴폐의 혼합한 특수공기(特殊空氣)를 이루어 이

---

[249] 원저의 '성하며'를 '성하였지만'으로 수정함.

것이 직접 문예에 영향하여오며, 특히 신시(新詩)에 있어서는 기치(旗幟)의 빛깔이 선명하게 보이나니 주요한(朱耀翰) 씨의 이상주의 경향과 월탄(月灘) 박종화(朴鍾和) 씨, 백조사(白潮社) 일파의 세기말적 경향이 가장 현저한 것이었다. 상세한 이야기는 후장(後章)에 다시 분설(分設)하여 둔다.

제4장 신흥문학의 발전

제1절 기미 후의 제가(諸家)

기미 직후 교육열(敎育熱)·수학열(修學熱)의 팽창, 독서계의 대성황으로 말미암아 문예잡지로서 김동인(金東仁)·주요한(朱耀翰)·전영택(田榮澤) 제씨가 1919년 일본유학으로부터 돌아와 즉시 발간한 《창조》(월간)를 필두로 하고 《서광》·《개벽》·《공제》·《서울》·《폐허》·《신생활》·《신천지》와 조금 뒤져서는 《신청년》·《백조》·《장미촌》·《조선문단》·《르네상스》·《금성》 등 제지(諸誌)가 육속(陸續) 개간(開刊)되었고(그중 오래 속간(續刊)된 것은 《개벽》·《조선문단》뿐), 이때에 가장 문단에 진췌(盡瘁)한 이가 김동인·염상섭(廉尙燮, 廉想涉)·현진건(玄鎭健, 빙허(憑虛))·나빈(羅彬, 도향(稻香))·김낭운(金浪雲)·방인근(方仁根)·춘원 제씨이며, 시단(詩壇)에서 주요한·김억(金億, 안서(岸曙))·김정식(金廷湜, 소월(素月))·김형원(金炯元, 석송(石松))·변영로(卞榮魯, 수주(樹州))·황석우(黃錫禹, 상아탑(象牙塔))·이상화(李相和)·오상순(吳相淳)·남궁벽(南宮璧)·홍사용(洪思

容)·박종화(朴鍾和, 월탄(月灘))·박영희(朴英熙, 회월(懷月))·양주동(梁柱東, 무애(无涯))·조명희(趙明熙, 포석(抱石))·김명순(金明淳, 탄실(彈實))·노자영(盧子泳, 춘성(春城)) 씨 등이 활약하던 것도 이때이다.

김동인 씨는 1919년에 《창조》지에 처녀작 〈약한 자의 슬픔〉을 발표하였는데 그 경개.

신여성 엘리자베스라는 심약하고도 허영심 많은 여자가 어느 남작 집 가정교사로 들어갔다가 그 남작에게 일시 성욕의 유희(遊戱)로 몸을 버리고 오촌모(五寸母) 집에 가서 아무 결심도 없이 남의 추김을 받고 정조유린·사생자인지(私生子認知)의 소송을 일으켰으나 권력자의 세력 때문에 증거불충분하다는 이유로 패소를 당해버렸다.(〈대전 이후의 문예운동〉, 월탄[250])

일반에 커다란 경이(驚異)와 감탄(感嘆)을 받아온 작품이다. 이는 벌써 자연주의를 벗어난 성격소설(性格小說)의 작품 같았다. 1921년 그는 〈배따라기〉·〈목숨〉·〈유성기〉 제편(諸扁)을 《창조》에 발표하였다. 〈배따라기〉는 자기 아내와 자기의 동생이 간통하는가 의심과 질투를 몹시 한 끝에 그 아내를 자살시키고 그 동생을 도망시켰으나 무슨 누 있는 마음이 생겨 다시 동생을 찾으려 다니는 선부(船夫)의 배따라기 소리를 듣는

---

250 〈대전 이후의 문예운동〉은 1929년 1월 《동아일보》에 연재된 월탄 박종화의 글임.

것이다.

읽은 후 다시 깊게 생각하게 하는 작품이다. 〈이 잔(盞)을〉(《개벽》)이라는 단편은 이기영(李箕永) 씨의 〈외교원(外交員)과 전도부인(傳道夫人)〉과 함께 사회를 풍자한 희작(戱作)이다. 씨는 〈감자〉·〈태형〉·〈딸의 업(業)을 이으려〉 등편(等篇)을 1927년까지 발표하고 또 그동안 〈유서〉·〈정희〉·〈시골 황서방〉을 발표하였다. 그 간경(簡勁)한 필치와 지적 묘사에 있어서, 더구나 단편다운 단편을 처음 보여준 데서 씨의 예술적 가치가 있다.

상섭(想涉, 염상섭(廉尙燮)) 씨의 작품은 북구의 작품에 흔히 보는 묵직하고 괴로운 느낌이 독자로 하여금 어떠한 무슨 무거운 압박(壓迫)을 갖게 한다. 이는 씨 성격의 반영인 것 같다. 씨의 작품은 《견우화(牽牛花)》·《금반지》 같은 두 단편소설집과 장편 《만세전(萬歲前)》이 출판되었다. 이것이 씨의 1925년까지 작품의 총결산이었다. 씨의 출세작인 〈표본실의 청개구리〉를 보면

남포(南浦) 유정(柳町)의 뒷골목에 동서친목회(東西親睦會)란 마분지 간판이 붙었다. 회장 김창억(金昌億)이가 원래 멍석과 나무막대기로 삼 원 오십 전짜리 집을 지었다. 북국(北國)의 철인(哲人) 김창억은 남포의 광인으로 통했다. 어려서 일찍 어머님을 여읜 김은 다시 한성사범(漢城師範) 3년 적에 아버지까지 여의고 하는 수 없이 학업을 중지하고 고향에 돌아와서 소학교에서 교편을 잡았다. 그러자 나이 어린

애처(愛妻)를 맞아 귀여운 딸 영희(英姬)를 낳았다. 그 후 김은 운명의 시기를 받아 불의의 사건으로 철창(鐵窓)에 신음하게 되었으나 4개월 후 무죄방면되어서 나와본즉 한 달 전에 집은 텅텅 비어 있었다. 그는 간부(姦夫) 따라 도망간 아내를 깊이 원한(怨恨)하고 연모(戀慕)하여 때때로 현기가 나더니 점점 병은 더할 뿐이어서 영원히 고치지 못할 정신병자—광인, 장발객(長髮客)—동서친목회장이 되었다.

〈제야(除夜)〉에서는 육(肉)에서 육(肉)으로 방종(放縱)하여 이성(異性)에게 항복받기 위한 대담·잔인한 행동을 하면서 강잉(强仍)히 세상을 비웃고 반항하려다가 자살로써 자기를 정화(淨化)코자 한 경로를 그리고, 〈암야(闇夜)〉에는 예술을 동경한 청년의 생활 고민을 간결하게 그렸다. 씨의 작품은 〈금반지〉·〈전화〉·〈윤전기〉 등 앞으로 갈수록 씨 독특한 침통미(沈痛味)와 고삽미(苦澁味)를 버리고 경묘(輕妙)하게 그리고자 하여 〈윤전기〉만은 더욱 심각·선명한 것 같다. 후래(後來)의 작품이 점점 리얼리스틱한 맛이 많고, 작자의 보조(步調)가 그만큼 사실주의(寫實主義)와 접근하여졌다. 〈초련(初戀)〉·〈밥〉 같은 단편이라든지 〈이심(二心)〉·〈무화과(無花果)〉와 같은 장편이라든지, 연속적으로 분투하여 작품을 내는 씨는 이론과 창작의 양면에 능한 기성문단의 용장(勇將)임은 틀림없다.

현진건(빙허) 씨는 근래에 작가로서는 침묵을 지키고 있다. 씨가 지은 단편 〈사립정신병원장〉·〈불〉·〈B사감과 러브레터〉·〈할머니의 죽음〉·〈운수 좋은 날〉·〈까막잡기〉 등 11편을 모아 《조선의 얼굴》이라는 제목으로 출판하였다. 씨는 사실주의를 대성(大成)하여 묘사나 플롯이나 어느 점을 들어 흠할 곳이 없다. 상섭 씨는 그의 작품을 평하되 "현진건 씨의 〈지새는 안개〉 상편을 보고 문장에만 경의를 표했더니 그의 작 〈할머니의 죽음〉을 보고 광희(狂喜)하였다." 팔봉(八峯)은 빙허의 작 〈불〉을 평하되 "기교에 있어서 결점 없는 원숙을 보였다" 하였다. 씨는 그 후 〈빈처〉·〈타락자〉·〈해 뜨는 지평선〉 등을 발표하여 리얼리즘을 걸어온 자취가 판연(判然)하다. 묘사의 핍진(乏盡)한 것과 행문(行文)의 미묘(美妙)한 것은 당시 조선의 독보(獨步)라고 하겠다.

나빈(도향) 씨의 작품이 초기에는 로맨틱한 경지를 벗어나지 못하였다. 〈별을 안거든 울지나 말 걸〉·〈옛날 꿈은 창백하더이다〉를 비롯하여 그의 출세작이라고 할 장편 〈환희(幻戱)〉에 이르기까지 그의 작품은 애수(哀愁)·영탄(咏歎)의 덩어리였다.

〈환희〉! 영철의 누나에 혜숙이라는 어린 여학생은 영철의 친구로서 동경에 유학하고 있는 선용에게 결혼을 약속한 몸으로서 어느 부호의 탕자제(蕩子弟) 백우영의 유혹에 빠져 어쩐지 남성이 좋다는 호기심으로 학교에서 오는 길에 백우영의 집에 들렀다가 귀여운 처녀의 자랑스런 보배를 빼앗기고 순진한 옛날의 혜숙은 타락한 히스테릭한 정월(晶月)로 변하여 몸 둘 곳 없이 자살한다.

기미 직후의 여성, 새로 개성에 눈을 뜬 과도기의 신여성의 심리를 많은 감상을 더해서 썼다. 그의 작편(作篇)은 갈수록 세련되어 〈여이발사(女理髮師)〉 이후의 작품은 체호프와 모파상을 연상케 하고 그가 죽기 2년 전부터 발표한[251] 〈뽕〉·〈지형근(池亨根)〉·〈물레방아〉·〈벙어리 삼룡〉 등을 통하여 쌀쌀한 가을달을 대하는 듯하다. 천재는 조요(早夭)한다는 말이 참말이 되고, 20세 전후에 조선 문단에 명성을 울리던 그는 그만 자기를 충분히 이해할 만한 때 낭만주의 사상을 그대로 일도(一度)의 전환을 볼 새 없이 요절하고 말았다.

《창조》·《조선문단》·《영대(靈臺)》에서 간결한 필치와 기지(機智) 있는 결구(結構)로써 더구나 콩트다운 콩트를 처음 보여준 작가로서 늘봄 전영택 씨가 있다. 지금은 은퇴한 듯하지만 씨는 〈흰닭〉·〈화수분〉·〈바람 부는 저녁〉에서 보는 바와 같이 인도주의로써 일관한 것이다.

그 외에 김낭운(金浪雲)·이일(李一, 동원(東園))·방인근(方仁根, 춘해(春海))·김명순(金明淳, 탄실(彈實)) 제씨도 위 제씨와 함께 힘써 소설을 발표했다. 더구나 김명순 씨는 홍일점의 여류작가로 일찍 은퇴하였다. 〈승방비곡(僧房悲曲)〉·〈난영(亂影)〉과 같이 좋은 장편을 많이 낸 최상덕(崔象德, 독견(獨鵑)) 씨가 있다. 이 제씨들은 낭만주의, 자연주의, 신낭만주의 내지 퇴폐허무주의의 어느 유파임을 막론하고 직접간접으로 민족의식의 현양(顯揚)에 있기 때문에 일언(一言)하면 민족주의 문학이니, 기미 당년에 민족적 흥분의 최고열(最高熱)을 보인 때에 잡지의 홍수 시

---

[251] 원저의 '그가 죽기 전 −2년에 지은'을 '그가 죽기 2년 전부터 발표한'으로 수정함.

대를 연출한 것도 이로 인함이며 이 사조를 결정(結晶)케 할 만한 사회 변천의 조건과 과정이 너무도 짧아서 시대를 대표할 만한 대작품 하나도 없고 말았다.

제2절 신경향파의 대두와 서해·팔봉·회월 제씨

1922년 잡지 《신생활》 창간, 1923년 임정재(任鼎宰) 씨의 논문 〈문사(文士) 제군(諸君)에게〉, 팔봉(八峯) 외 몇 분의 《백조》·《염군(焰群)》 발간 등이 이어진 시기는 경향파 문학의 여명기와도 같았다.

　1924년 1월 염군사(焰群社)와 파스큘라 단체의 합동(合同)을 보고, 발기인은 팔봉·회월·김영팔(金永八)·안석주(安碩柱, 석영(夕影))·최승일(崔承一)·이익상(李益相, 성해(星海))·심대섭(沈大燮)·송영(宋影)·이호(李浩) 기타 제씨였다.

　잡지 《문예운동》도 동시(同時) 개간(開刊)되다가 말았다. 1926년에는 당시의 문예지인 《조선문단》·《신문예》·《폐허》·《영대》·《생장(生長)》·《조선지광》·《동광(東光)》·《가면(假面)》 등을 두고 신·구 문단의 진영이 분립되었다.

　조선의 신문예운동에 있어서 신도덕관·신연애관의 문학을 수립한 이가 춘원이라고 하면, 신흥문학(新興文學)[252]을 고조(高調)하여 그 운동의

---

252 원저의 '신흥학(新興學)'을 '신흥문학(新興文學)'으로 수정함.

기운을 배태(胚胎)케 하여준 이는 팔봉 김기진(金基鎭) 씨이다. 씨는 문단을 향하여 외쳐 말하되

> 조선사람의 이 현실생활은 문학상 좋은 작품을 탄생하게 할 여러 가지 충실한 조건을 많이 가지고 있는데 사실 나타나는 작품은 모두가 그만그만하니 웬일이냐. …… '우리들의 작품이여' 할 만한 사람은 하나도 없다. 다섯 사람의 모파상이나 졸라는 있으되 한 사람의 고리키는 없다. 몇 사람의 문예 이해자는 있으되 한 사람의 벨린스키는 없다.

이리하여 춘원이 모든 유교의 사상과 도덕을 부인함과 같이 팔봉은 그 기성문예를 부인하였다. 그는 스스로 1924년에 창작 〈붉은 쥐〉를 발표하여 권태 가득한 문원(文苑)에 일침(一針)을 주었다. 〈붉은 쥐〉에 나오는 것 같이 급전직하적으로 허무맹랑하게 벼락같이 주인공을 죽여버리든지 광란케 하든지 ××[253]으로 가게 하는 신경향적 소설은 1925년에 이르러 더욱 많이 산출되었으니 박영희(朴英熙, 회월(懷月)) 씨의 〈사냥개〉·〈전투〉, 이익상(성해)의 〈광란〉, 이기영 씨의 〈가난한 사람들〉, 주요섭(朱耀燮) 씨의 〈살인〉, 최학송(崔鶴松, 서해(曙海)) 씨의 〈기아와 살육〉[254] 등

---

253 '××'는 검열의 흔적으로 보인다. 삭제된 글자는 '혁명'으로 추측됨.
254 원저의 〈기아와 살인〉을 〈기아와 살육〉으로 바로잡음.

이 그것이다.

　기아와 살인은 신경향파 초기의 유일한 제재(題材)였다. 최학송 씨! 인제는 고인이 된 씨는 유저(遺著)로서 〈혈흔(血痕)〉·〈홍염(紅焰)〉 등이 출판되었다. 〈기아와 살육〉을 짓기 전에 〈탈출기〉·〈향수〉·〈매월(梅月)〉·〈고국〉 등편을 발표하고(《혈흔》에서), 1926년에 이르러 〈홍염〉·〈저류〉·〈갈등〉·〈이역원혼〉·〈의사〉 등편을 발표하였으며, 기세(棄世) 전까지 《매일신보》에 장편을 쓰고 있었다. 씨는 성진(城津) 사람으로 어려서부터 간도(間島)에 방랑하여 때론 '쿨리' 노릇도 하고 심하게는 양주(楊州) 봉선사(奉先寺) 승려 노릇도 하여 빈궁과 유랑은 너무도 그를 고로(苦勞)케 하여 최후까지 씨는 빈병(貧病)의 희생은 당하였을망정 그 귀중한 체험은 장래의 고리키를 자부하고 나가던 것이었다. 씨는 북만(北滿)을 배경으로 한 작품이 많았다.

　팔봉과 함께 이론과 창작의 양면으로 활동한 이가 회월 박영희 씨이다. 씨는 1924년 〈결혼〉·〈이중병자(二重病者)〉·〈사건〉을, 1925년 〈정순(貞順)의 설움〉·〈사냥개〉·〈전투〉, 1926년에 〈지옥순례〉·〈철야〉 등을 발표하였다.

　씨의 작품은 모두가 초기적 작품이요 1927~33년까지 평론에 경주(傾注)하였다. 1927년 1월 《조선지광》에 비평가의 태도를 말하여 팔봉과 논란(論難)하고 그 3월에 '문예의 방향전환'을 논하였다.

제3절 민촌(民村) 이후

1924년 잡지 《개벽》에 신흥문학에 대한 시비가 일고 1926~28년은 여러 유파의 문학이 논쟁되었으니 양주동(梁柱東)·김영진(金永鎭)·권구현(權九玄) 씨 등이 그 챔피언이었고, 신흥문학계는 창작보다 이론에 몰두하였으나 서해(曙海)·민촌(民村)·포석(抱石)이 가장 활동하였다.

  이기영(李箕永) 씨는 서해와 함께 신경향파 초기를 전담(全擔)하던 중진이다. 씨는 1925년 〈가난한 사람들〉·〈쥐 이야기〉·〈민촌(民村)〉, 1926년에 〈천치의 논리〉·〈박선생〉·〈비밀회의〉 등을 발표하여 평담(平淡)하고도 자연스런 문장과 구상(構想)의 기지(機智)로써 독자를 매혹하였지만, 그의 빼어난 작품은 〈원보(元甫)〉(일명 〈서울〉)와 〈제지공장촌〉(《카프작가 7인집》에 모두 있다)일 것이다. 〈원보〉는

경상도 어느 시골서 구차한 살림을 하던 원보라는 노인이 신작로 닦노라고 부역 갔다가 자동차에 치여서 다리가 부서졌다. 그는 시골서 좋다는 약은 다 해봤지만 고치지 못하고 서울 가면 고친다는 풍설만 듣고 겨우 서울 오는 여비만 해가지고 올라왔다. 물론 여관 밥값도 줄 수 없고 병도 치료할 수 없었다. 다만 같은 여관에 들었던 석봉이가 이를 위로하여줄 뿐. 원보는 석봉이도 모르게 여관을 내쫓겼다. 석봉은 그 후 며칠을 지나서 길가에 마자마자 죽어가는 다리병신 거지를 만났다. 자세히 보니 원보다. 그러자 원보가 죽으니 그의 호상원은 그

를 따라왔던 노파와 석봉이뿐이었다.

〈제지공장촌〉은 신흥문학가의 한 사람이 샌님이라는 별명을 노동자들에게 받아가면서 제지공장에서 노동하다가 임금을 올리라고 운동하던 경로를 그린 것으로 이때 작품의 상투적 제재(題材)이다. 씨는 노련한 기교로써 모든 작가를 압두(壓頭)하고 있는 것 같다.

이기영 씨를 말하면서 포석(抱石) 조명희(趙明熙) 씨를 말하지 아니할 수 없다. 씨는 계급적 정열이 높은 시인으로 신경향파 초기에 있어서 유완희(柳完熙, 적구(赤駒))·김대준(金大駿, 해강(海剛))·임화(林和)·박아지(朴芽枝)·김창술(金昌述)·김동환(金東煥, 파인(巴人)) 제씨와 함께 현실주의적 시를 많이 쓰고 시집 《봄잔디 위에서》를 출판하였으며 그 후 단편집 《낙동강》을 또 출판하였지만 씨의 승작(勝作)은 그 〈저기압〉이다. 〈아들의 마음〉(《카프작가 7인집》)도 기교와 구상이 〈저기압〉과 병행(並行)하겠다.

또 단편집 《흙의 세례》를 낸 성해(星海) 이익상(李益相)도 또한 신경향파 초기부터 신선한 작품 〈젊은 교사〉·〈어촌〉·〈광란〉·〈광풍〉·〈흙의 세례〉 등을 내었다. 〈흙의 세례〉도 명호(明浩)의 내적 생활의 갈등과 모순을 잘 묘사하였다. 씨는 이때까지 꾸준히 작품을 내어오는 작가로 또한 많이 촉망되는 분이었으나 서해와 전후하여 작고하였다. 기영·회월·성해의 이때까지의 제작(諸作)은 과도기적 초기작품이었음을 말하여둔다.

1930년 새삼스럽게 양주동·박영희·정노풍(鄭蘆風) 제씨의 문예사조의 논쟁이 있었고, 동년부터 농촌생활의 옹호를 제재로 하게 되고 이기영 씨의 〈원보〉, 한설야 씨의 〈과도기〉(이상 모두 《카프작가 7인집》에 실린 작품)와 이효석 씨의 〈도시와 유령〉(씨의 단편집 《노령근해(露領近海)》에 실린 작품)과 같이 구체적 인물의 성격과 사회적 환경과 위치와 사건을 통하여 사회의식을 알리려고 노력한 것은 재래의 대화식에서 일보 나간 것이었다. 당시 부절(不絶)히 수 편씩 발표한 이는 송영(宋影), 윤기정(尹基鼎), 조중곤(趙重滾), 엄흥섭(嚴興燮), 현민(玄民) 유진오(兪鎭五), 설야(雪野) 한병도(韓秉道), 채만식(蔡萬植), 전무길(全武吉) 제씨였다.

제5장 결론

 필자는 최근 육칠 년간 문단의 추세에 대하여 거의 무관심하게 지내고 있다. 여기서는 다만 1932년까지 내가 견문(見聞)한 고루한 생각을 일괄(一括)하는 데 그치기로 한다.

 조선의 소설은 원래 '이야기책'에서 출발했다. 그러한 내용과 형식이 양반사회의 퇴물(退物)이었다. 갑오개화(甲午開化)를 중심으로 양반 대신에 이 땅도 시민의 사회가 되었다. 시민은 이양(異樣)의 문학을 요구하였다. 그러므로 외래의 소설을 수입하여 이야기책을 개혁해서 현대적 의의의 소설을 쓰게 된 것인데 중간에 과정적(過程的)으로 '신소설' 시대를 지났다. 신소설은 이야기책의 전통에서 나오고 춘원 이후의 현 소설은 신소설에서 구피(舊皮)를 버리고 나온 것이다. 과연 춘원 때엔 언문일치의 소설다운 소설을 썼다. 작품 〈무정〉은 신소설과 근대소설(현대소설이라 해두자)의 경계를 이뤘다. 춘원의 이상주의·인도주의적 작품을 위시하여 자연주의 양식의 수입과 함께 김동인·염상섭·현진건·나도향 제 작가, 이 땅의 문단의 노장(老將)을 일시에 산출하였다. 대춘원

(大春園)의 전체적 관심에 반하여 동인(東仁)은 사회적 관심보다 개성·자율·인권옹호 같은 것이 특징을 이루고, 이는 사상 문제라기보다 리얼리즘의 근본 특징인 객관묘사의 정신의 왕성을 말함이었다. 이 사실적 수법에 특히 전력을 경주한 이는 현진건 씨다. 그러나 스케일이 크고 기술상에 큰 발전을 보여준 이는 상섭 씨다. 씨에는 북구적인 페시미즘을 본다. 그러나 그보다도 《백조(白潮)》중심의 세기말적 시인에 이르러 비관의 정신은 최고조에 달하였다. 그것이 기미 후 사회의 내적 조화를 상실한 지도적 시민층에 대한 지식인의 사상의 반영이기도 하다. 도향 씨에게 있어 단편 형식의 완성, 심리적 리얼리즘의 개척을 보았다.

그러는 동안에 소시민층의 규환(叫喚)이 들려오고 하층인이 그 생존과 존속의 확고한 지위를 단호히 요구하게 되었다. 이를 배경으로 소위 신경향파라는 것이 《백조》일파 속에서 분화되어 나왔다. 팔봉 씨의 〈붉은 쥐〉에서 출발해서 서해 씨의 〈홍염〉·〈기아와 살육〉, 조명희 씨의 〈낙동강〉 같은 경향을 경과해서 《카프작가 7인집》, 민촌 이기영 씨의 〈서화(鼠火)〉·〈고향〉과 같은 곳에 도달하였다.

실로 경향문학의 정치성(政治性)은 이인직 시대의 계몽의 정신과 춘원의 이상주의적 설교를 계승한바 일관된 조류라고 할 수 있다. 이는 그 후 이 정신의 생경(生梗)한 노출의 기(譏)를 받았으나 현실을 전면에서 파악하려는 지향(志向)과 소설을 자기로부터 해방한 것과 객관소설의 길을 연 공적은 있었다.

서해는 만주의 광야를, 송영 씨는 재동경(在東京) 조선인의 생활을,

김영팔(金永八) 씨 같은 사람은 도시 노동자를, 민촌은 농촌의 생활을 취급하여 조선소설은 명실공히 전 조선의 문학이 될 수 있는 것이었다. 이는 동인·상섭 제씨의 외부로 향하는 묘사의 정신과 내부로 향하는 의욕의 정신이 1923년대, 즉 자연주의·데카당스의 대립에서 최대한으로 분열된 것, 그리고 역사적으론 그 분열을 초극하고 조화하고 높은 사상성과 묘사성에서 통일할 신경향파 문학에까지 이 분열은 강한 흔적은 남기었다는 사실이 주목되는데, 경향파는 시민문학의 특성이었던 이 분열을 이 세대(世代)의 문학으로서의 정신적·예술적 미숙 때문에 통일하지 못하였다. 관념과 현실의 통일은 경향문학의 신과제였다. 이 시기의 대표작이 설야 씨의 〈과도기〉일 것이다. 〈과도기〉는 현실에서 분열된 관념과 관념에서 떨어진 묘사의 세계를 일관한 구조 가운데 형성한 작품이다. 양식에 있어서만 아니라 정신에 있어서 〈과도기〉는 새 시대의 문학이었다. "얻은 것은 이데올로기요 잃은 것은 예술"이라는 조롱(嘲弄)을 뛰어넘어 이런 소설을 집대성한 것이, 경향소설의 제일 큰 기념비가 이기영 씨의 작품 〈고향〉이었다.

(끝)

부록

연안행(延安行)

제1편 탈출기 · 345

제2편 팔로군에 해방된 진찰기변구 통과기 · 390

제3편 종군일기 · 408

♣ 필자는 1944년 11월 경성을 출발, 45년 4월 5일 연안 도착, 8월 15일 일제 패퇴 후 9월 4일 연안을 출발, 11월 하순 경성에 도착. 이것은 연안 여행의 기억을 더듬어 쓴 것이다. (김태준)

제1편 탈출기

1. 동기(動機)

때는 1944년 11월이었다. 일제(日帝)는 1937년 7월 7일 중국과 선전(宣戰)한 지 9년째요, 1941년 12월 8일 미·영과 선전한 지 4년째였다. 일제는 쓰러져가는 환자처럼 타성적인 전쟁을 아무 승산도 없이 울며 개자(芥子)[255] 먹기로 계속하고 있었다.

    조선은 일본의 상품시장, 금융시장이라 하지만 팔아먹을 상품도 고리대금할 돈도 없고 오직 동물성·식물성 원료와 풍부한 지하자원과 전력과 식량과 현금 등을 헌납이니 공출이니 하는 미명 하에 끝없이 약탈하고 있었다. 그뿐 아니라 귀중한 조선의 아들·딸을 정신보국대니 징용이니 징병이니 하고 도살장으로 몰아냈다. 조선을 군사기지로 하고 대륙침략에 쓰는 무기를 대부분 여기서 만들고 80만의 이민단(移民團), 즉

---

[255] 겨자.

재향군인단을 가져오고 몇 개의 사단(師團)을 두고 갖은 압박과 약탈을 하고 있었다. 특히 문화적 압박은 언어도단이었다. 조선어의 조선사, 조선성명, 조선의식습속의 사용까지 금지하고 조선'신(神)'의 신앙까지 금지하고 모든 것을 순전히 일본색(色)으로 강요하였다. 내종(來終)에는 "나는 황국신민"이라고 서사(誓詞)까지 읽혔다.

이러한 폭풍우 속에서 모든 민중은 운명을 저주하고 정감록만 찾고 있고 옛날의 용감한 투사들까지도 대부분은 놈들에게 구금되었거나 운동을 정지하고 어쩔 줄 모르고 있었다.

3·1운동 당시의 급선봉(急先鋒)들, 흥사단과 실업구락부와 조선어학회의 요인들과 같은 보수주의 진영, 최고수뇌부들은 모두 영락(零落) 투항하고 말았고, 그 조직은 전면적으로 와해되어 있었다.

언어는 왜어(倭語) 소위 국어 보급 운동이요 역사는 일선동조론(日鮮同祖論)이요 정치는 징용·징병이요 경제는 공출과 배급이요 왜노(倭奴)의 태평양전쟁에 박자를 치며 날뛰며 성원(聲援)하는 주출백귀(晝出百鬼)의 창피스럽고 괴로운 시간이었다. 조선민족의 역사 위에 이렇게 이 민족과 그 창귀(倀鬼)들에게 박해와 천대를 질적으로 심각하게 받아본 경험은 다시 없을 것이다. 우스운 것은 공자묘(孔子廟)에 유생을 모아놓고 중국을 망(亡)케 하고 일제를 흥(興)케 해달라고 삭망(朔望)[256] 기원문(祈願文)을 읽고 공자께 빌었다는 것이다.

---

256 삭일(朔日)과 망일(望日). 음력 초하루와 보름.

이러한 백색테러 밑에 10년, 20년 쉬지 않고 지하에 숨어 다니면서 조선의 인민의 이익을 위하여, 조국해방의 사업을 위하여 노력하고 있던 박헌영(朴憲永)·이주하(李舟河)·이관술(李觀述) 같은 동지도 있었다. 당재건콤그룹, 공산주의자협의회, '자유와 독립 그룹' 등 몇 개의 운동자 그룹이 횡적연계를 갖고 싸우고 있었다. 바로 거창의 최(崔), 인천의 최(崔), 영변의 백(白)이 검거되어 세 개의 세포가 깨지기 시작한 후 공산주의자협의회 안악[257]에 있는 군사문제토론회는 나에게 중국공산당의 수도 '연안'에 가서 김일성(金日成)·무정(武亭) 동지들과 함께 국내에 대한 군사대책을 세워보라고 하였다. 남만(南滿)과 서북선(西北鮮)에는 산악지대가 많으니 이것을 이동근거지로 하고 북선농민(北鮮農民)의 각성되어 있는 유리한 조건을 이용하여 유격전을 전개하면 할 수 있으리라는 것과, 조선인민의 이익을 위해서 자기를 희생하고 충실히 싸울 수 있는 인민의 입장에 있는 전투적, 진보적인 정예분자들의 정당한 지도 밑에 민중이 집결된 힘을 갖고 적 일제를 격퇴시키지 않으면 안 된다는 것, 조선민족의 완전해방은 오직 우리 민족 자신의 손으로 해결하지 않으면 안 된다는 신조에서 그렇게 결정한 것이다.

　나는 고국을 떠나서 연안 가기로 결의하였다.

---

[257] 안(內).

2. 결혼

수년 전에 감옥에 있을 적에 노모, 안해, 유아(乳兒)를 잃은 것은 출옥 후의 나에게 굳센 복수의 염(念)에 불타게 하였다. 우리 민족의 원수, 인민의 원수, 가족의 원수인 일제를 동해 밖으로 격퇴하지 않고는 도저히 이 하늘에 머리를 두고 살 수 없다고 하였다.

집에 20살이 넘은 두 딸은 두 동지 김(金)·박(朴)에게 출가시켰다. 나의 가정부담은 경(輕)해졌다.

문학연구니 역사연구니 언어연구니 하는 것은 우리 정부(政府)가 수립된 후의 일이니 당분간 이 방면의 서적은 상자에 넣어서 봉해두자.

보는 책은 경제학ABC, 인터내셔널, 전기(戰旗), 레닌선집 등이었다.

나는 좀더 튼튼한 세계관을 수립하려고 모색하였다.

외계(外界)에는 공출, 배급, 징용, 징병에 떨며 울고 있는 수천만 형제 자매의 아우성소리 조음(噪音)이 이 이타(耳朶)를 치는데, 어느 겨를에 조선문학이니 조선역사니 찾고 있을 수가 있을 것인가고 하였다.

보호관찰소에서는 신사참배를 해라, 비행기헌납금을 바쳐라, 그의 기관지 《사상보국(思想報國)》에 글을 써라, 창씨를 해라, 일선동조론적 입장에서 조선사를 써라 라고 온갖 협박적 명령을 계속적으로 내리는데, 이것을 일일이 완곡하게 거절하노라니 용이치는 않았다.

일본 강아지들은 무슨 냄새나 맡으려고 날마다 오후에 한 번씩 내 집에 들르는 것이었다.

이 틈을 타서 서울이나 지방에서 동지들은 교묘하게 연결을 취해서 찾아온다. 징용, 징병에 대한 대책, 조직과 조직과의 통일 문제에 대한 토의가 아니면 우리의 최고지도자 박헌영 동무를 보게 해달라는 것이다.

지하로 숨어 다니는 수많은 동무들이 이구동성으로 부르고 찾는 것은 박 동무였다. 누구보담 이론(理論)이 우수하고 직실(直實)하고 완전히 자기희생적이고 투쟁연대(鬪爭年代)가 가장 길고 조선해방운동의 풍부한 경험을 집대성한 분은 박 동무였기 때문에 조선민족의 해방운동을 생각하고 있는 사람으로서 박 동무를 최고지도자로 모시는 데는 이의(異議)가 없는 것이다.

8·15 이후에는 혁명가도 많고 민주주의자도 많은데 어째서 그때엔 그렇게 그런 부류의 인간이 희귀했을까? 민족주의 변절자들은 학병 나가라는 강연이나 하러 다니고, 좌경기회주의·사회민주주의 서재파(書齋派)들은 실천을 거부하고 '사상보국'에 여념이 없고, 선량한 인민의 전위들은 예방구금소(豫防拘禁所)가 아니면 형무소에 있고, 지하에 숨어 다니는 투사들도 그 숫자가 그다지 많은 것은 아니었다.

지하운동자―[258] 지방에서 우차(牛車)[259]를 끌고 다니는 동지, 심산에 가서 화전민 된 동지, 공장에 가서 직공 된 동지, 봇짐장수로 가장한 동

---

[258] 원문의 '지하운동'을 '지하운동자―'로 수정함.
[259] 소달구지.

지들이 서로 조직적 연락을 갖고 조선의 근로대중을 위하여, 조선의 민족해방을 위하여 싸우고 있었는데, 이들의 최고지도자인 박헌영 동무의 거처(去處)가 아득하기 때문에 서로 찾고 있었다. 해삼위(海蔘威)[260]로 갔으리라고 전하는 이도 있고, 혹은 연안으로 갔으리라고 전하는 이도 있었는데, 박헌영 동무가 8·15 이전의 십팔지옥(十八地獄)[261]에 빠진 조선의 인민과 민족을 등지고 해외로 도망할 분도 아니었고, 그 후에 알아보니 전라도 광주 어느 벽돌공장에서 김성삼(金成三)이라고 변명하고 벽돌을 굽고 있으면서 일제와 싸우고 있었다.

나도 행여나 연안에 박헌영 동지가 가지 않았을까 하고 생각해보았다.

그때에 마침 박 동지의 거처를 찾는 여자 P 동지[262] 가 있었다.

그는 나와 동일한 사건 때문에 투옥되어 있다가 나온 지 몇 날도 되지 않아서 나를 찾았다. 얼굴이 붓고 다리가 부어 있음에도 불구하고, 일제의 치안유지법 4범의 경력을 가진 그는 아직도 투지가 왕성한 데 나는 놀랐다. 나는 그가 한 개의 연약한 여자의 몸으로 그렇게 용감하게 싸워왔다는 데서 무한한 존경을 하게 되었고, 그 후 몇 차례 접촉하는 동안에 그 존경은 사랑의 감정으로 변질되었다.

---

260 블라디보스토크.

261 불교에서 말하는 18가지 지옥.

262 'P 동지'는 박진홍(朴鎭洪)을 가리킨다.

나는 P의 집에 숨어 있었다. P가 나의 집에 갔다가 경기도 경찰부 형사단이 나의 집에 잠복해서 체포망을 벌이고 있는 것을 발견하였고, 나를 잡으려는 놈들 수사망이 물샐틈없이 수배되어 있다는 정보를 수집해 왔다.

P도 출옥 직후임에 불구하고 내가 그 집에 잠복해 있으므로 그 가족들은 P를 구박하고 어린 조카아이는 주먹으로 P를 난타하고, 정체불명한 적 스파이들도 나의 숨어 있는 동안 두 차례나 왔다가 갔다. P도 비록 출옥 직후라 할지라도 그의 신변은 바늘방석에 올라앉은 것 같이 위험하였다.

나는 P에게 연안 가기로 결의(決意)한 것을 말했고, 그의 동행을 요청하였다. P는 결락(決諾)하였다.

여기서 나와 P의 결혼식 없는 부부생활이 지하에서 출발되었다.

3. 지하운동

세계에 두 개의 파시스트—서양에 독일, 동양에 일본—가 멸망 단계에 들어서 최후의 발악으로 세계에 최대최강의 두 민주주의 국가 소련과 미국의 존엄을 무시하고 '하룻강아지가 범 무서운 것 모른다'는 셈으로 '까부는 아이가 누워있는 어른의 뺨을 때리듯' 싸움을 걸었다. 어른은 맨 첨에는 어린아이 농담으로 생각하다가 요것이 점점 악독하게 덤비니까 분노가 폭발되었다. 일미전(日美戰)과 소독전(蘇獨戰)이 파스칼 원리 같은 비중의 연관성을 갖고 있기 때문에, 독일의 스탈린그라드 패전 이후 우크라이나, 파란(波蘭)²⁶³, 루마니아에서의 계속적 패퇴와 이 상세한 내용을 전해주는 적 신문의 특파원(수산(守山) 기자)의 보도와 함께, 과달카날·사이판의 일제 패전과 산본(山本)·고하(古賀)²⁶⁴ 등의 사(死)…… 등등의 보도가 전달될 때마다 조선의 양심적인 지식분자들을 광희(狂喜)케 하였다. 왜놈 강아지들을 어쩌다 만나서 시국담을 시험 삼아 끄집어내어보아도 근심걱정하는 놈이 있고, 놈들의 보도진도 모두 정세낙관할 수 없느니 전도가 우려되느니 하고 비명(悲鳴)하기 시작하였다.

일제가 결정적으로 패망한다고 보는 계층의 범위가 점점 많아졌다.

징용·징병의 소집령을 받고 도망했다는 이야기가 여기저기 들려왔다. 포천서는 징용투쟁을 위해서 청년 8명이 파출소를 습격했다고 하고, 대구·청도 등지에서도 청년들이 곤봉을 들고 산중으로 도피해 다닌다고 하고, 평양서도 큰 폭동이 일었다고 하고……, 뒤숭숭하게 자못 물정이 소연하였다.

왜놈의 시기·정탐·감시·의심의 정도도 심각했다. 매수·농락·위협의 고등정책 때문에 양심적인 지식분자에서 표면에 나서서 그들이 시키는 일에 협력 안 하기는 퍽 어렵게 되었다.

---

263 폴란드.
264 각각 야마모토 이소로쿠(山本五十六)와 고가 미네이치(古賀峯一)를 가리킴.

오늘날 한민당 혹은 이승만 씨에게 옛날 왜놈에게 섬기는 수법으로 가장 충실하게 일하고 있는 장모(張某) 같은 놈도 서슬이 푸르게 왜놈의 전쟁을 위하여 진력하고 있었고, 여남은 모리배 박흥식(朴興植)·김연수(金秊洙)의 무리야 책할 것이 있으랴!

이와 반대로 이 탁류에 항(抗)하여 조선의 인민을 위해서 싸우려고 하는 일군(一群)도 늘 움직이고 있었다. 잿독(회통(灰桶)) 속에 반짝이는 한 불씨 같이

(1) K동(洞) 여(呂) 선생은 현준혁(玄俊赫), 최, 이K, 이T, 김T 등을 찾고 조선해방연맹이거나 조선인민위원회를 만들자고 제의한 일이 있다. 여 선생 집에 출입하는 그룹 전·최·구·이·조 제씨의 소조직이 있었다. 나는 최 군을 통해서 그 소식을 듣고 있었다. 최의 벗에 변 군이 있었다. 이들은 1925년의 조공(朝共) 행동강령, 12월 테제, 9월 테제, 10월 서신 등을 비판하고 당면과제로서 징용·징병·공출·배급에 대해서 어떻게 싸울 것인가 하고 구체적 시안을 작성하라고 제의하여왔다. 나는 변 군이 기관지를 발행한다고 하기로 선언문을 기고했다. 그 후 곧 전·최·구의 검거가 시작되었다.

(2) 1939년대에 창립된 조공재건 경성콤그룹 멤버가 다시 활발한 활동을 시작하였다. 최고지도자인 박헌영 동무는 어데 있는지 모르나 이관술 동무는 울산서 도망해서 대전으로 오고, 이현상(李鉉相)·이주상(李胄相) 두 동무는 경남으로 갔다가 적에게 발견되어 다시 대전으로 오고, 인천의 최, 하동의 윤과 조, 조의 친구인 이채래(李採來), 채래의 친구인

신설정(新設町)²⁶⁵ 황 그룹이 직접간접으로 연계되었다. 이때에 인천 최가 공장에서 검거되고, 채래가 따로히 성동서에 검거되었다.

(3) 함경도 함흥·원산을 중심으로 한 적색태로동지(赤色太勞同志)의 활동상황은 알 수 없었다. 최·이·정·고·최·김……을 찾고 이주하(李舟河) 동지의 간 곳을 찾았으나 알 수 없었다. 주하 동무는 이때 진남포에 숨어 있었다.

(4) 청진 일철(日鐵)²⁶⁶을 중심 한 이승엽(李承燁) 동무들의 기관지《자유와 독립》을 가지고 온 김일수(金一洙) 동지를 만났다. 이·서·김C·김T·김Y 등과 함께 공산주의자협의회를 세웠다. 회합장소는 하루는 답십리, 하루는 서의 매제 이 동지의 집. 이 동지는 아직도 감옥에 있었다. 이 김(金)에서 당면문제와 행동강령이 토의되었다. 이 협의회 내에 군사문제토론회가 있었고, 여기서 두 김은 소련으로, 나는 연안으로 가기를 결정한 것이다. 그때 이 그룹의 노(老) 동무들도 모두 박헌영 동무를 찾고 있었다.

연안 가기로 결심한 나는 변(卞)과 노동자 동무 박(朴)을 용산 철도국 김Y에게 소개하고 현상 동무와의 연락은 일체 김H에게 넘겼다.

협의회의 S는 내가 연안 가면 국내와 암호로 연락할 터인데 국내에 단파송전(短波送電) 장치를 할 비용을 조달하라고 하였다. 또 나 자신도

....
265 지금의 서울 동대문구 신설동.
266 일본제철.

여기서 떠나려도 노자(路資)가 없었다. 그래서 양심적인 실업가 박 동지를 찾았다.

그러나 물자는 부족하였다. 주택은 팔았으나 돈이 별로 남지 않았다. 근 20년을 두고 수집해온 역사·문학의 자료인 고서들을 팔기로 하고 K 동 사는 양심적인 부호 홍 씨를 찾고 두 가지 일을 제의하였다.

1. 나는 왜놈들 때문에 여기서 더 살 수 없으니 2만 원만 내고 내 책을 가져라.

2. 홍 선생은 오래 중국에 계셨으니 많은 아편 장수의 밀행로를 알 터이니 가르쳐달라.

홍 씨는 대답하였다.

그러면 책을 맡겠습니다, 산해관(山海關) 넘어가는 밀행로에 대해서도 생각해봅시다고.

마침 서대문 감옥에서 조(趙) 간수(看守) 동지가 감옥에 있는 장순명(張順明) 동지의 편지와 기타 동지들의 소식을 전하고, 연안서 적구공작(敵區工作) 하려고 천진에 나왔다가 검거된 심(沈) 동지로부터 적구에서 팔로군(八路軍)[267] 근거지에 뛰어 들어가는 노선을 가르쳐주더라는 것을 배웠다. 보호관찰소에서는 옛날의 동지로서 반변(叛變)[268]한 K가 와서 나와 신혼(新婚)한 P에게 구혼의 뜻을 표하였으나 P가 거절했기 때문에

---

[267] 중국공산당의 화북지역 대일본 항전 부대. 정식 이름은 '국민혁명군 제8로군'.
[268] 배반하여 태도를 바꿈.

관찰소에서 P를 호출하고 여러 가지로 위협과 공갈을 가했다. 익일 P는 먼저 서울을 떠나서 평북 피현역 전 김C 동지의 집으로 가서 나를 기다리고 있게 하였다. 마침 김C의 누이동생의 전안(奠雁)[269] 잔치가 있는 때였다. P는 김C의 누이동생의 안내로 먼저 서울을 떠났다.

나는 책 판 돈을 영수하려고 홍 씨 댁에 들르니 홍 씨는 급한 일이 생겨서 그 고향인 신의주로 내려갔다.

인천 이S 동지가 이××병원에 입원환자로 가장하고 있는 이G 동지를 통해서 보자고 하는 것을 여가 없다고 거절하고 이튿날 밤 나는 떠났다.

4. 출발

바로 11월 27일 밤이었다. 대학에 있는 김S 동지의 주선으로 초저녁에 나는 나의 사위 김Y를 수송정(壽松町)[270] 이K 동지의 집에서 만나게 되었다. 김S·김Y·이K·주(朱) 네 동지가 얼굴에 긴장미(緊張味)를 띠고 모여왔다. 나는 그들과 고별하며 서로 앞날을 격려하였다.

김Y는 당시 대학병원 조수였다. 나는 변장하기 위하여 일체 그와 복장을 바꾸어 입었다. 소위 왜놈의 국방복에 국방모를 쓰고, 색안경을 쓰

---

[269] 혼례 때 신랑이 기러기를 가지고 신부 집에 가서 상 위에 놓고 절하는 절차.
[270] 지금의 서울 종로구 수송동.

고, 김Y의 명자(名刺), 대학에서의 신의주 방면 출장명령서를 가지고, 큰 가죽가방에 김Y가 쓰는 청진기·주사침, 약간의 약병, 의학서류를 넣고 김Y·김S에게 보호되어 이K의 집을 나서니, 나는 완전히 돈 벌기 위해서 살아가는 의사가 된 것 같았다.

압박과 약탈에 뽕이 빠진 밤 종로의 네거리는 가로등까지 자취를 감추고, 복면을 쓴 악마의 손이 구지를 찌르는 것처럼 무시무시하였다.

자동차로 경성역까지 달려갔다. 바로 그날 밤.

거기에는 경기도 경찰부의 일본 강아지 '가(假)' 형사라는 놈이 나와 있었다. 나와는 서로 아는 놈이다.

김Y의 임시변법으로 나는 후문으로 들어가서 대합실 한구석에 숨어 있다가 북행열차가 도착하자 곧 올라탔다.

김S·김Y와 작별했다.

김Y에게는 내 가족, P의 늙은 어머니의 보호에 대한 부탁을 하였다. 어린 딸, 늙은 부모의 군상이 삽시간에 함께 떠오르고, 잔등에는 식은땀이 흐르고, 몸은 쪽 소름이 끼쳤다.

북행차는 떠났다. 여러 동지, 동포를 등지고 고국산천을 떠나는 나의 심금은 몇 차례 혼조(混調)로 울었다. 나는 이러한 시름을 잊기 위해서 일부러 잠을 청했다.

기차가 평양을 지나서 청천강을 건너서 맹중리(孟中里)에 도착할 적에 무한한 향수에 잠겼다. 맹중리서 북행 백여 리면 나의 노부(老父)가 계시고 친척들, 동지들, 지우(知友)들이 있고, 나를 길러주던 산천이 있다. 나는 그들에게 가노라는 말도 없이 작별하게 되는 것이다. 특히 운산·영변 등지에 정·최·신·김·백 등 젊은 동지들의 씩씩하게 싸우는 형상이 얼굴에 떠오를 때 나는 큰 죄를 짓는 것 같았다. 그들은 나를 따르는데 나는 그들을 버리고 가다니, 아!

기차가 정주를 지나가니 소위 이동경찰대라는 왜놈 강아지 두 놈이 올라탔다. 나의 주의는 부단히 이런 방면에 집중되었다. 마침 참빗으로 머리를 빗는 것처럼 형사 두 놈은 양편에서 하나씩 하나씩 조사를 해나오고 있었다.

나는 신문을 보고 있는 체하노라니 형사가 와서 어깨를 친다. 일본말로

"나는 경찰 사람입니다마는, 성명은?"

"김Y."

"명자 없습니까?"

나는 경성제대 의학부 조수 김Y라고 씌어 있는 명편(名片)과 함께 의학부 출장명령서 1통과 대학 도서관 열람표, 대학 조수라는 신분증명서 등을 내보였다.

출장명령서에는

'한약자료수집조사연구소, 신의주 방면 출장을 명함'

이라고 씌어 있었다. 형사는 아무 선견(先見)이 없는 만큼 그들의 포켓 속에는 반드시 내 사진이 있었을 것임에 불구하고 더 의심하려고 하지 않았다. 내 가방을 열라고 하길래 열어보였다.

'주사침, 청진기, 약병, 의학서류.'

그는 더 추구(追究)치 않고 지나간다. 호굴(虎窟) 제1경(頃) 관문은 무사히 통과했다. 난관을 돌파한 직후의 석연한 감정은 큰 짐을 부려놓은 것처럼, 등에 가시를 뺀 것처럼 기뻤다.

기차가 피현에 도착할 때 나는 내려서 산대골 김C의 집으로 찾아 들어갔다.

김C의 집은 갑·을·병·정 4형제가 있다. 김C갑은 일찍 경성대학생으로 태로(太勞), 1937년 원산 철도국 사건에 연좌되어 호흡기병으로 출옥되어 있다. 그의 동생 김C병은 보전(普專)[271] 나온 후 일급 30전을 받고 경성 모 철공장의 직공으로 되어 많은 동지를 획득하고 노조를 결성하고 원산태로와 조공재건 경성그룹과 연계시킨 가장 용감한 투사로서, 1941년 종로서에 검거되어 놈들의 악질고문에 끝까지 저항해 싸우다가 희생된 전위로서, 조선 운동사상에 유수한 계급적 영웅의 하나이다.

그 두 동생, 두 누이동생과 그 젊은 부모님, C갑의 구식(舊式) 부인까지도 모두 강렬한 애국적, 투쟁적 정열을 가진 동지였고, 첫 누이는 P와 친숙하기 때문에 P는 먼저 그 누이와 함께 서울서 여기로 와서, 무사히 도착된 나를 무엇보담 반겨하는 것은 그 눈에 반작거리는 광채와 기쁨의 표정으로써 알 수가 있었다.

---

271 보성전문학교.

이 집이야말로 참다운 혁명가의 가정이라고 느꼈다. 한겨울 찬바람이 눈보라를 치는 북국(北國)에 화기애애한 애국자의 가정은 모범가정의 견본이었다.

나는 그 가족 일동과 함께 둘러앉아서 C갑의 질문 따라서 온갖 무산자운동의 '에피소드'를 밤새 횡설수설 지껄였다. 날이 새니 우리는 갈 길은 떠나야 하게 되었다. C갑의 아버지는 어디로 가느냐고 묻는다. 우리의 행색이 수상한 것을 눈치 차린 모양이었다. 나는 물그레 웃다가 신의주로 걸어가야 하겠는데 길을 모른다고 했다. 그는 자기가 몸소 안내한다고 하길래 나는 구태여 거절하지 않았다. P는 기차로 피현서 신의주까지 가고 나는 이동경찰의 눈을 피하기 위하여 걸어갔다. C갑의 태로, 이주하 동무 지도하던 사건 내용과 C갑·C병의 투쟁사를 말하고 그 가족들이 잡혀 다니며 고생하던 이야기를 재미스럽게 서술하여주었다. 내가 신의주역 전 모처 약속장소에서 기차로 온 P를 만났을 때 C갑의 아버지는 '당신들의 가는 곳을 대략 짐작한다'는 듯이 싱글싱글 웃으면서 부디 잘 가자고 촉망(囑望)과 격려의 말을 주었다.

5. 압록강

여러 해 만에 신의주의 거리를 걸어보았다.

물품 없는 상가는 참 쓸쓸하였다. 신의주 땅을 밟고 제일 느껴지는 것은 창성(昌城) 사는 한학자 문창수(文昌洙) 옹이 창씨와 식량공출을 거절하고 학생들의 징병 나가는 것을 나가지 말라고 선동했다는 죄명으로 영변 재판소에서 "왜놈은 어째서 남의 강산과 재물을 빼앗고 사람까지 모두 잡아내다가 죽이느냐"고 항변하고 1년형을 받고 신의주 감옥에서 신음하고 있는 것이다. 문 씨의 늠름한 남자적 위풍과 기개가 머리에 시원하게 떠오르건마는 나의 가는 행차가 이러하니 찾을 수나 있으랴!

도망의 길을 떠나는 부부, 나와 P는 영정(榮町) 홍 씨 집을 찾았다. 홍 선생은 어린아이 병을 간호하고 있다가 반갑게 우리를 맞아들인다.

경성서 장거리 전화가 와서 우리들의 올 것을 기다리고 있었다. 우리 책은 사기로 하고, 돈은 추후 우리 가족에게로 전하고, 봉천(奉天)과 천진(天津)에 홍 선생의 동생이 한 사람씩 있어서 공사사업(公司事業)을 하고 있으니 미리 적당한 방법으로 그들에게 알려둘 터이니 거기서 원조를 받기로 하라고 하고, 현금은 한 사람 앞에 200원 이상 휴대를 허(許)치 않으므로 그 이상 더 가져가지 말고 중간에서 보급(補給)을 받게 하라고 하였다.

우리들은 돈 200원씩을 받았다. 홍 선생은 이런 모험에는 풍부한 경험이 있는 분이라 "산해관 돌파를 담대하게 성공하기를 빈다"고 성심으로 알려주었다.

홍 씨 집을 나서서 익숙하지 못한 거리를 비틀비틀 걸어 나오노라니 압록강이 가로막혀서 물이 용솟음을 치며 굽이굽이 흐른다.

압록강! 일찍 극동에 최대의 국가였던 고구려의 발상지, 수천 년의 한 많은 역사를 비장(祕藏)하고 말없이 흐르는 압록강. 강은 옛날의 그 강이건만 인간사태(人間事態)는 어찌 이처럼 변하느냐. 고구려가 망한 후 무수한 애국자들이 의분에 넘쳐 눈물을 흘리고, 한국이 망한 후 다수한 애국지사들이 놈들의 경계망을 돌파하노라고 애쓰던 그 현장에 나는 발을 더듬게 되었다.

'나도 애국자일까?' 자문자답했다. 조선의 인민들이 모두 징용·징병·공출·배급 때문에 전멸 직전에 있는 이때에 이들과 생사를 같이하고 최후까지 왜놈과 싸우지 못하고 자기 한 몸의 안전을 위해서 쫓겨나오는 이 사람이 무슨 애국자라는 칭호에 해당할 것이리오.

나는 엄격히 자기를 부정하였다. 감옥 혹은 지하에 있는 동지들의 얼굴이 안계(眼界) 넓은 압록강 물 위에 떠오르는 것 같았다. 갈매기는 쌍쌍이 날아다니고 어야데야 뱃노래는 들려오건만 이 부부에게는 아무 감촉도 없었다.

철교를 건너려고 하니 양편에 세관·경관들이 서서 오고가는 사람을 감시하고 있다. 우리 차례다. 짐이 없으니 조사는 간단하였다. 어디 가느냐고 묻길래 나는 의사증·대학조교증 등과 주사침·청진기 등 일체 증거물을 내보이면서

"나는 대학의사 김Y인데, 이번에 신의주까지 출장 왔다가 오늘 저녁 안동(安東) 건너가서 저녁 먹고 건너오려고 가는 길이오."

하였다. 그들은 더 묻지 않고 통과시켰다.

이리해서 문제의 압록강도 걱정 없이 지나갔다.

안동역에 도착해서 봉천 가는 차를 탔다.

6. 봉천서 본 홍 청년

봉천서는 신의주 홍 선생의 동생 홍K 집에 투숙했다. 벌써 홍 선생의 전화가 와있었고, 또 홍선생은 그의 질(姪) 홍C를 일부러 보내서 우리의 여행준비를 적극 원조하는 것이었다. 홍 선생의 지성스런 후원에도 뜨거운 은의(恩義)를 느꼈지만, 홍K·홍C의 찬찬한 보살핌에도 벼랑벽 같이 감격성 없는 나를 감격케 하였다. 이 가족들은 보통 만주에서 굴러다니는 유맹적(流氓的) 동포와는 달라서 애국적 기개가 깊고 애국운동자를 사랑할 줄 아는 것이라 하였다. 한 사람의 망명에 이렇게 뜻하지 않은 다수의 숨은 독지가가 동원되어 희생을 하게 되거늘, 이 세상에 혼자 잘난 척하는 자고자대(自高自大)한 염치없는 소영웅들이 있다면 얼마나 자기반성력이 모자라는 우물 밑에 개구리와 같은 것일까.

나는 홍K와 함께 북시장(北市場)을 가려고 하니 왜놈 관리가 시장의 사면(四面)을 차단하고 시장에 있는 사람을 전부 잡아서 트럭에 싣는다. 우리도 30분 전에만 시장에 왔던들 탄광인부로 징용되어 북해도(北海道)의 어느 산중의 원귀가 되었을 것을! '우연'은 우리를 도와주었다. 홍K는 우리의 일체 여행도구와 여비를 충분히 준비해주고, 우선 흥성(興城)까지 가서 변S라는 사람을 찾아서 산해관 넘는 방법을 가르쳐달라고 하라는 것이었다.

봉천역을 떠날 때는 홍C가 전송(餞送)해주었다. 홍C는 맑은 맵시에 순수한 도령님이다. 그는 우리 부부의 밀월여행을 여행형태로서는 최대의 '로맨티시즘'이라고 희롱하였다. 그는 가장 문학을 좋아하였다. 나의 안해 P와는 문학작품 속에 나타난 애국자 망명객 이야기를 장시간 계속하고 있었다. P는 투르게네프의 〈전날 밤〉에 나오는 여주인공이 망명청년을 사랑하다가 그 청년의 조국 불가리아에 몸을 바치던 이야기며 퀴리 부인 이야기를 재미스럽게 전개하는 것이다.

봉천서 금주(錦州)까지 와서 차에서 내렸다. 금주에는 팔로군이 많이 출몰하기 때문에 여행금지 구역이 되어 있다.

금주서 내려서 마차를 타고 시가지를 일주했다. 금주의 지리와 건물 배치 등을 잘 기억해두었다. 금주 사람으로 차리고 흥성까지 가는 차를 탔다. 금주 산다고 하면 흥성까지는 여행증 없이 다닐 수 있기 때문이다.

금주역에 내리니 거기에는 두 놈의 왜병이 일일이 차표를 점검하고 있었다. 한 놈은 우리를 응시한다. 수상하다고 보는 모양이다.

"금주 어데 사는가?"

"금주 ×정목(丁目) ×번지 모모."

"금주 경찰서가 어데 있는가?"

"금주 ×정(町) ×번지에 있습니다."

약간 문답은 있었으나 호구(虎口)는 무난히 벗어나왔다.

7. 흥성의 동포들

흥성서는 홍K가 소개하던 변(邊)S의 집에 들었다.[272]

변S는 그 장남이 왜헌병 통역으로 있음을 이용해서 미약한 중국농민을 감옥에 넣고는 석방운동 해준다고 사기횡령하며 가(假)여행증을 얻어주고 거액의 구전을 상습으로 해먹는 만주 악성유맹(惡性流氓)의 대표적 전형이다.

부부가 아편을 먹고 주초(酒草)를 즐기며, 생활이라고는 아침 벌어 저녁에 먹고, 바람벽이 거칠 물건 없는 쪽박살림이다. 더구나 변S는 과거에 왜경의 고등정탐 노릇까지 하던 놈이니 그 잔학한 행동은 이루 말할 수 없었다. 마침 장남이 내지(內地) 정주(定州)에서 며느리를 맞이해오는데 반마(返馬)[273]의 날짜까지 정해놓고도 돈이 없어서 어쩔 줄 모르고 있는 때였다.

이런 때에 약점을 가진 손님이 하나 얻어걸린 것은 변에게는 '웬 떡이냐, 하늘이 돕는다'고 했을 것이다. 나는 변에게 말했다.

"나는 봉천 모정(某町)에 사는데, 모든 사업에 실패하고 천진에 옛날 동업하던 친구가 있으니 약장사라도 하려고 하는데, 여행증을 얻을 수

---

272 원문의 '변S의 집의 주인(主人)들었다'를 '변S의 집에 들었다'로 수정함.

273 신부가 타고 온 말이나 나귀를 시집에서 묶어 두었다가 신부가 시집의 조상을 모신 사당에 예를 올리게 한 뒤에 그 말이나 나귀를 친정으로 돌려보내는 것을 가리킴. 반마까지 마쳐야 비로소 혼인이 확정됐다고 한다.

가 없어서 걱정하던 중에 누가 마침 당신을 찾아보라고 하기로 찾아왔 노라."

"여기서 가끔 그런 안내를 한 일이 있습니다. 염려 마시오. 그런데 마침 저의 가사(家事)에 시급히 돈 2천 원만 쓸 일이 있는데, 우선 좀 돌려 주실 수 없겠습니까?"

나는 돈을 건넸다. 그런데 1주일……10여 일이 넘어도 아무런 말도 없고, 흥성에 있는 조선사람들은 수근수근하며 "변은 지나가는 길손을 머물게 해두고 돈을 캔다"고 소문이 자자할 뿐만 아니라 흥성에 유명한 정탐 이모(李某)라는 놈이 수일 후에 내지에 출장 갔다가 돌아오면 변 집에 있는 이상한 부부는 체포될 것이라는 정보와, 흥성에 있는 조선사 람들이 이 이상한 부부를 약장수로 변장한 혁명가라고 보고 있다는 풍 설이 들려올 적에 우리는 비상히 긴장과 초조와 불안에 싸였다.

봉천 홍K에게 돈을 좀더 보내달라고 타전하려고 전신국에 가니 미국 비기(飛機)가 안산(鞍山)·봉천을 대거 습격해서 전신·전화는 두절되었다 고 하는 것이었다. 그날 저녁 나는 변에게 폭탄선언을 했다.

"이렇게 가여행증 내기가 어렵거든 그만두어도 좋다. 우리는 다시 봉 천 가서 상업 계속키로 결의했으니 현금 2천 원은 당장에 내놔라, 이 철 면피!"

변의 입은 딱 벌어졌다.

변은 이튿날 시계를 가지고 밖에 나가더니 얼마 후에 들어와서 나에 게 돈 300원과 가여행증 한 장을 던져주었다. 가여행증!

```
            여
            행
     변      증
흥    우 당  소
성    자 사  현  본
경    ( 십  화    주  적
찰    右 팔  십
서    者 년  ×   흥   조
장    ) ×   팔   성   선
      공 ×   년       완
인    용 (   십       주
      으 대  이
(印)  로 전  월   ×정
      전 ×   ×   ×
      소 × )  일   ×
      ( 임       번
      前 증       지
      所 함
      ) 을
      까
      지
      여
      행
      함
      을
```

나는 40세에 48세의 변S로 분장하기는 어렵지 않으나 안해 P는 여행증이 없으니 어찌하느냐고 걱정했다.

변은 P를 데리고 서(署)에 갔다. 변은

"이 여자는 우리 집 친척 되는 사람으로 오래 우리 집에 우거(寓居)하는 가련한 여자인데, 생활관계로 전소(前所)에 가야 하겠는데 여행증을 다시 한 장 써주어야 하겠소."

애걸했다. 중국사람 사무원은 응치 않았다. 옆에 왜녀(倭女) 사무원이 P의 딱한 사정을 들으면서 훑어보더니 P더러

"당신 전소에는 일만식당(日滿食堂)에 팔려 가십니까?"

"네."

왜녀는 중국 계원(係員)에게 허가해주라고 권했다. 그리해서 요행 간신히 여행증을 얻었다. 여행증을 얻기가 바쁘게 우리는 홍성을 떠났다. 그러나 전소 강출구(降出口)에는 왜헌병 오륙 명이 지독히 엄하게 지키면서 조선사람은 불문곡직하고 징용터로 보내기 때문에 특수한 방법이 필요하다고 하였다.

우리는 변에게서 여러 가지 예비지식을 배웠다.

8. 산해관 돌파

전소(前所)에는 밤에 하차되도록 홍성서 발차시간을 선택했기 때문에 밤 12시쯤에 차는 전소역에 도착한 때였다. 내릴 손님이 거의 다 내렸을 때에 우리는 차량에서 나와서 구내차장(構內車掌)들의 캔들 불을 경계해가면서 역과는 반대의 방향으로 내렸다. 레일(궤도)에서 5미(米)[274]도 못 가서 큰 단애(斷崖)가 있었다. 나와 P는 미끄럼을 지치니 삽시간에 10미 밑에 떨어졌다. 보기 좋은 활극의 주인공이었다. 좀 엎드려있노라니 기차는 떠나가고 사면은 고요하였다. 나와 P는 어두운 길을 돌아서 다시 뒤로 나와 전소 성내(城內)로 들어가서 우(右)로 넷째 집, 바로 파출소 맞은편 집이 변S가 소개한 조선사람 정×순(鄭×淳)의 집이었다.

----
274 미터.

야심(夜深)에 창을 두드리니 주인 정이 나왔다. 우리는 찾아온 이유와 경로를 말했는데, 정은 문을 막고 서서 현관문 안악으로 들어오란 말조차 없었다.

주인도 냉정하거니와 겨울하늘 기협(氣浹)도 추웠는데 전신은 폭 땀에 젖어 있었다. 일장 활극의 흥분이 아직도 사라지기 전이었다. 정의 쌀쌀한 말소리는 이러하였다.

"여기서 태산준령을 넘어서 만리장성과 산해관을 넘어서 진황도(秦皇島)까지 왕복 야행(夜行) 300여 리를 직업적으로 안내하는 중국인이 있는데, 옛날엔 기백 원에 해주더니 지금은 수천 원 걸리오. …… 그리고 맞은편 파출소에서 손님 온 것을 통지하지 않으면 엄벌하겠다고 했으니 밤에 가서 보고하여야 하겠다."

하는 것이다. P는 곧 정을 끌고 안악으로 들어가서 '돈 500원', '시계 1개', '양복 1습', 'P 침복(寢服) 1습', '수제포(手提鞄)[275] 1개', '기타 여행용구 일체 시가 약 2천여 원에 해당하는 물품'을 전부 수교(手交)하고 어떻게든지 무사히 천진에 보내달라, 무사히 천진에 도착해서 사업이 순조로 발전되면 그 이익을 좀 제공하겠다고 간곡히 부탁했다. 정은 "그러면 일야(一夜) 유숙(留宿)하라" 하였다.

잠을 깨니 모든 준비가 우리를 기다리고 있었고, 주인 정은 산해관 넘는 비방까지 가르쳐주었다. 부부는 나귀를 타고 동라성(東羅城)을 향했다.

---

[275] 손가방. 핸드백. '手提包'로도 씀.

전소성(前所城)을 떠나서 20리를 나오니 경관파출소가 있었다.

"어데 가?"

"(홍성서 전소까지 오던 가여행증을 내보이면서)사실은 전소에 있는 일만식당 주인을 만나러 왔던 것인데 그가 동라성으로 갔다고 하길래 잠시 동라성까지 가서 그를 좀 만나보고 오려고 합니다……."

하였다. 유창한 왜어로 구렁이 담 넘어가듯 속여 넘겼다. 이렇게 속이기를 양차(兩次)다. 동라성은 만주국(滿洲國) 끝에 있는 소도시 산해관서는 바라보이는 곳에 있으며, 매일 정오엔 산해관 사람들이 국경문을 나와서 동라성에 와서 배급을 타 가지고 돌아가는 이 행렬에만 참가하면 용이하게 국경을 돌파한다는 것이다.

나귀길 60리는 지리하였다. 넓은 평야, 찬바람에 이국의 망명객의 면모가 너무도 뚜렷하였고, 좌에 강녀묘(姜女廟), 우에 만리장성을 바라보면서도 오직 산해관 통과 걱정에 아무 여념이 없었다.

이민족의 침입을 막기 위해서 굶주린 농노 장정 몇백만을 동원해서 몇십 년 동안이나 걸려서 고생스럽게 건축한 진시황의 만리장성도 지금에는 한 개 애급(埃及)의 금자탑이나 김해·웅기의 패총(貝塚)과 같은 고적으로서의 무용의 장물(長物)인 것이다.

진시황의 위엄 많은 얼굴을 만리장성 위에 숯겨보면서 어느새 정오에 나귀는 동라성에 도착한 것이다. 동라성서 낡은 나귀와 마부들[276]과

---

[276] 원문의 '낡은 마부(馬夫)들'을 '낡은 나귀와 마부들'로 수정함.

는 작별하고 새 나귀를 갈아타고 배급행렬에 참가해서 천하제일관문인 산해관을 무난하게 돌파하였다. 보따리 하나도 없는 우리 부부에게는 나귀 세우란 말도, 물어보는 말도 없으니 우리는 시침 떼고 관문을 새어 나간 것이다.

9. 진황도의 밤

산해관 – 여기는 관내(關內)의 입구다. 먼저 성(城)에 일순(一巡)하여 이 시가의 지리를 외었다. 산해관 사는 사람으로 가장하기 위함이다. 산해관역에는 왜정탐이 많으니 진황도역(秦皇島驛)에서 차를 타고 북경으로 향하여야 한다. 산해관서 진황도까지는 80리란다.

    인력거를 타고 산해관을 출발, 얼마 못 가서 경관파출소에 끌려 들어갔다. 경관과의 심문·응수가 있었다.

    "어데 가는 사람들인가?"

    "네, 산해관 남관(南關) 사는 장(張)×인데, 잠깐 진황도 갔다가 오려고요."

    "무엇 하려?"

    "네, 진황도 향천리(香泉里)에는 유명한 조선무당 중촌(中村)×가 있는데, 집에 어린아이가 너무 중병으로 아무 약을 써도 효험이 없어서 이 무당을 불러다가 물어보려고 합니다."

"왜 기차로는 20전이면 가는데 수백 원씩 써서 인력거로 가는 게야?"

"아이 병은 급한데, 요새 기차는 승객이 많아서 타려고 해도 탈 수 없고 그래서 할 수 없이 인력거를 얻었습니다. 어린이 생명을 이삼백 원의 돈과 비교할 수 있겠습니까? 하하……."

경관의 의심은 풀어진 것 같았다.

"가는 것은 좋으나 인제 여기서 떠나면 진황도 가면 날이 저무는데, 요새 길가에는 팔로군 토비(土匪)들이 출몰해서 퍽 위험하니 주의해야 합니다."

"그것은 염려 마십시오. 저희들도 다 짐작하는 일이니까."

"미안합니다. 그럼 빨리 가십시오."

이번 대답에는 잔등에 땀이 몹시 흘렀다.

P의 주머니 속에 홍성서 얻은 가여행증이 있는 것을 알기 때문에 산해관 산다고 속이고서 만일 몸 조사를 하면 어찌하나 하고 내심 깊이 걱정하고 있었다.

다행히 이 위문(衛門, 경관파출소)은 순조로 통과했다. 오자서(伍子胥)가 소관(昭關) 통과하노라고 하룻밤에 백발 되었다는 《열국지》 고사(故事)를 나는 P에게 말해주고 기뻐했다.

저녁 여섯 시 먼 산의 윤곽이 희미하게 보일 때 진황도에 도착하니, 바로 성수(城守)가 성문을 닫고 있었다. 만일 10분만 늦게 왔더란들 우리는 진황도 교외에서 추운 겨울 하룻밤을 헤맬 뻔하였다. 진황도서는 무당을 찾을 것도 없이 바로 역으로 달음박질했다.

기차는 오전 4시에야 떠나는데, 우리는 12월 초순의 추운 하룻밤을 역 대합실에서 새우지 않을 수 없었다. 노자는 떨어지고, 옷 준비는 없고, 중국말은 서투르고, 모든 사람의 시선은 우리 부부에게로 집중될 때 우리는 스파이에게 들리지나 않는가 하는 공포심에 춥다는 감정을 잊고 있었다.

10. 천진·북경

천진서는 신의주 홍 선생의 사위 임(林) 군 댁을 찾았다. 벌써 홍 선생이 그동안 한 번 조선서 왔다가 갔다고 하는데, 임 군은 우리를 기다리고 있었다. 임 군 집은 출입하는 사람이 많고 기타 불편한 사정도 있어서 곧 다른 데로 옮기자는 것이다. 홍 선생이 경영하는 흥한공사(興韓公司) 교피공장(膠皮工場)의 지배인 김휘명(金輝明) 씨 집이었다.

김휘명 씨! 대구 사투리를 약간 쓰고 정의감 깊은 중년의 신사, 그 부인 임Y는 민주주의적 교양이 있는 품격 있는 분! 이 부부는 우리 부부와[277] 동행하지 못함을 개탄하고 있었다.

휘명 씨가 홍 선생 분부에 의해서 거액의 여비를 주고, 또 수일 동안 이 부부의 친절을 다한 환대에서 피로한 몸을 십이분 회복할 수가 있

---
[277] 원문의 '우리 부부가'를 '우리 부부와'로 수정함.

었다.

한길에 나갔다가 현감(玄堪) 씨의 친구 이Y를 만나서 천진·북경에 있는 조선사람의 활동상태를 물었다.

문학평론가 P는 왜군 보도부 기자로 활동 중이고 신일×(辛日×)·권×석(權×錫)·김경×(金璟×)·김×구(金×球) 제씨의 대일협력 활동도 적극성을 띠고 활발하니 여기서 어름어름하고 있으면 놈들에게 검거되리라고 하였다.

이튿날 밤 북경에 도착, 친구의 집을 몇 곳 찾으니 모두 불행하게도 주인부재 중이었다. 여관 주인은 모두 스파이라 믿을 수 없다고는 하나 하는 수 없이 전문(前門) 밖 동방반점(東方飯店)에 투숙했다.

일부러 밤 11시에 들어서 아침 7시에 나오니 숙박인명부에 가(假)성명이야 기록했지만 놈들에게 보고할 겨를이 없었을 것이고, 여관 객주가 밀정이라 할지라도 조사할 여유를 주지 않았다.

아침 7시에 여관서 나온 부부는 종일 동안시장(東安市場)·북해공원(北海公園)·경산(景山)·중산공원(中山公園)으로 인력거 타고 오락가락해서 하루해를 보냈다.

북경서 밤차를 타야만 우리가 목표로 하는 망도역(望都驛)에 밤이나 새벽 미명에 도착하기 때문이다. 석가장(石家莊) 가는 표로 기차를 타고[278] 망도서 내렸다. 망도에는 조선사람이 전혀 살지 않기 때문에 망도 간다고

---

278 원문의 '표를 타고'를 '표로 기차를 타고'로 수정함.

하면 이상히 여길까 생각했기 때문이다.

11. 망도의 새벽

내가 망도역에서 내린 것은 서대문 감옥에 있는 심 동지의 지시에 의한 것이다. 당시 심 동지의 지시는 이렇다.

"새벽 미명에 망도역에 내리라. 역에서 내려서 큰길로 가면 망도성문이 보인다. 이 성문 못 미쳐 우측 소로로 들어서 얼마쯤 나가다가 다시 망도성에서 나오는 큰길로 나가라. 이 길로 50리를 가면 당현성(唐縣城)이 있으니 낮에 당현성 내에 잠복했다가 밤에 당현성 남문으로 나가서 서남(西南) 5리만 가면 이가장(李家莊)이란 촌락이 있는데, 거기서 최낙아(崔洛雅)란 노인을 찾고 장천상(張千祥)의 소개로 왔노라고만 하면 된다."고.

차에서 내리니 이른 새벽 공기는 비상히 차고, 사면은 캄캄하고 고요하였다. 승객군(群)이 차에서 내리니 왜헌병이 한 손에 전지(電池)캔들을 들고 칼을 빼어 들더니 호령하되

"지금 하차한 사람들 모두 정렬해 서라."

일일이 몸 검사 한다. P는 놀라서 나에게 달려온다. 나와 P는 슬그머니 뒤로 빠져서 어둠 속에서 큰길을 찾노라고 모색해나가 큰길을 발견하고 걸어 나갔다. 얼마 못 가서 망도성문의 그 거대한 윤곽만이 목전

에 전개되었다. 이 성수(城守)와 성내 왜병에게 발각될까 여겨서 심 동지가 소로로 가라고 했는데, 어둠 속에 소로를 가릴 수 없으니 어찌하리오.

그러자 역에서 검사받은 승객들이 밀려오길래 우리 부부는 길에서 좀 떨어진 웅덩이 속에 엎드려서 숨을 죽이고 숨어 있었다. 승객들이 지나가니 새벽은 또다시 고요하였다.

이따금 마을서 중국개 소리가 어둠을 깨트리고 컹컹 짖어오면은 한 번 짖고 나면 어둠은 깊어지고 사면은 더 쓸쓸해지는 것 같았다. 하늘엔 무수한 이름 모를 찬별(성(星))만이 말둑말둑 우리를 바라보고 있다. '일쌍(一雙) 부부의 기구한 운명은 필경 어찌될 것인가?' 나는 자기에게 물어보았다. 추위에 몸을 떨면서 날 새기만 기다리노라니 서녘에 누른 구름이 떠오르고 먼동이 터온다. 과연 소로가 있었다. 망도성을 우향(迂向)해서 다시 큰길로 올라섰다. 당현 가는 대로다. 얼마 못 가서 길가에 거대한 토치카가 있음을 발견했다.

발견한 때는 벌써 파수병이 행색 수상한 이 부부를 노리고 있을 때였다. 우리는 대담하게 천연스럽게 활보로 길을 나아갔다.[279]

수십 명의 병졸이 길을 막고 묻는다.

"어디서 오는 사람이야?"

"천진 숙위로(宿緯路) ×번지 ××××× ."(명함을 내보이면서)

....
[279] 원문의 '나위었다'를 '나아갔다'로 수정함.

"무엇하려 가는가?"

"당현에 양피(羊皮) 장사 동업하는 사람이 하나 있는데, 수월 전 양피를 수집해달라고 돈을 주었는데 도무지 소식이 없길래 왔다가 가려고 하는 게요."

"양피 가격은?"

"천진 시세는 1장 ×원, 당현 시세는 1장 ×원, 한 장에 ×원씩은 남습니다."(가장 열렬한 장사치의 어조로)

헌병은 몸 검사를 한다. 아무리 뒤져도 별로 신통한 소득은 없는 모양. 김휘명 씨의 집에서 얻어 넣은 북경·천진 방면 왜놈 군대의 장교의 명함이 약 30매가량 들어있는 것을 보더니 다시 더 검사하지 않고 통과시킨다. 이와 같은 토치카가 50리 사이에 열네 개나 있다. 한 개의 토치카를 지나갈 적마다 간이 마르고 창자가 녹는다. 더구나 P가 발이 부르터서 잘 걷지도 못하니, 이 속설움을 호소할 데가 없었다.

가쁜[280] 몸, 아픈 발을 채찍질해서[281] 잠시도 쉬지 않고 가노라니 당현성 동문(東門)에 다다랐다.

쉬지 않으면 성공 있다. '고당숙우(故唐叔虞), 소봉지국(所封之國)'[282] 이라는 비석이 문 입구에 서 있다. 이 땅의 수천 년 전 노예국가로서의

---

280 원문의 '갓본'을 '가쁜'으로 수정함.
281 원문의 '챗죽해서'를 '채찍질해서'로 수정함.
282 '옛 당숙우(唐叔虞)가 봉함을 받아 관리한 나라'

사적(史迹)을 말하고 있다.

12. 당현서 이가장에

당현은 예상보담 조그마한 도시다. 동문서 들어가서 몇 보도 옮기기 전에 왜헌병대 앞에 이르렀다. 파수하는 헌병이 노리고 있다.

우리는 정중을 가장한 인사를 했다.

"천진서 왔는데, 여기 일본사람 여관이 없습니까? 중국인 동업자를 찾아왔다가 동업자가 없다고 해서 다시 가야 하겠는데, 하룻밤 여관에서 숙박하고 갔으면 좋겠는데 어디…….'"

"여기는 구석진 곳이라 일본인은 군대 밖에는 하나도 없고, 일본여관이고 중국여관이고 하나도 없습니다. 아마도 망도로 다시 돌아가서 자야 할 거요."

"여기 점심 먹을 곳은 없나요?"

"우동집은 저기 저 집입니다."(남문 근처 조그마한 음식점을 가르쳐 준다.)

이렇게 문답을 주고받는데, 그 안악에 상관인 듯한 놈이 큰소리로 호령하면서

"누구든지 보면 안악에 잡아들여다 놓고 심문할 것이지 쓸데없는 이야기를 밖에서 하지 마라."

우리는 "미안합니다" 하직하고 우동집으로 달려왔다. P에게 점심을 권하고는 나는 남문 밖에 나가서 '이가장이 어데 있는지, 어데로 가는지', '경비상태가 어떤지' 정탐하였다. 그리고 P와 함께 동문으로 나왔다. 파수 보는 헌병에게 망부로 돌아가는 것 가장하기 위함이다.

동문서 수천 미터 걸어 나오다가 서남쪽으로 달음박질했다. 동문·남문의 파수병이 따라오는 것 같고 남문 위에 거치해 있는 기관총이 사격을 개시하는 것 같았다. 결사적 모험이다. 심 동지는 밤에 현성(縣城)서 나가라고 했으나 밤에는 성문을 닫쳐버리니 천생 낮에 나가야 할 것이요, 낮에 나가려면 언제든지 이 모험을 각오치 않으면 안 되기 때문이다.

내내 밭으로 두렁으로 서남 하늘만 바라보고 수 리 길을 뛰어온 것이다.

P도 잘 따라왔다.

버들·대추나무 숲이 우거져서 서문·남문의 기관총도 잘 보이지 않는 지점에 도달했을 때에 땀을 씻었다. 마침 길손을 만나서 이가장이 어디냐고 물으니 바로 저기라고 가리키는데, 아마 만 미터 거리에 있고 그 촌락 입구에는 다수한 정복 청년들이 나와 서있었다.

나와 P는 극도의 신경과민에서 이것을 왜놈 헌병이라고 그릇 판정하였다. P는 다시 돌아서서 달음박질하자고 주장하였다. 하나 나는 P에게 나의 노선을 내세웠다.

"기왕 왜적에게 발견된 바에야 도망해서 될 일이냐? 우선 왜적인지 중국 팔로군 민병(民兵)인지 분간해야 하지 않나? 민병이면 만행(萬幸)이고 왜병이면 길을 잘못 들었다고 시침 떼고 속이자."

그래서 이가장을 향해서 몇 걸음 나가 보니 그들은 민병이었다. 얼마나 다행일까.

이가장이라는 동리는 백여 호가 한 개의 민보(民堡)로 둘러싸인 소촌(小村)인데 집은 흙집, 수양·대추나무가 많고, 동서를 종관(縱貫)하는 대로가 있고, 대로의 양단(兩端)엔 동·서 두 문이 있고, 이 두 문을 동리 청년들이 교대해서 지키는 것이었다. 이것이 우리를 놀라게 한 민병들이다.

우리가 이 촌중(村中)을 종관하는 대로에 들어가자 민병은 무슨 암호를 했던지 부녀·노인·아이들이 일제히 집을 나왔다. 그 떼는 삽시간에 몇백 명이었다. 그들은 우리 부부를 포위하고 어디 사람이며 누구를 찾아온 사람들이냐고 고함지르며 붙잡으려고 하였다. 수 명의 청년도 있는데 이들은 아무 말도 없더니 한 청년이 용감하게 달려들어 거친 중국어조로 묻는다. 나는 이 동리 최낙아(崔洛雅) 노인을 찾아왔다고 대답하니 글로 쓰라고 핍박하는 것이었다. 나는 만년필로 조그만 종잇조각에 편지를 썼다.

최낙아 향장(鄕長) 태계(台啓)!
당돌하게 일면지식(一面之識)도 없는 이국천애(異國天涯)의 노동지(老同志)에게 서투른 글로써 뵙기를 원하오. 저는 압수(鴨水) 동(東) 한국인이오. 조국에서 용신(容身)할 수 없는 처지에 빠져 헤매는 때에 마침 귀하가 지애(至愛)하시는 장천상(張千祥) 군의 특별한 소개를 받아 귀하를 찾게 된 것이오. 장은 저의 고인(故人)이오. 그러니 저는 여남은 왜놈의 앞잡이는 아니니 안심하십쇼. 언어가 능숙치 못하고 지방 풍습이 서로 다르고 민중이 왜노(倭奴)에게 너무도 박해되어 신경이 과민되어 있는 관계로 저들을 동리에 들이려고도 아니하고 또 최 선생을 소개하려고도 아니하니 누구를 탓하리까. 모두 왜놈 때문이오. 가가(呵呵). 불공대천의 원수 왜놈을 때려쫓읍시다.

납월(臘月)[283]

한국 김태준

이 글 가지고 간 지 약 10분 후에 약 60여 세의 노인이 나왔다. 그는 일본점령구(區)와 팔로군해방구와의 중간지대에 있어서 오래 시달린 사교생활(社交生活)에 퍽 익숙하게 하였다. 퍽 친절하고 찬찬하고 정의감이 깊고, 비록 항일 양면파(兩面派)의 생활을 하고 있으나 일방(一方)의 지사임에 틀림없었다.

최 노인은 우리를 데리고 자기 집 침방(寢房)에 안내했다.

최 노인은 장천상, 즉 심 동지의 동지를 묻고, 심 군의 안부를 전하자 크게 기뻐하면서 하는 말!

---

[283] 음력 섣달.

"장천상 동지가 내 집에 수월(數月) 머물러 있다가 적구(敵區) 천진 방면으로 갈 적에 기차를 타고 갈 도리가 없어서 중병환자로 가장해서 머리에 다리에 전신 붕대를 매고 입도 못 벌리는 벙어리로 꾸미고 내가 잔등에 업어다가 차에 태워서 천진까지 가게 하였소."

한다. 얼마나 놀라운 사실이냐. 그 노인이 조선 동지들을 사랑하는 국제적 우의에 나는 감격되었다.

인제 우리는 장천상 군이 유숙하다가 간 방에 와서 앉게 되었다. 대화는 주로 조선 사정 이야기였다. 최 노인 집 가족들, 여러 아들·며느리·딸이 모두 인사를 청하고, 특히 P에게 여러 가지 위안의 말을 주었다.

저녁밥을 준다. 퍽 성찬이다. 최 노인 말씀이 "왜놈 약탈이 너무 심해서 식량과 반찬재료가 극도로 결핍되어 자기 집은 소지주이지만 손님이 와도 대접할 방법이 없으니 용서하라" 하였다. 왜놈의 '공출' 이야기를 장시간 주고받았다.

저녁 후 팔로군 전방공작대 판사처(辦事處)로 데리고 갔다. 최 노인 집서 수 리 떨어져 있는 촌락이다.

'타도 일본제국주의', '숙청 한간특무분자(漢奸特務份子)'[284]라는 벽보가 조선 금강산 구룡연에 새겨 붙인 '나무아미타불(南無阿彌陀佛)' 글자보다 더 큰 요란스런 글자로 써 붙인 데 놀랐다.

왜놈 앞에 큰기침도 못 하고 살던 우리로서는 너무 기뻐서 어쩔 줄을

---

[284] '한간(漢奸)'은 일본과 내통하는 중국인, '특무(特務)'는 일본경찰의 앞잡이.

몰랐다. 통쾌한 내용을 담은 벽보가 각처에 붙어있다. 과연 여기서부터는 팔로군 땅이다. 꼬불꼬불한 작은 길, 조그만 문 몇 개를 넘어서, 으슥한 구석 집. 여기 누가 이런 집이 있으리라 상상할까? 온돌 위에는 다 떨어진 거적자리가 깔리고 검은 벽 거미줄 걸린 천정(天井)은 소제 않은 지 오랜 집이다. 팔로군 전방(前方) 간부, 정치공작원, 구국청년단장, 부녀구국회장, 촌장 등등 20여 인의 20세 전후의 청년들이 둘러싸고 앉아서 명함을 교환했다.

중국 항일인민의 군대 '팔로군'의 정의감과 용맹성에 대해서는 너무도 포문(飽聞)했는 터라 여러 가지 환상과 기대가 컸던 만큼 그 하나하나의 작풍(作風)도 심심한 주의를 가지고 보았다. 용감하고 규율 있고 친절한 것이 팔로군의 특징인 것 같다.

13. 심사

정치공작원 장중수(張中水)는 나에게 몇 가지 시문(試問)을 하였다.

"1. 귀국 인민의 생활 정형(情形). 2. 귀하가 귀국에 있을 때 무엇 하였나? 3. 왜 여기에 오게 되었나? 4. 압록강·산해관 넘어올 때 또는 당현·이가장 찾아오던 경로는 여하(如何). 5. 이번 전쟁의 성격은? 중국이 이길까, 일본이 이길까?"

나는 자세하게 한문으로써 기다란 논문을 썼다. 전쟁은 제2차대전—

민주주의 국가와 반민주 파쇼 국가와의 전쟁—인 것이고, 모택동(毛澤東) 동지의 〈논항일전(論抗日戰)〉에서와 같이 3개 단계를 지나서 중국이 이긴다고 단정하였다.

"조선 동무들도 〈논항일전〉을 읽는가?"

"조선서도 몇 해 전에 잡지 《개조》[285]에 그 논문이 역재(譯載)된 것을 보았다."

장중수의 심문 태도는 내가 그를 심문하는지 그가 나를 심문하는지 모를 만큼 순수하고 친절하고 평민적이다. 거만한 관료적 태도는 티끌만큼도 발견할 수 없었다. 그는 자주 "춥지 않으냐?", "피곤하지 않으냐?" 우리의 생활과 건강을 위하여 관심해주었다. 그는 4년간 민병으로서 실천에서 훈련된 사람으로 별로 학교교육도 못 받았다는데 그 명랑한 성격, 불타는 학습열이 오늘날의 그를 이루게 한 것이었다. 장중수는 묻는다.

"오늘 밤 여기서 잘까, 좀 괴롭지만 한 20리 산길로 안전한 장소에 가서 잘까? 동지! 어느 편이 좋겠느냐?"

"그러면 20리 더 갑시다."

호령 일하(一下)에 마차 한 대가 준비되고, 민병 6인이 좌우 각 한 편에 3인씩 호위하고 간다.

마차는 산골짜기 꾸부러진 길을 오르락내리락하는데, 앞서 가는 전

---

285 《개조》는 일본에서 발행된 일본 급진좌파의 잡지.

초병 두 사람은 비호처럼 날아가서는 이따금 한 번씩 함께 타고 가는 장중수에게 암호로 소리쳐준다. 아마 '무사하다'는 암호인 모양이다. 그 전초병은 달밤에 먼 산에 오르내리는 것이 퍽 용맹스럽게 보였다. 마차가 한 산을 넘어서 어느 소촌락에 도착하자 몇 차례나 꾸부러진 좁은 골목길로 안내한다. 조그마한 촌사(村舍)다.

수인의 촌간부, 각 기관 간부, 장중수, 우리 부부 등 칠팔 인이 조그마한 한 방에서 외투를 이불 삼아 덮고 새우잠을 잤다. 방이 차니 조짚을 한아름 안아다가 불 피운다. 방에 연기가 차서 눈물을 흘렸다. 장중수는 이러한 생활에 호흡기병이 2기는 넘었을 모양, 기침을 몹시 하고 얼굴이 명태처럼 말랐다. 그야말로 중국 인민의 이익을 위해서 몸을 희생한 팔로군의 모범청년이다.

장중수는 말한다. "인제는 안심하라"고, "왜병이 여기까지는 오지 않는다"고.

14. 마을 환영회

잠을 잤는지 꿈을 꾸었는지 사몽비몽간(似夢非夢間)에 창밖에 떠드는 소리에 눈을 뜨니 벌써 중낮이 되고 마을 사람들은 평생에 처음 보는 이 진객(珍客)을 경쟁해서 보려고 창살 구멍으로 들여다본다. 수십백 명의 남녀노소가 모여왔다.

어떤 노인네는 귀자(鬼子, 왜놈)는 뿔(각(角))이 있다는데 어째서 뿔이 없느냐고 하고, 어떤 부인네는 남자보담 여자 모양이 우습다고 한다.

P가 왜녀로 가장하려고 평생 처음 파마 하고 양장 스커트에 붉은 와이셔츠, 아륙아륙한 목도리 한 것이 두메 사람들의 시선을 집중시키고 있는 모양이었다.

장중수가 이 마을 사람들이 당신네들을 위해서 환영회를 열겠다고 하는데 어떠냐고 한다. 나는 미안하다고 했다.

12월 중순의 추운 날 소학교 뜰인 듯한 광장에 남녀노소 근 천 명이 동원집회되었다. 순서는 소학생단 약 200명, 청년단 약 100명, 부녀단 약 200명이 차례로 배열되고, 기타 늙은이, 어린이가 성(城)을 둘렀다.

우리는 낙화생(落花生)[286]을 가득 담은 큰 광우리와 큰 배갈병, 몇 개의 컵을 놓은 테이블 앞에 여러 간부들과 마주 앉았다. 환영회는 그 촌 간부의 개회사로 박수 속에 시작되었다.

청년·부녀들의 노래는 〈양산도(楊山道)〉인지 알 수 없으나, 어린 학생들이 공산당을 찬송하는 노래는 인상 깊었다.

공산당이 없이는 중국이 없다.
공산당이 없이는 중국이 없다.

---
286 땅콩.

공산당! 민주를 옹호하고,

공산당! 중국을 구제한다.

그는 인민해방의 길을 알려주고,

그는 인민광명의 길을 안내한다.

공산당이 없이는 중국이 없다.

공산당이 없이는 중국이 없다.

◇ ◇ ◇

팔로군과 노백성(老百姓)[287]은,

영원히 우리들은 함께 있도다.

우리들은 고생을 같이 하는 한 집 식구다.

우리들은 혈육이 서로 통해서 영원히 분리할 수 없다.

진찰기(晋察冀)[288]의 촌락마다 팔로군의 부모형제가 있는 것이고,

팔로군과 노백성은,

영원히 우리들은 함께 있도다.

생산과 전투를 같이 하면서,

고생과 수난을 같이 하면서.

……

---

[287] 일반 백성. 보통 인민.

[288] 중일전쟁 시기에 중국공산당이 화북(華北) 지방에 세운 자치구 방식의 항일 근거지인 '진찰기변구(晉察冀邊區)'를 가리킴.

학생들은 이국의 진객을 위해서 중국의 고무(古舞)·유희(遊戲) 등을 출연(出演)하고, 최후에 장중수가 나더러 조선말로 조선사정을 보고해 달라는 것이다.

나는 간단하게 조선사정-왜놈이 어떻게 조선을 압박하고 있는가-에 대해서 말했다. 그야말로 소귀에 경 읽기 같으나, 영문을 모르는 중국사람들은 이 진객의 입 놀리는 것을 이상스럽게 보고 껄껄 대소하였다. 장중수는 나의 승락을 맡은 후 전날 밤에 심사 때에 써준 〈조선사정〉 일문(一文)을 풀어서 설명해주니 청중들은 광희(狂喜)하였다.

농민들은 최후에 우리들의 노래를 요청하니 P가 〈적기가(赤旗歌)〉·〈애국가(愛國歌)〉를 불렀다.

동해물과 백두산이 마르고 닳도록
수천 년의 오랜 역사 골수에 흐른다.
……

회가 끝나자 장중수는 우리를 팔로군 제7구 대대장 판공실(辦公室)로 안내한다. 거기서 장중수에게 심사를 받은 조건(條件)을 일일이 다시 따져 물은 후 사실이 명백하다고 수긍하고 두 사람의 전초병을 달아주었다.

장중수와는 작별했는데 어젯밤 왜놈 헌병이 최낙아 집을 습격했다는데 아무 사고는 없었으니 다행이라고 하나, 최 노인은 공연한 이국의 길손 때문에 봉변을 당하게 된 것이요 우리는 전날 밤 최 씨 집에 유숙했더란들 왜놈들에게 또 붙들릴 뻔하였다.

이러나저러나 왜놈의 호구(虎口)에서는 완전히 탈출하였다.

제2편 팔로군에 해방된 진찰기변구 통과기

1. 진찰기 정부 천가구(泉家溝)로

우리를 안내하는 민병 두 청년 Y와 Z는 겸손하고, 국제적 동지를 애호하는 예절 있고, 계급적 정열이 있고, 규율을 엄수하는 것이었다.

자주 "춥지 않은가?", "다리가 아프지 않은가?", "목이 마르지 않은가?" 묻고는 나귀를 알선해줄 터이니 타라고 권하는 것이었다. 우리는 나귀를 거부하였다.

"외국 동지들이 왜놈과 싸워주는 것도 고마운데 우리가 폐를 끼쳐서야 될 말이냐"고 생각하였다.

첫날 저녁 당현정부(唐縣政府)-이것은 원래의 당현성(唐縣城)을 왜에게 잃고 여기 가설(假設)한 것-에 도착, 현장(縣長)·중학교장·교원 등을 만나서 중국·조선 사정을 서로 교환한 후 현장은 우리를 위로하였다. 벽에는 팔로군의 항전 성적표(成績表)가 걸려있다.

```
팔로군(八路軍)
신사군(新四軍)     전적(戰績)…군대   1937년 정규군 10만
                                   1945년 정규군 90만 및 유격대 220만


윤함구(淪陷區)(일본인점령구)    전중영토(全中領土) 31%를 해방
9400만 인구                    전중인구(全中人口) 37%를 해방


1944년까지 전사 군인 446,336인
1944년까지 왜국군을 전멸한 것이 1,360,000인
```

부녀구국회장 이기(李起)라는 여동지는 조선 지하운동의 구체적 정형(情形)을 기술 문제까지 성의(誠意)롭게 질문하고 조선 부녀운동까지 질문하였다. P는 답변에 땀을 흘리는 모양이었다. 하나 이기의 진지한 탐구열과 뜨거운 국제애(國際愛)에 감격되었다.

맞은편에 보이는 산상(山上)에는 대가리 부서진 토치카의 잔해가 있다. 몇 달 전까지 왜병이 지키고 있다가 패퇴하고 갔다는 것이다. 팔로군 고투(苦鬪)의 기념물이었다.

가는 길은 험한 산비탈을 돌아가는데 산골짜기마다 광장을 닦고 민병을 훈련시키고 있다.

교련(教練), 창가(唱歌, 애국가·행진곡 등), 총 쏘는 법, 돌격하는 법 등.

이튿날 저녁엔 감(柑)나무 많은 성시(城市)에 보따리를 부리었다.

저녁마다 우리 일쌍(一雙)을 위해서 따뜻한 온돌 하나를 마련해주고

는 안내병 Y와 Z는 다른 곳에 가서 유숙하였다. 우리에게는 그 지방에서 희귀한 쌀밥을 주고 Y와 Z는 늘 조밥을 다른 방에서 먹고 있는 것을 발견할 때에 미안하였다.

몇백 마리인지 셀 수 없는 양의 무리와 나귀, 말의 시장을 지나서 몇십 리인지 알 수 없는 대추나무 밭(전(田))을 꿰어가서는 제3일 밤을 어느 조그마한 촌락에서 잤다.

다음날은 수천 명의 팔로군이 주둔하고 있는 촌락에 깃들었다. 고급 간부 하나가 우리를 찾아와서 여러 가지 테스트를 한다. 그것은 당현서 장중수가 묻던 요령과 같길래 나는 한문으로 속문(屬文)해서 주었다.

그 간부들은 모두 용감하고 예절 있고 친절하고 겸손한 것이 특색이었고, 그들은 모두 스탈린(사대림(斯大林)) 전집, 모택동 전집을 숙독하고 있었다.

그중 하나는 특히 우리를 환대하고 위로해주었다. 그는 말하기를

"나는 원래 만주 출신, 성명은 악산(岳山)이오. 나는 왕덕태(王德太)[289] 휘하에 있어서 조선 동지들과는 참 친하게 사귀었소."

P는 물었다.

"언제 여기 오셨는가요?"

---

[289] 동북항일연군(東北抗日聯軍) 제1로군 부사령으로 한·중 양국 혼성부대를 지휘한 중국공산당 간부.

"칠팔 년 전."

"김일성 씨를 아십니까?"

"잘 압니다."

그는 방랑생활 속에서 배운 너털웃음을 웃어가면서 만주서 조선 동지들과 함께 유격전 하던 이야기 주머니를 펴 놓았다.

그날 밤은 악산 동지의 주선으로 더운 방에서 고요하게 안면(安眠)할 수 있었다.

이튿날 P를 위해서 나귀를 하나 준비해주었다. 악산은 높은 어조로

"그러면 동지들도 머지않아서 동북 들에 나가서 싸워야 할 터이니, 우리 그러면 동북 어느 산중에서 다시 만납시다."

이 어구(語句)는 영원히 우리에게 인상 깊고, 우리의 의기를 고무해주었다.

이날 나귀에 서투른 P는 몇 차례나 나귀에서 떨어졌다. 어떤 때는 혼도(昏倒)해서 실신한 때도 있었다.

이날 또 한 가지 불행은 나와 P 사이에 일대 논쟁이 일어난 것이다. 논쟁의 경과는 이렇다.

P가 영국 황제의 심프슨 부인 사랑한 것[290]을 극도로 예찬하는 나머

---

[290] 영국 왕 에드워드 8세(재위 1936년 1~12월)가 두 번의 이혼 경력이 있는 미국 여성 월리스 심프슨을 사랑하게 되어 결혼하려는데 왕실과 국민이 심하게 반대하자 왕위를 동생에게 넘겨주고 심프슨과 결혼한 사건을 가리킴.

지 그것을 마치 P는 내가 너무도 이지적이어서 애정의 세계를 이해 못한다고 야유하는 것 같이 들렸기 때문에 나는 P의 연애지상주의에 일격을 가하자 P는 나에게 적당한 비례로 이지와 감정이, 그리고 도덕과 애정이 계급적으로 통일된 부부생활이 아니면 참다운 부부생활이라고 할 수 없는 것이고, 적어도 P의 요구하는 나는 좀더 풍부한 정서가 없으면 안 된다는 것이다. 그러면서 나의 봉건적 이념에 사로잡힌 생활과 표정의 결핍이 P에게 접수되지 않는다는 것을 말했다.

논쟁이야 있건 말건, 아무것도 모르는 나귀는 진찰기 정부의 주소지 천가구(泉家溝)에 도착하였다.

2. 천가구의 생활

진찰기 정부라면 적어도 몇십 채의 마천루와 근대식 양옥이 즐비한 도시를 연상시키는데, 그가 통치하고 있는 지방은 조선보담도 훨씬 넓은 지역임에 불구하고 그 정부는 천가구라는 물경(勿驚)! 10호 미만의 소촌락에 있었다. Y·Z는 여기서 돌아갔다.

여기에는 조선말 벽보가 붙어 있고 북경 부근서 걸어온 신편(新編) '조선의용군'이 약 40명 있었다. 그들은 연안 가려는 도중이라 하였다. 인솔자로서는 고봉기(高峰基)·공명우(孔明宇)·양건×(梁建×) 3씨를 만났다.

고 씨는 나의 고향 사람이었고, 공 씨는 공작위원회 사건 동지로 한빈(韓斌) 군과 함께 고국을 탈주하여 왔다고 하였다.

천가구에는 12월 5일에 도착했다. 정부의 요인들도 만났고, 그들로부터 조선 국내 사정에 대한 상세한 질문도 있었다. 우리는 상세한 일편(一篇) 문장(文章)을 던져주었다.

다음날 조선의용군으로부터 환영회가 있었다. 회순은

1. 공명우 씨의 개회사
2. 의용군 행진곡
3. 고봉기 씨의 환영사
4. 나의 답사
5. 여흥
6. 폐회

의용군 행진곡은 십오륙 세 밖에 안 되는 백하천(白河千) 소년의 지휘로 합창.

중국의 광활한 대지 위에
조선의 젊은이 행진하네.
발 맞춰 나가자 모두 앞으로.
지리한 어둔 밤 지나가고

빛나는 새날이 닥쳐오네.
우렁찬 혁명의 함성 속에
의용군 깃발이 휘날린다.
나가자 피 끓는 동무야.
뚫어라 원수 철조망.
양자와 황하를 뛰어넘고
피 묻은 만주벌 결승전에
원수를 동해로 내어몰아.
전진 전진 광명한 저 앞길로!

조선 청년들이 일당(一堂)에 모여 마음껏 기세를 올려서 왜놈을 저주하며 욕설하는 통쾌한 이 장면을 고국 동포들에게 보여주고 싶었다.

여흥은 타령·육자박(六字拍)·양산도·십이가사(十二歌詞)·유행가 안 나오는 것이 없었다.

수일 후엔 곧 1월 1일을 맞이해서 이 회합을 다시 한 번 가졌다. 신년연회(宴會)다. 낮에는 교자(餃子)[291]로 배를 채우고 저녁엔 중국·조선·일본 세 나라 동지들이 모여서 여흥으로 밤을 새웠다.

일본 동지 진전(津田)·궁본(宮本) 제씨의 씩씩한 얼굴과 국제적 우정은 조선 땅에서 보는 일본 강도 놈들과는 별종의 인간을 접하는 것 같았다.

---

291 중국 만두.

고 동지의 말이 "여기 한 남자 한 여자가 좀 신분이 확실치 않은 사람이 들어왔는데, 남자는 중경(重慶)서 왔고 여자는 북경서 왔다"고.

대체(大體) 만주·중국으로 돌아다니던 청년 남녀들이 주색을 일삼으며 아편 장사를 하는 무뢰배[292]가 많은데, 왜놈들은 이것을 스파이로 이용해서 팔로군 지대로 들여보낸다는 것이었다.

그 여자는 필경 자기가 스파이라는 것을 자백하였다.

이 천가구라는 곳은 불모지지(不毛之地)에 가까운 척박한 토지여서 원래 생산이 결핍한 곳인데, 왜놈의 소탕(掃蕩)과 창탈(搶奪)이 심해서 농가에서는 부호(富戶)는 좁쌀밥을 먹으나 일반 빈호(貧戶)는 나뭇잎을 뜯어다가 좁쌀죽에 두어서 끓여 먹고 끼니를 에우고 있는 것이다.

당분은 오직 대추를 말려 두고 먹는 것뿐이다. 10리쯤 가면 왕쾌진(王快鎭)이란 데가 있다. 여기 가서 목강[293]을 하고 온다. 군사령부·진찰기대학도 모두 몇십 리씩 떨어져 있다.

국내 동지들에게 암호전보 치기를 약속한 문제의 날 1월 5일을 이 산골짜기에서 맞이하게 되었으니 아무런 방법도 없었다.

오직 국내 동지들에게 미안하다는 생각 끝에 혼자 시름하고 있었다.

해방구에 발을 들여놓은 후 우리가 느끼는 것은 중국 동지들의 주도(周到)한 온정에 비해서 조선 동지들의 얼음장 같이 쌀쌀하고 냉랭한 태

---

[292] 원문의 '주색 아편장사 무뢰배'를 '주색을 일삼으며 아편 장사를 하는 무뢰배'로 수정함.
[293] 목감. 미역(몀) 감기.

도다. 그도 무리는 아니다. 조선인의 십중팔구가 왜놈의 정탐으로 들어온 것이기 때문에 부단히 높은 경각성(警覺性)을 갖고 대하노라니 이것을 당하는 초입자(初入者)들은 서러울 것이다. 그러나 국내 사정에 익숙하고 국내에 투쟁 경험이 있는 동무들은 그런 법이 없다. 그 일례로서 천가구서 본 공명우 동지를 들겠다.

공명우는 중국서는 주성(朱星)이라고 부른다. 그는 개성인(開城人) 노동자 출신. 공작위원회 사건에 검거되어 오륙 년간 감옥살이하였다. 감옥에서는 한빈(韓斌)·주청송(朱靑松) 씨 등과 함께 석산(石山)에 가서 석공 노릇을 했다. 출옥해보니 부모는 어느새 모두 병사하고 빈집만 남아 있어 주인 출옥만 기다리고 있었다.

마침 만주사변 이후 백색테러는 해가 갈수록 강화되고, 외로운 홀몸도 의지할 곳이 없었다. 1936년 한빈 동무의 권유를 받고 슬그머니 고국을 떠나왔다. 왜놈의 독사 같은 눈초리를 피해서 온 지 1년 만에 이 중국 땅에는 다시 1937년 7·7사변[294]이 일어 왜놈의 독수의 위협을 받게 되었다.

주성 동지는 팔로군 정치간부로서 전방공작에 참가한 지 근 10년 몇 차례 사선을 넘었다. 그의 말에 의하면

그는 "보정(保定)·망도(望都)·석가장(石家莊) 부근과 요동(遼東) 부근에 내왕하면서 정치공작에 종사하였고, 최근엔 요동서 새로 해방구

---

294 중일전쟁(1937~45)의 발단이 된 노구교(盧溝橋) 사건을 가리킴.

로 들어오는 청년들을 편성해서 군정훈련(軍政訓練)을 하고 있었다"고 한다.

그는 나에게 여러 가지 질문을 받고 주었다.

"동무, 윤자영(尹滋英)·김일수(金一洙) 등 동무의 소식을 압니까?"

"윤은 소련에 있단 말이 있고, 김은 조선에 있습니다."

"조선엔 옛날과 같이 지하운동을 하고 있습니까? 용이한 일은 아닌 걸요!"

"네, 아직도 약간 계속하고 있습니다."

그날 밤 주성 동무는 이 지방의 특산물인 대추 일승(一升)[295]과 엿(이(飴)) 몇 가락을 사다주면서 우리에게 여러 가지 주의를 주었다.

"동무 부부가 손길 마주 잡고 팔로군 해방구로 장행(壯行)해온 것을 기뻐하오. 여기에는 좋은 작풍을 배울 것이 많다고 보는데 소련 당사 1책, 레닌주의 기초 1책, 정풍(整風) 문건 1책은 우리 공산주의자의 필독의 서적이니 내가 이 3책을 동무들께 드리겠으니 숙독하십쇼."

나는 그로부터 3책을 받았다. 진실하고 은근한 권면(勸勉) 속에 뜨거운 동지애를 발견하였다.

그는 몇십 년 기아와 과로된 환경 속에서 왜적과 싸워온 노(老)투사로, 원래 파리한 그 얼굴은 뼈만 걸려있고 자주 기침을 짓고 호흡기를 상해 있는 것이 가여웠다.

---

[295] 한 되.

P는 그에게 무엇이든지 한 가지 기념 될 선사를 하겠다고 하더니 천진서 임Y가 준 화장품 도구 한 벌을 내주었다. 그는 고맙다고 받았다. 크림은 총 닦는 데 쓴다고 하며 웃었다.

우리가 천가구서 떠날 때에 그는 장시간 따라 나와서 어느 산마루턱까지 내음냈다.

우리가 그의 시선에서 보이지 않을 때까지 서있는 것이다. 이 조선산 '팔로군'의 다정하고 여윈 얼굴이 우리가 해방구에서 곤란한 환경에 부닥칠 때마다 더욱 회상되었다.

천가구에서 10여 일 지난 후 1월 3일 4대(隊)로 나눈 40명의 의용군 부대에 참가해서 고봉기 군 인솔 하에 연안 가는 지리한 길에 올랐다.

의용군은 요동 어느 농장 부근에 있는 조선 이민(移民)의 자제들과 학병으로 도망해온 청년들이 그 주요 성분을 구성했다. 스파이 혐의 받는 여자 김정(金貞)과 중경(重慶)서 온 주홍(朱洪), 기독교 신자 송태(宋泰)도 끼였다.

저녁에는 어느 촌락에 들어서 숙사(宿舍)를 정하고 진지를 자취(自炊)하여야 하기 때문에 걸음 자귀는 빠르나 일행(日行) 평균 50리 정도였다.

먹는 것은 조밥에 소금국. 국에는 간혹 홍나복(紅蘿蔔), 속칭 인삼[296]

---

[296] 홍나복은 당근(홍당무)을 가리키는 말인데, 일본 사람들이 이것을 한국의 인삼과 비슷하다고 하여 '닌진(人參)'으로 부르게 됐다고 한다.

토막이 하나씩 헤엄치고 있었다. 이 지대는 왜놈 약탈이 심해서 먹을 것이 없기 때문이다. 이런 조건 밑에 여러 달 여행을 계속하노라니 여러 가지 환자가 일행 중에서 많이 생겨났다.

부평(阜平)은 산속 소평야에 있는 소도시다. 사각 진 성에 둘러싸이고 천여 호나 되는 곳인데, 왜놈의 창략(搶掠)과 방화에 완전히 폐허가 되어 있었다. 완전한 집은 하나도 없고 상인들은 전부 노점에서 일화(日貨)를 팔고 있었다. 그 일화란 성냥·색경·단추·잉크·금속세공품 등 생활필수 잡화들이다. 우리는 여기서 호마병(胡麻餅)[297]·소계(燒鷄)[298]로 요기했다. 오래 굶주렸기 때문이다.

모두 사발 하나, 깡통 하나씩을 샀다. 이것이 매일 끼니때에 쓸 음식도구다. 사발 하나 50원, 깡통(컵) 200원.

일주일 후 평산현(平山縣)을 지났다.

오르도스 사막의 거친 찬바람은 뼈만 남은 파리한 길손의 살을 찌른다. 촌락은 모두 집단적으로 수백 호씩 집결해있고, 주위에는 토성을 두르고, 입구에는 여문(閭門)이 있고 그 2층엔 불당(佛堂)으로 되어 있고, 촌중엔 큰 저택이 중간에 한둘씩 있고 빈호(貧戶)는 그 위성 같이 배열되어 있다. 이 주택은 옛날 봉건영주의 장원(莊園)·장사(莊舍)의 유물이

---

297 깨떡.
298 닭구이

나, 이것을 보면 〈수호지〉에 나오는 시가장(柴家莊)·축가장(祝家莊)을 연상시키며, 혹은 하북 원소(袁紹)나 유(劉)·관(關)·장(張) 3인의 도원결의를 연상시키며, 팔로군 해방 전까지는 농민의 고혈이 모두 그들의 흡반(吸盤)이며, 그 강산 그 풍경이 모두 그들의 전용무대이었다. 지금은 그런 집 앞에는 대개 큰 흑판이 달려있고, 거기에는 날마다 국제·국내의 정세를 써서 촌민의 시사교육에 돕게 한다. 어떤 촌락에는 중공(中共) 10대 정책의 해설이 큰 글자로 씌어있는 곳도 있다. 10대 정책은 이렇다.

1. 대적투쟁: 무엇보담도 전 정력을 항일전에 집중하자.
2. 발전생산: 농공·증산을 장려하며, 놀고먹는 유민을 퇴치하고, 노동영웅 '오만유(吳滿有)' 운동을 전개하고 있다. 스타하노프 운동과 같은 것이다.
3. 시사교육: 촌락마다 시사해설을 게시판에 써서 교육하고 있다.
4. 정돈삼풍(整頓三風)[299]: 당내 옳지 못한 작풍과 불순한 종파주의적 경향과 구체적 환경에 적응하지 못한 주관주의적 학풍과 문장상의 팔고(八股)[300]를 극복하고, 우리는 이 입장에서 "우리의 학습을 개조하자"고 하고 근로인민의 입장에 서며 태도를 가져야 한다 하

---

299 삼풍(三風)은 학풍(學風)·당풍(黨風)·문풍(文風)을 통칭하는 말.
300 중국 명·청 시대 과거시험에 사용됐던 문체. 8개 부분으로 구성되는 엄격한 형식의 문체.

였다. 〈자유주의 11훈〉·〈혁명가의 수양〉·〈어찌하면 공산당원이 되는가〉 등 25종의 문건으로 자기수양·자기비판 운동의 텍스트로 쓰고 있다. 이것을 정풍운동이라고도 한다.

5. 옹정애민(擁政愛民): 정치를 옹호하고 민중을 사랑하자는 것이다.

6. 간정정병(簡政精兵): 번쇄(繁瑣)한 정치를 피하고 병비(兵備)를 정예하게 하자는 것이다.

7. 감조감식(減租減息): 항전 중은 토지개혁은 중지하고 소작료는 100분지 25, 금리는 100분지 10을 넘지 못하도록 하였다.

8. 심사간부(審查幹部): 간부의 사상·경력을 충분히 심사하고 잘 정풍된 것을 요한다.

9. 통일영도(統一領導): 조직상 혼란이 없이 지도계통이 통일되도록 하자는 것이다.

□□□□□□□□□□□□□□□□[301]민당(民黨) 일(一), 무당무파(無黨無派) 일(一)의 가장 공평한 방법으로 선거하자는 것이다.

---

[301] 원문(〈연안행〉 3회, 《문학》 3호, 1947년 4월, 103쪽)의 인쇄 오류로 한 줄 누락된 것으로 추측됨. 세로 3단 편집인데 오른쪽 첫째 행이 3단 모두에서 누락됨.

3. 유격전

흔구진(忻口鎭)[302]근처에 도달했을 때에 수백 명의 팔로군에 호위된 우리 일행은 일군(日軍)의 소탕전에 걸린 것이다. 이 지대는 유격전의 2대 조건인 농민조직과 산악천험(山岳天險)이 구비해 있었다.

석가장(石家莊)·태원(太原) 등지에 본거를 둔 일본군이 그들의 자급난(自給難)을 타개하고[303] 중국 민생을 괴롭히기 위해서 의례히 약탈과 도륙을 목적하고 음력 설날 전후엔 한 번씩 부근 천여 리의 일대에 '소탕'하려 온다고 한다. 소위 삼광(三光: 살광(殺光)·창광(搶光)·소광(燒光)) 정책이다. 이에 대해서 팔로군은 반소탕전을 전개한다.

일군 내습의 보도는 이편 세밀한 첩보에 의해서 '어느 날 몇 명의 왜구가 온다'는 것을 잘 알고 있다. 일군이 올 때엔 이 산 저 산에 봉화가 오르고 아이들이 큰 기(旗)로써 신호하고 밤에는 반딧불로 신호하니 전화가 없는 이 지대에도 정보전달은 참 빠르다.

팔로군은 정규군과 민병 편의대(便衣隊)[304]와 유격□□□□□□□□□□□□□□□□[305]이 혼연일체가 되어 고토(故土)를 방어하고 있다.

---

302 원문의 '절구진(折口鎭)'을 '흔구진(忻口鎭)'으로 수정함.
303 원문의 '자급난(自給難)과'를 '자급난(自給難)을 타개하고'로 수정함.
304 평상복을 입은 채 주로 적의 후방에 잠입해 싸우는 비정규군 부대.
305 앞에서와 같은 이유로 한 줄 누락된 것으로 추측됨.

노인·부녀·소아들은 돝[306]·양의 떼를 몰고 중요한 가장집물(家藏什物)을 가지고 으슥한 산골짜기 굴속으로 도피하고, 양식은 벌써 추수□□[307] 할 때에 미리 산에 들에 파묻어두었기 때문에 오는 동리사람이 □□[308] 간 뒤의 촌락 정경은 벽에 부엌에 하나도 거칠 물건이 없고 참 쓸쓸한 그것이다.

　청년·장년들은 대(隊)를 나누어 지뢰전(地雷戰)에 몰두한다. 대개 이 지방 농민들은 이곳에 초석(硝石)이 많이 생산되기 때문에 어느 집에서든지 간편하게 지뢰(자기황)를 만든다. 왜놈(중국말로 귀자(鬼子))이 온다고 하면 길목에 군데군데 많이 지뢰를 묻는다. 그 지뢰는 길뿐 아니라 일본놈이 밟을 수 있는 곳이면 밭, 개울, 마을앞, 부엌, 쌀독, 마구간 할 것 없이 어디든지 묻는다. 실로 이 지뢰가 왜놈을 잡는 수량은 살적영웅(殺賊英雄) '이용(李勇)'이라는 한 개 민병이 척수(隻手)로도 백여 명 잡았다는 성과를 거두었다 한다. 이 지뢰 때문에 일병은 하루 40리 이상 행군을 못 한다고 한다. 삼사십 리씩 행군하는 일병이 백 리, 이백 리씩 가는 팔로군을 □□□□□□□□□□□□□[309]되어 민중이 팔로군의 간 길을 숨겨주고 왜놈을 속여주고 절대보위(絶對保衛)해주기

---

306 돼지.

307 원저의 인쇄 상태 불량으로 두 글자 식별 불가능.

308 두 글자 식별 불가능.

309 앞에서와 같은 이유로 한 줄 누락된 것으로 추측됨.

때문에 팔로군의 손상은 극소하다.

그러면서 팔로군 자신의 생활을 보면 양식·의복·용돈을 모두 자급자족하며, 특히 양미(糧米)는 날마다 어깨에 메고 다니며, 저녁에는 민가의 부엌바당[310]과 붕당자리[311]에 자고 가며, 민중을 털끝만큼이라도 손해(損害)시키거나 괴롭히지 않기 때문에 어데서든지 팔로군이라면 대환영이다.

여기에도 중국사람 아닌 중국사람들이 있다. 그것을 한간(漢奸) 혹은 특무(特務)라고 한다. 특무란 말은 왜놈의 특무기관에 적을 둔 왜놈 앞잡이란 말이다. 마치 조선이 외래 제국주의 세력에 점령되어있을 때에 그 군경의 끄나풀 노릇하는 사람들과 같다. 그리고 여기에는 장개석(蔣介石)의 특무가 많다. 그 역(亦) 왜놈 특무의 사촌이요, 현재 조선의 한민당(韓民黨)·사로당(社勞黨) 등과 비슷한 것이다.

이 유격전은 강자의 정규군을 일거에 격퇴하기 어려운 경우 농민조직의 힘을 동원해서 군·관·민 일체가 되어 장기에 걸쳐 적군을 산병전(散兵戰)[312]·기습전(奇襲戰)·청야전(淸野戰)[313]으로 녹여낸 고구려의 가

---

310 '바당'은 '바닥'의 평안도 방언.

311 '붕당'은 '봉당(封堂)'과 같은 말. 안방과 건넌방 사이 마루를 놓을 자리에 놓지 않고 흙바닥을 그대로 둔 곳.

312 군대가 흩어져 산발적으로 싸우는 것.

313 적군이 오기 전에 식량과 물자를 소각 등으로 없애거나 치워버리는 것.

(歌)³¹⁴라든지 7년을 두고 왜병 30만을 녹여낸 이조의 임진왜란 대응³¹⁵이 이에 속할 것이다.

....

314 여기서 '가(歌)'는 살수대첩 직전에 고구려 장수 을지문덕이 수(隨)나라 장수 우중문(于仲文)에게 보냈다고 전해지는 적장 희롱의 글 〈여수장우중문시(與隋將于仲文詩)〉를 가리킨 것으로 추측됨. "神策究天文(신책구천문: 그대의 신기한 책략은 하늘의 이치를 다했고), 妙算窮地理(묘산궁지리: 오묘한 계획은 땅의 이치를 다했다), 戰勝功旣高(전승공기고: 전쟁에 이겨 공이 이미 높으니), 知足願云止(지족원운지: 만족함을 알고 그만두기를 바라노라)."

315 원문의 '임진왜란'을 '임진왜란 대응'으로 수정함.

제3편 종군일기

1월 13일 청(晴)

황하(黃河)[316]의 흘러가는 물은 한(漢) 광무(光武)의 적에게 쫓겨 다니는 고사를 방불케 한다. 오늘도 60리 걸어서 큰 병참(兵站)[317]에 투숙했다. 부녀구국회장이 와서 P를 그 집으로 안내한다.

그는 "여기는 한간이 많으니 말씀 삼가하십시오. 어디서 오신다는 것, 어디로 가신다는 것, 어느 나라 사람이라는 것 등을 일절 말씀하지 마십시오." 분부해준다. 우리는 하남(河南)서 오는 여객이라 하였다. 그 구국회장은 비록 전족을 해서 발은 작으나 새로운 마르크스주의 이론으로 무장한 세련된 여성이고, 그 화장·용어·태도로 보아 품(品)이 높았다. P는 그 집에서 강(炕)[318] 아랫목에 재워주어서 몸의 피로를 십분 풀었다.

....
316 원저의 '하(河)'를 '황하(黃河)'로 수정함.
317 원저의 '兵팜'을 '병참(兵站)'으로 수정함.
318 중국식 온돌.

나는 불 안 땐 강에 문도 없는 집에 조짚을 깔고 잤으니 영하 20도의 추운 기후와 종잇조각 같이 얇은 이부자리와 파리한 체질, 이러한 악조건 밑에서 반시간도 잠을 들었던 것 같지 않다. 집에는 왜놈 포로 4명의 도망하는 것을 농민들이 다시 붙들어다놓고 마치 서커스 구경하듯이 껄껄거리며 웃는 소리가 들려온다. 술 좋아하는 임(任)□[319]는 대오 중 말썽꾼의 사람으로서 잘 자리가 추우니 잠은 못 자고 밤새 조짚으로 불 놓고 노래하고 손 치며 노는 바람에 온 동리 사람이 잠을 못 잤다고 한다.

여기는 팔로군 병원이 있는데 부근 민중에게 많이 편의를 제공하고 있고, 특히 부인(婦人)에 대한 산전산후의 휴양과 치료는 국고금(國庫金)이 실시(實施)되어[320] 있어 각처에서 환자들이 폭주한다. 여기 모인 산모들의 애국사상과 훈련의 정도가 높은 데는 P는 놀랐다 하였다.

이 촌락 청년들과 우리 일행들과의 사이에 축구시합이 벌어져서 1승 1부로 끝막았다.

1월 14일 청·대풍(大風)

오대(五臺) 근처다. 태항산맥(太行山脈)의 험악한 산에는 황토층의 먼지 같은 흙이 덮이고 빙하시대에 깎아먹은 듯한 바윗돌의 기다란 단층

---

319 원저의 인쇄 상태 불량으로 한 글자 식별 불가능.

320 원저의 '국고금(國庫金)을 실선(實旋)되어'를 '국고금(國庫金)이 실시(實施)되어'로 수정함.

이 있다. 추운 바람은 조금도 독기(毒氣)를 늦춰주지 않는다. 오르고 내리기 60리나 되는 큰 산을 넘어가니 누런 먼지가 너무도 눈을 습격하기 때문에 촌보도 걸을 수가 없어서 어느 촌사(村舍)로 뛰어 들어갔다. 이 집은 동굴이다. 좀 휴식하고 있노라니 '적정(敵情)'이라고 정보가 온다. 일행은 좀더 나아가서 이가장(李家莊)이란 촌락에 투숙했다.

1월 17일 청

이가장에 온 지 3일. 적정 때문에 더 못 가고 걸려 있다. 왜병 500명이 이삼십 리 밖에 출몰하고 있다는 것이다. 우리가 머물고 있는 촌락도 수백 호 가운데 왜놈 피해로 완전한 집은 10분지 1도 못 되고 여기 팔로군이 몇 천 명 와서 있기 때문에 우리들의 투숙 장소로 지정된 집도 매우 좁다. 주인은 두 아들이 모두 전사했다고 하는 가여운 노부부로, 우리를 팔로군으로 착인(錯認)하고 퍽 친절히 접(接)해준다. 옆집 여자가 세 살 난 어린 사내아이[321]를 안고 왔는데 깨끗한 흰옷을 입었길래 왜 흰옷을 입었느냐고 물으니

"애기 아버지가 10여 일 전에 왜놈과 싸우다가 죽었답니다."

한다. P는 어린 애기더러

"너 왜놈(귀자(鬼子)) 무섭지 않니?"

어린 애기는 당돌하게도

---

[321] 원저의 '사나희'를 '사내아이'로 수정함.

"불파(不怕, 안 무서워요)."

한다. 근처의 농민이노라고 하는 편복(便服) 입은 청년 10여 명이 번갈아 찾아와서 묻는다.

"어디서 오느냐?"

"어디로 가느냐?"

"어디 사람이냐?"

우리는 일절 대답하지 않았다. 후에 들으니 팔로군이 우리들의 비밀보성(祕密保性)을 진맥해보기 위해서 그리했다는 것이다.

그러나 함께 가던 스파이 혐의 받는 여자 김정(金貞)이가 대오의 규율을 무시하고 민가에 가서 술 사먹고, 담배 먹고, 여러 가지 이야기 주고받고 한 정보가 팔로군 사령부에 들어가서, 우리 대오에 주의(注意)해왔다. 학병 출신 양원준(梁元俊)은 회중시계를 팔아서 개를 사 잡아먹었다. 백하천(白河千) 소년은 다른 친구들이 국밥·반찬 떠오는 것을 전부 자기에게만 시키고 밥 먹을 때엔 자기가 제일 조금 먹으니 손해라고 불평이다. 그 소년은 계모 시하(侍下)에 애정 없이 자라나고 이민 자제로 고생스럽게 자라나서 까딱하면 노여워하고 심사가 비뚤어지는 버릇이 있다. 나는 P와 함께 주인에게서 조짚을 사서 물을 끓였다. 나는 물 긷고, P는 불 때는 풀무질 했다. 오래간만에 전신 목욕하고 이를 잡아 입었다. P는 나에게 제의한다.

"우리 마르크스주의자는 하루 한 가지씩 공작이 있어야 하지 않겠느냐?"

고. 그래서 이날 나는 예수 맹신자 송태(宋泰)에게 무신론 강의를 했고, P는 자주 P를 찾아오는, 향학열이 왕성한 청년 김봉(金鋒)에게 여러 가지 혁명가를 가르쳐주고 있었다.

〈연길감옥가(延吉監獄歌)〉
바람 거친 남북만주 광막한 들에
붉은 기에 폭탄 쥐고 날뛰던 몸이
연길감옥 갇힌 후 몸은 시드나
혁명의 붉은 피야 언제 식으랴.
간수 놈의 외치는 소리 높고
때때마다 먹는 것은 수수밥이요
밤잠은 새우잠 그리던 꿈에
내 동지 내 사랑 안녕하던가.
두 팔에 족쇄 차고 자유 없는 몸
네 호령에 굴복한다 웃지 말아라.
옛날에 붉은 씨를 많이 뿌렸고
이후에 너희들을 정복하리라.
너희들은 정의탈선 강도 놈이요
우리는 평화사회 찾는 혁명군.
자본가와 군벌들아 안심 말아라.
칠십일만 넓은 들에 적기 날리고

사억만 저 대중의 돌격 소리에
열린다 감옥문이 붉은 세계로.

〈유격대추도가(遊擊隊追悼歌)〉
가슴 쥐고 나무 밑에 쓰러졌다 혁명아.
가슴에서 흐르는 피 푸른 풀에 질벽해.[322]
산에 나는 까마귀야 시체 보고 왜 우느냐.
몸은 비록 죽었으나 혁명정신 살아있다.

그 외에 타령 곡조에 맞춘 〈의회주의가(議會主義歌)〉 등을 가르쳐 대갈채를 받았다.

김봉은 본적 신의주로되 중국서 나서 중국서 자라서 중국교육 받은 그는 무어든지 조선에 관한 것이면 배우고자 날마다 찾아온다.

그런데 우리 대오 가운데 두 가지 조류가 있다. 하나는 학병 출신 책상물림 도련님[323]들이 일반적으로 자고자대(自高自大)하고 농민 출신을 깔보고 학문을 좋아하고 이론만을 내세우는 버릇이 있고, 하나는 학교교육을 받지 못한 농민 출신 동무들인데 그들의 개중(個中)에는 이론을 "주둥이만 까는 것"이라고 비웃고 배우는 것을 시기하는 경향이 있다.

---

322 원문의 '슬벽해'를 '질벽해'로 수정함.
323 원문의 '데리님'을 '도련님'으로 수정함.

김봉을 미워하는 주철(朱鐵)의 심리는 이 표현인 것이다. 혁명적 이론을 떠나서 혁명적 실천이 있을 수 없고 혁명적 실천을 떠나서 혁명적 이론이 있을 수 없으니, 노농(勞農) 출신이니 인텔리 출신이니 할 것 없이 이론과 실천의 통일 사상과 생활과 행동의 통일, 지행합일이 되지 않으면 안 될 것이라 하였다.

다만 느끼는 것은, 그들이 서로 사소한 일에 불평하고 골을 내고 다투고 하지만 '적정(賊情)'이니 집합하라고 하면 모두 자기라는 것을 잊어버리고 혼연일체가 되어 누가 병들면 자발적으로 간호해주고 누가 길에 뒤떨어지면 붙들어주는 고귀한 희생적인 동지애!, 동지애의 발로를 자주 발견하는 점이었다. 이것이 우리 조선의 미래를 위하여 촉망되는 큰 힘이라 하였다.

저녁 다섯 시, 취군(聚軍) 나팔이 났다. 긴급소집이라는 전령(傳令)이다. 배보(背褓)를 지고 각반(脚絆)을 차고 허리띠를 든든히 묶고 팔로 군복을 정장하고 나섰다. 어스름 달밤에 마을 입구 광장에 모였다. 왜군 오백 명이 동방으로 들어오니 우리는 지금 남방으로 도망하자는 것이다. 팔로군 수백 명이 우리 앞뒤에 섰다. 팔로군 사령관의 주의는 이렇다.

1. 앞에서 전해오는 분부는 귓속말로 곧곧 뒷사람에게 전할 것
2. 지뢰를 주의할 것
3. 기침하지 말 것

4. 이야기 말 것

5. 앞사람에 곧곧 따라대어 설 것

6. 담뱃불 피우지 말 것

7. 대오를 떠나지 말 것, 떠날 때는 분대장에게 말할 것

마을 앞에는 너무도 지뢰가 많아서 마을을 빠져나가기 어려웠다. 3마장가량 나가니 농부들이 양떼를 몰고 컴컴한 산으로 올라가고 있다. 먼 산에서 담뱃불 같은 신호불이 반짝거린다. 산곡간(山谷間)에 흐르는 냇물의 여울소리와 마을하늘 울려오는 개 짖는 소리는 고요한 밤 행군에 일단(一段)의 엄숙미(嚴肅味)를 강화한다. 행군 50리. 어느 마을에 도착은 했으나 숙사(宿舍)가 없어서 다시 10리를 돌아와서 삼각촌(三角村)에 투숙했다. 주민은 솥(부(釜))을 빼가지고 가구를 갖고 피난했다. 우리는 문도 없는 냉갱(冷坑)에서 조짚과 외투를 깔고 얇은 이불을 덮고 잤다.

1월 18일 청

날씨가 의연히 춥고 적정은 의연히 험악하다. 왜병이 어제 떠난 이가장에 왔단다. 앞마을에서는 요란한 폭성(爆聲)이 났는데, 개가 지뢰를 밟고 죽었다는 정보를 듣고 조금 안심했다. 대오 속에서는 밥과 반찬이 모자란다고 불평하는 사람들도 있다. 개중에는 혼자서 남의 생각 없이 욕심 부리고 많이 먹는 자가 있기 때문이다. 강도 일제 놈들에게서 배운 개인주의와 자기독점욕의 표현이며, 훈련 없는 초년병들의 일이다.

이날은 종일 추워서 부근에 있는 조짚을 불사르며 발을 쬐고 있고 어떤 친구는 냉갱에서 드르렁드르렁 하늘 우는 소리처럼 코를 골며 자고 있었다.

"적정, 적정!" 분대장이 왜놈 온다고 소리 지르며 소집하라고 한다. 오후 3시 출발. 마을 속에 있는 한간·특무들의 눈을 속이기 위해서, 오늘 저녁 여행 목표는 서방 80리 밖에 있는 심산촌(深山村)인 데 불구하고 일부러 남방 촌락을 향하여 떠났다. 그리해서 우선 남방 10리 촌에 깃들었다.

우리는 팔로군 범죄자수용소에서 저녁밥을 먹고 해 지기를 기다려서 오후 6시 다시 봇짐을 지고 나섰다. 서행 10리. 캄캄한 밤에 어느 소촌에 들었다. 팔로군 사령부로 들어

"오늘 저녁 투숙하는 이 촌락은 배면(背面)에 두 심곡(深谷)이 있으니, 적이 동으로 오는 때는 서편 지정장소로 모여서 일제히 서로 도망하고 적이 서로 오는 때는 동편 지정장소로 모여서 일제히 동으로 도망하되, 누구든지 개인행동을 취하지 말라. 옷도 벗지 말고 신발 신은 채, 배보진 채 잠자다가 소집명령 일하(一下) 곧 모여라."

하였다. 한 번 소집명령이 내려서 동편 광장에 모였다. 소집 연습을 한 것이라 하였다.

1월 19일 청

'적정, 집합' 소리에 새벽 3시 우리 일동은 서편 광장에 모였다. 적은 삼

면을 포위했다는 것이다. 적은 어제 유숙하던 삼각촌을 점령했다 한다. 긴장! 모발이 상지(上指)[324]한다. 집합하기가 무섭게 어둠을 뚫고 달음박질 행군을 한다. 30리 길을 가니 동이 터오는데, 다수한 피난민들이 우리가 가는 방향에서 뛰어온다. 아침 산곡(山谷)에 양떼를 몰고 피난하는 노농(老農)의 정경(情景)이 몹시 가여웠다. 피난민의 말이

"앞마을에 왜적이 들었다." 한다.

우리와 동행하던 팔로군 백여 명은 우리더러

"잠시 저 산골짜기로 피하라. 왜적이 적으면 우리가 일전(一戰)을 해서 격퇴하겠다."

하였다. 팔로군은 조선의용군을 몹시 아껴준다. 그들의 늘 하는 소리는 이렇다.

"조선의용군은 타일(他日) 조국에 돌아가서 중대한 역할을 할 사람들이니 스스로 몸을 아끼고 공부만 하라. 전투가 있을 때엔 잘 피신해서 희생이 없게 하고 확실히 정세가 유리한 때엔 참가해서 전투의 견학을 해도 좋다."

라고 하였다. 그들이 뜨거운 국제적 동지애의 입장에서 우리를 아끼는 마음은 목석(木石)을 감읍케 하는 것이 있다.

그러나 우리 일행 중에도 동(東)서 군사훈련 받고 왜놈과 전투해온 경험이 있는 의용군들은 한번 싸워보고 싶다고 제의했던 것이다. 결국 우

---

[324] 곧추 섬.

리 의용군은 팔로군이 지정하는 산골짜기로 피난했다. 팔로군은 38식 장총[325]에 탄환을 재우고 기관총 1정과 척탄통(擲彈筒)[326] 1통에 사격 준비를 완료해가지고 앞마을에 다다르니, 침입했던 왜적은 벌써 퇴거했다는 것이다. 산정(山頂)은 안전 신호의 깃발이 휘날린다. 우리들은 다시 한길에 나와서 그 마을을 꿰어나가 바윗길 40리를 가니 오후 1시쯤에 어제 예정했던 심산촌에 온 것이다. 이 촌 사람들은 극히 유심(幽深)한 산속에 있는데, 지금까지 왜놈의 소탕을 겪지 않은 곳이므로 다소 안전한 곳이라 한다. 이 촌 사람들은 우리를 왜병으로 잘못 알고 산상(山上)으로 피난했다가 우리들이 왜병 아니라는 것을 산 위에 파수 보는 민병으로부터 전달하자 여기저기서 가구들을 이(재(載))고 지(부(負))고 돝·양을 끌고 촌락민들이 산에서 내려온다. 촌락민들에게 교섭해서 반찬을 사고 솥을 얻어서 오후 3시쯤 아침밥을 먹었다. 사령부로부터 만일의 경우는 어떻게 도망하라는 지시가 있었다.

1월 21일 청

20리 정북(正北)에 있는 이가장에 왜적이 움직이기 시작한다고 우리들은 오전 2시 반 심산촌을 떠났다. 어두운 밤 지극히 험악한 산길을 달

---

[325] '38식 장총'은 일본이 명치(明治) 38년(서기 1905년)부터 만들기 시작한 소총. 팔로군은 일본군으로부터 빼앗은 이 소총을 항일 전투에 사용한 것으로 보임.
[326] 박격포와 비슷한 모양의 소형 유탄발사기.

음박질해서 다시 동방 50리의 어느 소촌에 오니 이 마을 지키는 민병이 우리를 왜적으로 알고 원거리 산상에서 사격한다. 상대방도 20여 명의 무장대다.

우리 편 팔로군은 우리더러 "엎드려라"고 엄명하고 나팔 신호를 불어 우리가 팔로군이라는 것을 알려도 아직도 그들은 사격을 정지하지 않았다. 그래서 2명의 전초(前哨)가 사격을 무릅쓰고 촌락에 뛰어 들어가서 직접 민병 지도자를 만나 교섭 후 우리 일행은 그 촌락에 들어갔다. 여기서 아침밥을 지었다.

우리 부부는 어느 부잣집인 듯한 큰 집에 들었다. 주인은 한간인 듯. 양피 저고리 입고, 골통 담뱃대 물고, 얼굴 가죽이 두텁고, 안경 위로 우리를 넘겨다보며, 그릇을 좀 빌리자고 해도 불친절한 어조로 대답한다. 이 집에서 P는 씨 없는 고얌[327](마치 건포도 비슷한 시(柿)의 일종) 한 박[328]을 샀다. 행군 중 군것질하려 함이다. 이날 저녁 다시 삼각촌에 투숙했는데, 오늘 새벽 떠난 심산촌엔 왜병 이백이 벌써 와있다고 하였다. 여기서 우리는 팔로군의 정보활동의 정확성에 놀랐다.

1월 22일 청

아침 삼각촌을 떠나 동으로 가려다가 적정 때문에 중지하고 다시 삼각

---

[327] '고욤'의 방언.
[328] 바가지.

촌으로 돌아왔다. 이렇게 하기 수차다. 대오 속에는 팔로군의 시시각각의 정보에 의한 적절한 조치에 대해서 지도자의 고심도 모르고 불평하는 사람이 있었다.

삼각촌도 위험하므로 오후 4시쯤 여기를 떠나서 남행 40리, 어느 높은 산 밑에 있는 대촌(大村)에 투숙했다.

1월 23일 청·대풍

이른 아침 집합이다. 팔로군 사령관의 담화는 이렇다.

"오늘 백여 리 여행을 해서 이 뒷산을 넘을 터이다. 봉쇄선(封鎖線)에 가면 일절 조선인인 체하지 말고 조선말 쓰지 말고 누가 묻거든 팔로군 제34단(團) 제2연(連)에서 왔다고 하라. 왜적이 귀하들 조선의용군이 왔단 말 듣고 추격이 심하니 시급히 봉쇄선을 넘는 것이 좋은 것 같소. 봉쇄선 넘는 데 팔로군 300명을 시켜 호위해다드리라고 보내니 그리 알라."

하였다. 출발! 이 산을 넘어서 저편 산 중복(中腹)까지 백 리 길. 날은 차고 눈(雪)은 오고 바람은 불고 시장은 하고, 몇 차례 산 위에 녹다 남은 눈을 집어 요기하다가 허기가 나서 지쳤다. 백하천(白河千) 소년이 쓰러지니 김봉(金鋒)이가 업고 온다. 여자 김정(金貞)이가 뒤떨어지니 기운 좋은 김풍(金風)이가 끌고 온다.

밤 9시. P는 산 마루턱에서

"더 갈 수 없으니 나는 당신과 여기서 결별하겠다. 당신 혼자 고국에 가서 이 진상을 동지들과 어머니에게 알려달라."

하고 눈 위에 쓰러졌다.

나는 그를 어둠 속에 몇 차례 응시하고 혼자 명상하고 있었다.

P의 일은 끝없이 가여웠다. 나는 감옥에서 나온 지 40일밖에 안 되는, 퉁퉁 부은 다리가 회복되지도 못한 P를 데리고 이름 모를 이 산 상에서 시체를 남겨두고 갈 수도 없었다. 발이 돌아서지 않는다. P의 몸을 살펴보니 가슴과 배엔 아직도 더운 기운이 있다. 옆에 노루가 뛰어가더니 두 사람만 떨어진 설산(雪山) 마루턱은 일층 고적(孤寂)해지고 컴컴한 밤 눈길은 지척을 분간할 수 없었다. 나는 용기를 고무해서 P를 잔등에 업고 약 20리 허둥지둥 걸어 내려왔다.

산의 중복에 있는 20여 호의 소촌에 간신히 도착했다. 일행 속에 여력 있는 사람은 하나도 없었다. 먼저 도착한 선발대가 감저밥을 지어 두었기 때문에 도착 즉시 그것을 먹고 다시 회생하였다.

벌써 한편에서는 〈소탕의 노래〉를 합창하는 동무도 있었다.

나가자 동무야 함께 뭉치어
원수를 소탕하러 나가자.
총칼을 메고 혈전의 길로
다 앞으로 동무들아.
혁명의 기(旗)는 우리 앞에 날린다.
(후렴)

앞으로 동무들아.
무거운 쇠줄을 둘러메치고
뼛속에 사무친 원을 풀자.
삼천만 대중아 모두 다 나가자.
승리는 우리를 최촉(催促)한다.

(끝)

교주자의 후기

김태준(金台俊)의《조선소설사》는 근대적 소설 개념에 입각한 한국소설사로는 최초의 저작이다. 표제의 '조선'은 이성계가 세운 이씨 왕조를 가리키는 말이 아니라 한국, 즉 우리 겨레의 역대 나라들을 통칭하는 말로 사용됐다. 김태준이 25세라는 젊은 나이의 경성제국대학 재학생 신분으로 1930년 10월 31일부터 1931년 2월 25일까지 68회에 걸쳐《동아일보》에 연재한〈조선소설사〉가 애초의 원본이다. 김태준은 그 원본을 깁고 더해 1933년에 청진서관(淸進書館)을 통해 단행본《조선소설사》를 펴낸 데 이어 1939년에 임화(林和)의 권유를 받고 학예사(學藝社)를 통해《(증보)조선소설사》를 펴냈다.

이 책은 학예사판《(증보)조선소설사》를 저본으로 하되《동아일보》에 연재된〈조선소설사〉와 청진서관판《조선소설사》를 참고하면서 필요한 최소한으로 교정과 주석을 가해서 엮었다. 이와 같이 한 것은 아무래도 가장 나중에 출판된 글이 지은이의 입장에서 가장 많이 생각하고 다듬은 결과일 것이라는 상식적인 판단에서였다. 당시의 어법과 표현·표기법이 지금과 많이 다른 것은 둘째 치고, 세 가지 판본 모두에 적지 않은 오식과 오류가 있어 교주하는 데 꽤 애를 먹었다. 인쇄나 출판 과정의 오식을 바로잡는 일은 그리 어렵지 않았으나 지은이의 착각이나 그가 활용할 수 있었던 자료의 한계에 기인한 오류를 적출하여 수정하는 일은 쉽지 않았을 뿐 아니라 지은이의 의도까지 감안해야 한다는 점에서 조심스러웠다. 박희병(朴熙秉) 교주본(《증보조선소설사》, 한길사, 1990년) 등 기존 전문 학자들의 교주를 두루 참고했지만, 그것으로도 충분하지 않았고 일부 교주상 오류도 발견됐다. 이런 점들을 감안해 교주자는 교주를 보다 신중하게 하고, 가급적이면 독자가 직접 저본의 오식·오류와 교주의 내용을 비교해볼 수 있도록 꽤 많은 주석을 달았다.

원저에 오식과 오류가 적지 않았다고 해서 이 저작의 의의와 가치가 크게 훼손되는 것은 아니다. 한국소설사 내지 한국문학사 연구에서 그 위상이 그만큼 우뚝하기 때문이다. "최초의 소설사 저술임에도 불구하고 방대한 문헌을 섭렵한 바탕 위에서 적실한 고증과 설명을 곁들인 노작이다"(〈김태준의 《조선소설사》, 그 의의와 한계〉, 장효현, 〈우리어문연구〉 33집, 2009년)라거나 "《조선소설사》는 많은 양의 새 자료를 발굴, 우리 소설사의 자산으로 등록시켰다"(《김태준평전》, 김용직, 일지사, 2007년)라는 이 분야 전문 학자들의 평가가 그것을 말해준다.

대학 시절부터 사회주의로 기운 지식인 김태준은 일제 말기와 광복 전후의 어수선한 정세에 휘말린 끝에 공산주의 지하조직원을 거쳐 남조선노동당 간부가 됐다가 체포되어 1949년에 44세라는 한창 나이로 체포되어 처형당했다. 한국문학사의 기초를 놓고 기둥을 세운 그가 조금

더 오래 살았다면 적어도 《조선소설사》를 보다 풍성하게 보완하고 보다 완전하게 가다듬는 작업을 할 수 있지 않았을까 하는 아쉬움이 있다.

김태준은 1944년 항일 무력투쟁의 가능성을 탐색할 목적으로 중국 연안으로 떠나기로 하면서 "문학연구니 역사연구니 언어연구니 하는 것은 우리 정부가 수립된 후의 일이니 당분간 이 방면의 서적은 상자에 넣어서 봉해두자"(〈연안행〉, 김태준, 《문학》 창간호, 1946년 7월)고 생각했고, 1949년 법정에서 총살형을 선고받기 직전의 최후진술에서는 "지금 조선에는 고전을 수립하고 정리하고 고증하는 것이 중대한 일이므로 앞으로 용인된다면 상아탑에서 이러한 일을 하고 대한민국을 위하여 이러한 일을 하겠습니다"(《경향신문》, 1949년 10월 1일자, 《김태준평전》에서 재인용)라고 말했다고 한다.

하기야 민족사상 최대 비극의 시대인 일제강점기와 광복직후 좌우대립기를 학문과 실천의 양면에서 소신대로 열정적으로 살다가 형장의 이슬로 스러진 김태준이라는 인물과 그의 생전 저작을 두고 지금의 관점에서 아쉬움 운운하는 것은 멋쩍고 허무한 일이다. 그는 시대적 질곡 속에서 유한한 삶을 살면서 주어진 역사적 몫을 온몸으로 감당했고, 그의 유업을 완성하는 일은 당연히 후손과 후학들의 몫이다.

김태준을 이해하는 데 도움이 될까 싶어 그의 생전 마지막 저술인 〈연안행〉을 부록으로 실었다. 〈연안행〉은 조선문학가동맹 기관지 《문학》의 창간호(1946년 7월 발행)에 이어 제2호(1946년 11월)와 제3호(1947년 4월)에 연속해서 1~3회로 게재됐다. 원래는 연재가 더 계속될 예정이었던 것으로 보이나 미군정 당국의 좌익계 탄압이 강화되고 김태준이 연행·수감되면서 3회째를 마지막으로 연재가 중단됐다. 《문학》은 연재가 완료되면 이 글을 단행본으로 묶어 출판할 계획임을 밝혔으나 이 역시 무산됐다. 이로 인해 〈연안행〉은 일제의 경계망을 뚫고 한국을 탈출해 중국 팔로군 부대를 만나 그 일원으로 연안을 향해 가는 여정은 담았으나 막상 연안에 도착하는 과정과 그 광경까지는 담지 못한 미완의 작품으로 남게 됐다.